IP行业发展观察报告

（2019年—2021年）

主　编◎郎劲松　王晓晖
副主编◎尹香今　樊　攀　陈　曦

中国传媒大学出版社
·北 京·

多元、创新与协同发展:文化 IP 发展的未来(代序)

《IP 行业发展观察报告(2019—2021)》是中国传媒大学 IP 跨界传播研究中心发布的 IP 行业发展报告系列的第二本。本报告沿袭该系列报告的传统,在充分结合近年来 IP 领域发展新变局与新趋势的基础上,对 IP 发展的现状与未来进行深度观察和解析。

十年前的 2013 年,中国 IP 产业开发刚刚萌芽,从那时起,对于爆款 IP 的追求成了这一行业的普遍现象,包括《盗墓笔记》《琅琊榜》等改编自网络文学的电影电视剧呈现出井喷之势。数据显示,仅 2015 年一年,投资在 2000 万元以上的网络剧有近 20 部,包括《盗墓笔记》在内的 5 部"超级网络剧"投资成本高达 5000 万元甚至上亿元。对于爆款 IP 的追求事实上是基于该 IP 本身强大的读者基础和 IP 辐射效应,爆款 IP 的"流量演员+大制作团队+高投资成本"的模式成了影视制作公司、视频网站等制作者们争相效仿的对象,似乎只要套用这个模式,进行 IP 开发就可以盈利。但事实上,对于爆款 IP 效应的追求并非是可持续的,不仅优质 IP 的数量有限,而且大量的资金投入,以及因追求急功近利的即时效应造成 IP 的生命周期有限,带来了 IP 行业的发展困境。

习近平总书记在 2021 年中国文联十一大、中国作协十大开幕式上的讲话指出,"要把提高质量作为文艺作品的生命线,内容选材要严、思想开掘要深、艺术创造要精,不断提升作品的精神能量、文化内涵、艺术价值。"。因此,放弃低俗迎合,拥抱成熟心智,用好内容赢得人心,为向上向善力量服务才是真正的长期主义。经过十年的 IP 热潮渐渐冷却,特别是疫情对 IP 开发行业的影响,如今 IP 热逐渐趋于理性,对于爆款 IP 的追捧逐渐转化为对于优质原创内容的追求。近几年越来越多的优质原创 IP 涌入视频平台,对于核心内容质量的追求成为 IP 开发的新趋势。目前,整个行业有了一个可喜的变化,剧本质量明显高于往年,70 分以上的剧本能占到 80%到 90%,创作者都在着力刻画人物,寻找情绪共鸣和时代共鸣,近年来爱奇艺也推出了《人世间》《山海情》《狂飙》等优质原创IP剧集。在这样的导向下,多元化的IP题材得以涌现,不仅能够满足老百姓的文化需求,也符合时代价值观。

除原创内容的多元化之外,对于IP的长线化、多层次开发,创新IP开发的路径也是未来IP产业发展的新趋势。比如IP开发更注重长尾效应,IP产业的开发从线上拓展到线下,实现多产业协同发展。以爱奇艺为例,在内容IP的开发上,爱奇艺不局限于内容类型的拓展,也不断丰富产业类型。近几年爱奇艺推出了系列IP华夏古城宇宙,在宇宙概念和古城地域文化亮点的基础上,依托爱奇艺"一鱼多吃"的商业模式,对充满地域文化特色的剧集进行多种内容形式的开发和统一世界观的搭建,首先推出的"华夏古城宇宙之洛阳"IP,实行"一鱼十二吃"的模式,基于洛阳拥有的丰厚古都文化,开发剧集、综艺、动画片、纪录片、电影、衍生品、舞台剧、漫画、商业地产、VR全感、游戏、文学等十二种产品形态,并与洛阳市政府展开合作,以影视IP赋能城市文旅高质量发展。爱奇艺也与陕文投集团、西安市委宣传部、曲江文化产业集团达成战略合作,通过深入挖掘西安文化资源优势,与文化旅游、遗址保护等过程中积累的成功经验相结合,共同进行IP打造。因此,将IP产业与线下文旅、主题公园等结合,开展IP长线化经营,拓展IP的生命力,充分发挥同一IP的商业价值,将是IP行业未来需要更加关注与努力的方向。

此外,如何让IP"走出去"也是IP开发需要进一步关注的方向。随着IP产业链的进一步延伸,从IP全版权开发到IP全球版权传播,均已提上重要日程。北京环球影城正是IP走向世界的一个范例,作为全球第六个环球影城,依托《功夫熊猫》《哈利·波特》等著名电影IP,环球影城成功实现了IP的主题公园落地,使诸多好莱坞电影IP影响力进一步扩大,延长了影视IP的生命周期。因此,如何通过主题公园建设或进一步与文旅项目相勾连,发掘中国传统文化的IP价值,充分拓展IP的空间呈现与生命力,带动中国IP走向世界,是IP发展新的未来。

中国IP行业经过十年的发展,IP产业投资趋于理性,对于IP的进一步深度跨界开发,在时间与空间上为IP赋能,从追求爆款效应到追求优质原创IP的长尾效应,从单一的内容开发到多层次、多领域延伸,从中国走向世界,实现IP协同创新发展,是IP行业发展新趋势,也值得进一步的探讨与研究。

本书的出版提供了IP行业发展的新视角新思考。本书共分四个部分,运用数据呈现、理论梳理、行业观察、专访、案例研究等多种方式,对研究成果进行呈现。第一部分对 2019—2021 年 IP 领域进行盘点,依托大量数据、图表,探讨 IP 政策、内容、学术研究的新趋势,对文学、影视 IP 进行梳理,并对 2021 年网络电影和游戏行业发展进行特别关注,归纳三年间 IP 行业新的发展趋势;第二部分通过对优秀 IP 开发案例进行观察,以湖南广电影视 IP 的开发与运营、爱奇艺迷雾剧场 IP 开发、芒果 TV 明侦宇宙垂直 IP 打造、《潮流合伙人》IP 孵化变现、艺人 IP 开发以及泡泡玛特盲盒经济 IP 运营六个维度,聚焦互联网时代新的 IP 开发路径,提供未来优质 IP 开发的新方向;第三部分关注全球视野的 IP 开发,以《哪吒之魔童降世》为例探讨传统文化 IP 的叙事创新,以《唐人街探案》IP 开发探讨中国风"IP 宇宙"的建立,并结合环球影城在中国的落地、韩国影视 IP 产业开发以及美国电影发行知识产权管理,为中国 IP 走向世界提供参考;第四部分特别关注了国际视野下中国儿童 IP 发展,对儿童 IP 产业发展的现状进行分析,探讨打造成功儿童 IP 的创新路径。

总而言之,本书的编著团队力图对近年 IP 行业发展进行全景式呈现,为深化 IP 认知、创新 IP 开发体系提供了新的观察视角,特别是对中华文化走出去的关注具有重要意义,希望对行业未来有启发和推动。IP 领域的发展日新月异,行业前沿的探索从未止步,加之学界专家的洞察研判与解析提炼,相信本书会为中国 IP 的发展提供一定的借鉴。

本书的编撰写作及出版,得到了万达影视尹香今总经理的大力支持和帮助,中国人民大学樊攀博士、中国传媒大学陈曦博士为书稿的写作、编辑和统筹做了大量工作,还有各章节的具体执笔人员,以及中国传媒大学出版社和编辑老师的认真把关,在此一并致谢!本书还有许多不足之处,希望读者朋友批评指正。

王晓晖

2023 年 6 月

目 录

第一章

盘　点

第一节　变局中寻升级

——2019 年至 2021 年 IP 领域盘点

当前,IP 行业已成为助力泛娱乐化市场发展、重塑文化产业发展格局的关键。IP 行业发展的纵深性和潜在力,促使国家在政策战略部署上越来越重视“IP 化”发展,加快推进 IP 行业发展顶层设计,建立健全 IP 行业政策框架。特别是在百年未有之大变局背景下,IP 行业不断突破瓶颈,在市场活跃度降低、整体产业发展收紧的环境下寻求全方位、多维度升级,在变局中维持了 IP 内容市场的繁荣发展,为持续建设优秀 IP 产品提供了学习范本,也为深化 IP 研究认知、创新 IP 研究体系提供了路径。

一、IP 政策:发展导向愈加清晰,政策边际持续改善

近两年,从中央到地方,一系列 IP 相关政策密集落地,旨在全方位、多角度、全链条强化 IP 发展。在法律规范、内容质量、产业生态、科技赋能、版权治理等方面,IP 政策边际持续改善,多措并举释放利好。在此基础上,我国逐渐形成“以政策与法律为引领、以政府治理与司法保护为保障、以技术创新为支撑、以社会共治为重要组成部分”的 IP 综合治理体系,对 IP 行业的监管趋于常态化和专业化。总体来说,IP 政策具有以下趋向。

(一)趋向一:加快推进 IP 发展顶层设计

1.为文化强国建设提供强大底气

完善顶层设计是 IP 产业发展的基础。IP 是影响文化产业格局的重要因素,其发展很大程度上取决于文化产业发展的宏观环境。如今,文化产业已经站在了中国经济社会发展的“风口”,并加速成为国民经济的支柱产业。2020 年,党的十九届五中全会明确提出,到 2035 年把我国建成文化强国,吹响了推进社会主义文化强国建设的号角,标志着我们党对文化建设重要地位及其规律认识的进一步深化,为我们继续推进社会主义文化强国建设提供了重要遵循。① 此外,我国出台的一系列扶持和促进文化产业发展的政策措施,也对如何实现这一战略目标作出新的谋划和部署,进一步推动文化产业的发展与改革。总的来说,文化强国的顶层设计为 IP 发展与改革提供了强大底气,为 IP 创造了良好的时代背景和发展环境。

---

① 欧阳雪梅.抓住机遇 乘势而上 推进社会主义文化强国建设(专题深思)[N].人民日报,2021-01-26(009).

2.为知识产权强国战略提供有力支撑

知识产权是IP的重要内容,加强知识产权保护是推动IP发展的“刚需”。强化知识产权保护,将为IP发展提供有力支撑。《国家知识产权战略纲要》提出的到2020年“把我国建设成为知识产权创造、运用、保护和管理水平较高的国家”这一目标已基本实现。2020年党的十九届五中全会审议通过的《中共中央关于制定国民经济和社会发展第十四个五年规划和二〇三五年远景目标的建议》提出,要“加强知识产权保护,大幅提高科技成果转移转化成效”,相关部门正加快制定面向2035年的知识产权强国战略纲要和知识产权“十四五”规划,为新时代知识产权保护绘制蓝图。

此外,政府深入实施知识产权强国战略,陆续发布一系列政策文件,不仅涵盖知识产权保护的规范管理措施,还提出了知识产权保护的长远目标与推进计划。中共中央办公厅、国务院办公厅印发《关于强化知识产权保护的意见》,综合运用法律、行政、经济、技术、社会治理手段,推进知识产权的严保护、大保护、快保护和同保护各项工作。2019年、2020年发布的《深入实施国家知识产权战略　加快建设知识产权强国推进计划》,紧紧围绕时代发展大势和国家发展大局进行决策部署,一方面确立了知识产权保护的政策导向,另一方面构建了知识产权保护的工作格局,确保知识产权事业跟上国家发展节拍。总之,提升和推动知识产权保护力度,将为IP发展护航,为IP行业的全面升级提供制度保障。

(二)趋向二:法律制度进一步规范与强化

1.法律条目更加细致和规范

网络时代,侵权手段更加隐秘,维权难度极大,立法滞后性也逐渐凸显。为适应不断变化的发展环境,2019年—2020年,《中华人民共和国商标法》《中华人民共和国著作权法》《中华人民共和国专利法》先后完成修订。结合社会变革和现实国情,新法从多方面进行了修改完善。《中华人民共和国商标法》将持续深化打击恶意注册和商标囤积行为,全面提升审查质量和审查效率;《中华人民共和国著作权法》明确“作品”的具体定义,变革合理使用制度,重设保护范围等,避免了法律上不必要的争论,加强了对著作权人权益的保护;《中华人民共和国专利法》完善专利行政保护、举证责任、外观设计保护等相关制度,新增诚信实用原则、专利权期限补偿制度等,加强对专利权人合法权益的保护,推进专利的实施与运用。修订后的三部大法,在微观条目上更详细、更规范、更明确,让相关部门和企业在IP的创作、运用、转化和授权管理等方面都有章可循。

2.侵权惩罚性赔偿制度不断健全

三部大法的修订亮点还在于提高侵权成本、规范惩罚性赔偿制度。侵权惩罚性赔偿制度的不断健全,是立法体系的极大突破,是增强法律威慑力的保障。《中华人民共和国著作权法》增设惩罚性赔偿制度;《中华人民共和国专利法》将法定赔偿额上限提高至 500 万元、下限提高至 3 万元。此外,2021 年 1 月 1 日正式施行的《中华人民共和国民法典》,是中华人民共和国成立后第一部以“典”命名的法律。其中涉及知识产权的条款共 52 条,最大的特点在于直接规定了知识产权侵权的惩罚性赔偿,改变了知识产权惩罚性赔偿散见于各单行法中的立法现状,使知识产权侵权的损害赔偿制度更加体系化。显著提升的违法成本,将有效保护 IP 创作者的合理权益,促进 IP 发展与转化,充分发挥 IP 的真正市场价值。

(三)趋向三:提升 IP 内容属性,加强品质追求

1.坚持国家战略意识,提高政治站位

IP 发展,不能只停留在市场化、商业化和娱乐化的层面,必须要符合社会主义文艺与先进文化的发展方向。2019 年 1 月 25 日,中共中央政治局第十二次集体学习时,习近平强调“要旗帜鲜明坚持正确的政治方向、舆论导向、价值取向,通过理念、内容、形式、方法、手段等创新,使正面宣传质量和水平有一个明显提高”[①]。IP 是具有创新性的文化产品,要坚持国家战略意识,以文化为内核,从讲政治的角度加强内容建设,从谋长远的角度优化内容生产。2019 年 5 月 29 日,中央全面深化改革委员会第八次会议审议通过的《关于深化影视业综合改革促进我国影视业健康发展的意见》指出,影视工作不仅仅是娱乐休闲事业,影视产品不仅仅是精神文化消费品,它们承载的是主流意识形态,是关乎党和国家事业全局的重大工作。这一系列文件将为 IP 价值评估提供站位标准,助推 IP 向高质量发展。如各类视频平台推出“青少年模式”就是符合国家发展战略大方向的重要举措。

2.媒体融合纵深发展,驱动内容升级

进入媒体融合时代以来,传播方式、舆论生态和媒体格局发生着翻天覆地的变化。融媒体视域下,不同领域纷纷抢占 IP 资源,影视、文学、动漫、游戏等领域积极跨界融合,出现 IP 开发热潮。但“IP 热”也具有泡沫色彩,大多数 IP 是空架子或者一次性产品,缺乏真正的内容价值。当前,我国的媒体融合进入了深化阶段,融合的步伐不断加快,融合的深度不断加强。2020 年 6 月 30 日,中央全面深化改革委员会第十四次会议审议通过了《关于加快推进媒体深度融合发展的指导意见》,强调媒体融合要向纵深推进,要建立以内容建设为根本、以先进技术为支撑、以创新管理为保障的全媒体传播

---

① 习近平.推动媒体融合向纵深发展 巩固全党全国人民共同思想基础[EB/OL].(2019-01-26)[2022-02-13]. http://cpc.people.com.cn/n1/2019/0126/c64094-30591124.html.

体系。2020 年 9 月 26 日，中共中央办公厅、国务院办公厅发布《关于加快推进媒体深度融合发展的意见》，要求主力军全面挺进主战场，推进内容生产供给侧结构性改革。IP 作为不同形态内容的内核，更需要保持内容定力，专注内容质量，扩大优质内容产能，创新内容表现形式，提升内容传播效果。

3.基于中华优秀传统文化，打造品质 IP

IP 开发是一个长期过程，只有打造不同业态的精品，丰富 IP 内涵，才能促进 IP 开发持续健康发展。2020 年 11 月 18 日，文化和旅游部发布《关于推动数字文化产业高质量发展的意见》，要求实施文化产业数字化战略，强调内容支撑、创意提升和价值挖掘作用。IP 开发要把握内容属性，加强原创能力建设，创造更多既能满足人民文化需求、又能增强人民精神力量的数字文化产品。近两年，文化产业致力于培育和塑造一批具有鲜明中国文化特色的原创 IP，基于中华优秀传统文化与革命文化，充分运用动漫、游戏、文学、音乐、表演、影视、视频、创意设计等产业形态，打造了一批具有广泛影响力的优质 IP 品牌。

（四）趋向四：助推 IP 产业链生态建设

国家积极促进文化产业转型与提质升级，推动文化产业链的创新与应用。文化和旅游部发布的《关于推动数字文化产业高质量发展的意见》提出，要加快发展新型文化企业、文化业态、文化消费模式，打好“建链、强链、延链、补链”组合拳，改造提升传统业态，健全现代文化产业体系。

各行业、各领域、各地区完善和细化 IP 创作、运用、交易、保护制度规则，助推 IP 产业链不断完善。如北京市推动“投贷奖”投融资全过程联动衔接，研究设立面向影视园区和企业的产业引导基金，优化 IP 产业链的软环境。网络视听行业、影视行业等积极拓展 IP 产品开发、衍生产品市场，提升 IP 产业价值链，促进 IP 与相关产业创新融合，提高精品 IP 的成果转化率、社会影响力和市场占有率，助推 IP 产业良性循环和综合效益增长。从产品开发、成果转化到价值延伸等方面，一系列政策文件正加速 IP 成果向现实生产力转化，助推 IP 产业链生态建设。

（五）趋向五：科技赋能，助推 IP 高质量发展

国家高度重视文化和科技的融合发展，让科技为文化建设提供更坚实的支撑作用。科技部等六部门发布《关于促进文化和科技深度融合的指导意见》，要求把握文化科技发展趋势，选准主攻方向和突破口，打通文化和科技融合的“最后 1 公里”，力争到 2025 年基本形成覆盖重点领域和关键环节的文化和科技融合创新体系。

文化和科技的深入融合，将推动文化事业和文化产业更好更快发展。随着 5G、云

计算、大数据、人工智能等新一代信息技术的快速发展,以数字化为核心的文旅新产品、新服务和新业态应运而生。数字科技正“活化”文旅资源,为文旅产业转型升级注入新动能。① IP承载着丰富的内容资源,其关键技术的重大突破可以促进内容的优质传播。IP运营离不开科技支撑,利用物联网、云计算、大数据、人工智能等新技术,对IP产业进行全方位、全链条改造,能够促进文化发展成果的数字化、网络化与智能化,让科技加速IP的保护与运用。2019年2月28日,工业和信息化部、国家广播电视总局、中央广播电视总台联合发布了《超高清视频产业发展行动计划(2019—2022年)》,要求按照“4K先行、兼顾8K”的总体技术路线,大力推进超高清视频产业发展和相关领域应用,助推IP产业体系的完善。

(六)趋向六:加大网络版权的治理力度

自2005年开始,国家版权局联合有关部门开展打击网络侵权盗版专项治理“剑网行动”,针对网络侵权盗版的热点难点问题,相继查处了一批侵权盗版的大案要案,有效打击和震慑了网络侵权盗版行为。相比于之前在网络视频、音乐、文学、新闻及网络云存储空间、应用程序商店等领域的专项整治,如今网络版权治理面临着5G、人工智能、区块链等新技术带来的挑战。在“剑网2020”专项行动期间,共删除侵权盗版链接323.94万条,关闭侵权盗版网站(App)2,884个,查办网络侵权盗版案件724件,调解网络版权纠纷案件925件,网络版权秩序进一步规范,网络版权环境进一步净化。另外,知识产权局与市场监管部门共同部署开展知识产权执法“铁拳”专项行动,严厉打击专利商标侵权假冒违法行为,2019年共办理专利侵权纠纷行政裁决案件3.9万件,同比增长13.7%;公安部部署开展“昆仑行动”,严厉打击知识产权犯罪行为。相关部门不断发力,开展常态化专项打击行动,持续保持高压严打态势,使版权治理更加高效、更有针对性。

(七)趋向七:推动构建国际版权保护治理新格局

在国际经济合作与贸易交往中,中国尤其重视对知识产权的保护。2019年4月26日,习近平在第二届“一带一路”国际合作高峰论坛开幕式上的主旨演讲中说:“加强知识产权保护,不仅是维护内外资企业合法权益的需要,更是推进创新型国家建设、推动高质量发展的内在要求。”2019年6月28日,习近平在二十国集团领导人峰会上就世界经济形势和贸易问题指出,“中国将保护外资企业合法权益,坚决依法惩处侵犯外商合法权益特别是侵犯知识产权的行为,提高知识产权审查质量和审查效率,引入惩罚性赔偿制度,显著提高违法成本。”

---

① 刘倩倩,李偲偲.把文化IP做出新鲜感[N].人民日报海外版,2022-07-20(008).

为加强知识产权的国际共治,我国持续推进维权协作。2019 年,“一带一路”版权国际论坛在四川成都举办,论坛聚焦数字经济下版权与创意产业新挑战和新机遇等问题,就数字环境下版权制度变革、版权运用管理、促进产业发展等问题进行经验交流、思想碰撞。《视听表演北京条约》作为中华人民共和国成立以来第一个在我国缔结、以我国城市命名的国际知识产权条约,自 2012 年 6 月该条约缔结后,经过漫长的 8 年,终于“集齐”了生效所需的 30 个批准生效缔约国,于 2020 年 4 月 28 日生效。该条约将与“马德里体系”“伯尔尼联盟”等知识产权体系齐名,有利于进一步激发表演者创作热情,有效保护著作权体系中的表演者权。此外,中国积极参加国际组织开展的“奥普森”“盘古”“网鹰”“健康女神”等专项行动,严厉打击网络和跨境侵权行为,取得积极战果。

二、IP 内容建设:精品化、多元化内容凸显 IP 价值

回顾过去两年,影视、动漫和综艺领域的 IP 呈现出精品化特征。不仅有《陈情令》《庆余年》《都挺好》等一批口碑与流量兼具的表现亮眼的影视 IP 出现,还有《乘风破浪的姐姐》《乐队的夏天》等现象级原创综艺 IP 火爆,技术进阶也为《全职高手》《阴阳师》等影视、动漫、游戏(以下简称“影漫游”)的跨媒介联动增添动力。这些优质 IP 内容的多维呈现,让 IP 的真正价值开始凸显。随着过去两年《中国诗词大会》《国家宝藏》等文化类综艺 IP 的火爆,传统文化也回归大众视野,出现了“我命由我不由天”的《哪吒之魔童降世》等具有经典符号价值的传统文化 IP,同时也将 IP 开发的源头从网生内容和严肃文学拓宽到公共文化领域中的文物古迹、地方建筑等。如以故宫为代表的传统文化 IP 在文创之路上带动“国潮”兴起,借助传统文化优势在内容与消费的融合中提升品牌内涵。从内容到产业,IP 运营在过去一年从顶层设计出发,注重 IP 的全版权产业布局,以圈层化破局释放粉丝经济力量。

(一)影视、综艺 IP 多元精品化、影漫游联动成熟化

2019 年至 2020 年,在限古令、限薪令等政策的影响下,原本占据市场主流的玄幻剧、仙侠剧开始降温,但这似乎未能影响 IP 内容的多元化呈现。总的来说,影视剧市场“大男主”IP 实力崛起,聚焦真实生活的现实主义题材炙手可热;综艺市场以精品内容传递态度和价值,各平台不仅在综 N 代上持续发力,现象级原创综艺的影响力也不可小觑;跨媒介的多种内容形态释放 IP 价值合力。

一是影视上男频 IP 爆款多,现实主义题材成为 IP 改编主流。一直以来在我们的印象中,《楚乔传》等影视 IP 中的“大女主”剧因强调女性成长和奋斗史比较容易出圈,相较而言,男频改编剧表现略显黯淡。即便之前市场上不乏《天盛长歌》《武动乾坤》

《斗破苍穹》等男性向剧集,但是因魔改剧情、廉价特效等原因被频频唱衰。然而 2019 年,以《陈情令》《庆余年》为代表的高质量男频 IP 以其共情力低开高走,不仅得到男性观众的认可,也俘获了万千女性粉丝。尤其是《陈情令》,因为其对男色的凝视、对同性的暗喻,受到女性观众的喜爱。它将原本处于"灰色地带"的朦胧情愫展现出来,也带来耽美这一特殊题材 IP 剧集的扎堆涌入。《张公案》《撒野》《默读》等双男主剧正蓄势待发,虽然目前看来这一题材受到资本方青睐,市场广阔,但是由于其具有一定敏感度,能否把握好内容和价值上的尺度以符合主流要求仍然处于一种未知状态。

同时,值得注意的是,从 2019 年开始,在各种因素的助推下,现实主义风潮愈演愈烈。关注社会问题、家庭伦理、亲子关系的剧集,如《破冰行动》《都挺好》《少年派》《人世间》《开端》等都是由 IP 作品改编而来的,它们之间的共通点是从小切口观照大问题。特别是 2022 年年初,改编自第十届茅盾文学奖获奖作品的同名电视剧《人世间》,一经播出便引起公众热议,成为现象级作品。2022 年 7 月 9 日,"人世间杂货铺"品牌全球发布会在北京召开,推出人世间故事书写笔、四季福碗、心意杯三款系列产品,致力于通过推行《人世间》文化产品以宣传传统文化,书写人间百态,尝饮人世滋味。① 目前看来,优质现实主义题材 IP 供不应求,阅文集团、网易文学、掌阅在内容储备方面已经将现实主义题材作为重点。为了大力发展现实主义题材,阅文集团已经连续四年举办现实主义题材征文大赛,并在 2019 年"网络文学+"大会上,发布了"阅文旗下现实主义 IP 精品书单"。在 2021 年特殊时间节点上,在"以人民为中心"的创作导向之下,现实主义题材剧成为当前影视 IP 的主流方向。

二是现象级综艺 IP 输出强势,综 N 代 IP 发展优势明显。2019 年至 2020 年,原创综艺市场热度持续火热。各平台在新综艺布局上走向差异化,深耕垂直化,助推新综艺走向综 N 代。聚焦摇滚圈的《乐队的夏天》第一季于 2019 年在爱奇艺播出,让我们看到了许多坚持做原创音乐的乐队,2020 年第二季回归后播放量可观,燃动整个盛夏。芒果 TV 在 2020 年打造的以女性话题为主的原创综艺《乘风破浪的姐姐》引领"无价之姐"风潮,截至 2022 年已播出三季。该综艺不仅将社会对女性的关注提升到一个前所未有的高度,还助推芒果超媒市值突破千亿大关。相比前些年不断从国外引进节目版权的尴尬境地,如今不断有现象级综艺 IP 输出,一定程度上表明我国原创自制力的提高,但是不难发现国内综艺节目跟风现象依然严重,前有《乐队的夏天》后有《我们的乐队》,《乘风破浪的姐姐》之后有《追光吧!哥哥》,如何保持原创综艺节目的出彩,仍然是一个值得思考的问题。

艾瑞咨询发布的《2020 年中国综 N 代 IP 价值研究报告》指出,"从综 N 代面临的

---

① 中国新闻网.《人世间》成现象级作品 文创产品打通 IP 内容生态[EB/OL].(2022-07-11)[2022-08-05]. http://www.chinanews.com.cn/cul/2022/07-11/9800568.shtml.

外部环境来看，综N代IP化发展具有很大的潜力”[①]，对于已经成熟的综N代来说，开启内容电商化尝试，完成IP变现是它的一大特色。爱奇艺原创潮流经营体验节目《潮流合伙人》通过线上商城、体验店、球鞋潮流嘉年华、数字影展以及开发虚拟偶像、漫画、游戏等方式，打通线上线下，进行多分支的IP产业链布局；优酷的《这！就是》系列通过内容与电商对接，形成阿里系旗下视频平台与电商平台的闭环。虽然实现商业变现是IP的一个主要目的，但是过硬的内容质量是基础，只有与观众在情感和价值上有共鸣，才能维系其向前发展，进而达到盈利目的。

三是影漫游跨媒介联动，竖屏短视频迎来新形态。由于动漫、游戏、影视剧领域的受众人群有较高的重合度，三者之间的跨媒介联动可有效释放IP的附加值，“影漫游联动”已经成为互联网时代多元化娱乐走向的重要一项。另一个值得关注的现象是近几年越来越多的游戏公司投身泛娱乐浪潮，影视公司也纷纷进军游戏行业。2016年《阴阳师》游戏公测三个月后，网易就开启基于手游IP衍生品的电影计划；2018年网易影业又陆续公布了《天下3》《荒野行动》等多部备受玩家期待的IP影视化作品开发计划。而竖屏短视频技术的成熟也为《通灵妃》等作品打通不同媒介形态助力。总之，在当前泛娱乐生态环境下，做好影漫游的生态产品，关键在于有IP共识，尊重各自垂直领域的创作规律，通过粉丝情感的传承与凝聚，实现IP的泛娱乐联动与增值。

（二）打造文化类IP，引领IP内容建设潮流

“文化IP”成为近些年热议的话题之一，它特指“一种文化产品之间的连接融合，有着高辨识度、自带流量、强变现穿透能力、长变现周期的文化符号”[②]。无论是《哪吒之魔童降世》《姜子牙》等带有中国经典符号的电影化创作，还是网剧《长安十二时辰》《庆余年》中对家国情怀、孝忠义勇等传统文化的内涵表达，抑或是综艺节目中对故宫、莫高窟等公共文化资源的盘活，都表明打造文化类IP似乎成为一种潮流。然而，文化IP最持久的内核是文化本身所具有的价值。无论是借助影视作品来传承经典艺术，还是通过新形式让传统文化融入时代语境，都需要注重传统艺术与现代精神结合的价值表达，也就是在传统与现代的融合中彰显对传统文化精神的认同，具体体现为以下几个特点。

一是以中国古代神话故事为IP创作原型，彰显中国风韵，深挖情感共鸣。五千年文化的积淀，使我国拥有丰富经典、流传不衰的神话故事。这些故事或人物因其较高的知晓度而具有广泛的粉丝群体，为打造文化类IP奠定了基础。2019年，彩条屋公

---

① 艾瑞咨询.2020年中国综N代IP价值研究报告[EB/OL].（2020-11-01）[2022-2-23]. https://mp.weixin.qq.com/s/ahF-wc6WO37eaHT--dRcgA.

② 中国IP展. CCIP首次！“文化IP”被定义[EB/OL].（2018-09-23）[2022-02-23]. https://mp.weixin.qq.com/s/PJ-zJdfZ6Ts6h30A9ZfSSw.

布国产原创动画“神话三部曲”,即《哪吒之魔童降世》《姜子牙》和《凤凰》,前两个故事主角是家喻户晓的神话人物,后者聚焦于中国的部落文明。其中,《哪吒之魔童降世》在口碑和票房上均取得不俗成绩,打破中国上映的动画电影首日/单日票房最高纪录,总票房达50.7亿元,成为2019年爆款IP。通过对神话体系的重新打磨和挖掘,其以形式上的创新之举在中国传统IP架构上进行大胆的原创性改编,注入符合时代主流的内容情节和思想,既能彰显中国风韵,又能寻求情感上的共鸣点,是开掘文化IP的一条新思路。与此同时我们也应该看到,具有影响力的文化IP依旧是孙悟空、哪吒、大熊猫等经典符号,而真正能够经得起时间考验、属于我们这个时代的文化符号依然空缺。

二是在历史记忆中激活传统建筑,助推文创发展。除了经典故事的IP化,过去两年以央视为主的一系列文化类综艺节目的火爆也激起了现代人对中国传统文化的兴趣。尤其是像故宫、地坛、长城等以往沉寂的传统建筑,如今早已不再是冷冰冰的存在。在专业团队的精心打磨下,这些中国文化符号在综艺节目中频频亮相,以“网红”身份焕发出新活力,也让这些公共文化资源最终服务于人民。随着《上新了·故宫》的成功,一种新时代下以IP构建为核心的文化生产方式——“新文创”产业迎来新机遇。新时代下,越来越多的文创产品因其带有的传统文化元素而引领了“国潮风”的兴起,既在文化自豪感上引起了年轻人的共鸣,也在商业价值上实现了品牌内涵的提升。

三是挖掘中华优秀历史文化,继承和发扬传统文化内涵。在中国文化的基因里,儒家文化讲究秩序、服从权威;道家哲学倡导平等,讲求人与自然的和谐;佛文化则提倡慈爱众生、无私奉献。可以说,儒道佛文化是中国传统文化教育的核心内容,它们广泛渗透并影响了传统文化的方方面面。2019年,以《庆余年》和《长安十二时辰》为代表的IP改编网络剧注重传承和弘扬中华文化,既有中国诗词、汉服、礼仪等外在的文化表征,也善于挖掘和表达家国共同体、仁义礼智信等深层文化精髓。2021年在河南春晚上亮相的《唐宫夜宴》火爆出圈,河南博物院的游客量倍增,河南成为春节出游热门旅游目的地。河南博物院也顺势推出“仕女乐队”盲盒,成为畅销爆款。创造性继承与创新性发展传统文化,使其适应并引导当前的社会发展需要,是习近平总书记提出的要求,也是未来IP创作可以借鉴的地方。

(三)更加注重版权、粉丝、营收的运营模式

单一的IP呈现形式所具有的价值毕竟是有限的,IP成熟到一定阶段,就需要考虑打通产业链以延伸IP生命力。所谓的“生命力”,指的是IP必须能够系列化开发,让不同形态的内容在各自领域发挥作用并形成IP品牌合力。例如《陈情令》在网络剧成功后,开始通过授权在动画、游戏、周边等多种形式上进行商业化探索,打造矩阵化的产业布局。从内容走向产业,其中必不可少的一个环节就是运营,它能有效释放并

验证 IP 价值。简单来说，IP 运营既包括前期各版权的落地，也包括后期对粉丝的积累、维系和扩张。为此需要重视粉丝文化与圈层经济，推动一些内容平台由流量思维逐渐转向社区化运营。当 IP 产生市场价值后，营收运营也十分关键，目前较为常用的“分账”模式适用领域也在不断拓宽，改变着平台和制作方的利益配给。具体来说 IP 运营呈现以下特点。

一是全版权运营，拓宽 IP 延伸维度。从顶层设计出发，以产业链布局的矩阵化实现产业化思维的升级，是成功完成一个 IP 闭环的关键所在，而实现这一目的的前提则是拥有优质 IP 的全部版权。2019 年，阅文集团完成 IP 全产业链开发布局的关键环节，在版权授权、联合投资、自主制作方面取得显著进展，实现不同文创形式的高效变现。阅文集团 2019 财报显示，2019 年阅文集团来自版权运营及其他的收入同比增长 283.1%，达 46.4 亿元；版权运营业务收入达 44.2 亿元，同比激增 341.0%。① IP 不仅可以是小说，也可以跨界进入电视剧、电影、动漫、网络剧和游戏等不同领域，满足观众不同的观看需求。例如《全职高手》历经 10 年时间，在 2019 年和 2020 年先后完成影视和动画的全面上线，成为全版权落地的一个典型。《陈情令》在衍生品上形成以音乐和周边为主的市场，通过产业运作和资本整合，将 IP 产业链的上下游打通。

二是 IP 产业发展更加注重粉丝运营和圈层破局。粉丝运营是以偶像为内容、品牌为渠道、粉丝为经济的运营活动。对粉丝进行持续情感刺激，充分整合并调动粉丝参与到传播工作中，旨在提升粉丝黏性，达到粉丝热度的有效转化。在当下基于互联网的娱乐多元时代，很多平台都开始针对年轻人群的痛点，诸如社交、自我表达、参与感等，进行运营策略的转变。例如芒果 TV 为回馈会员连续举办多年的“青春芒果节”已成为粉丝品牌。而网络文学作为大多数 IP 开发的源头，粉丝社群特征愈发明显。据阅文集团调研，“文字弹幕”功能让读者能够进行社交评论，评论用户的付费率与沉默用户相比提高了 10%；“兴趣社交”功能形成了书友圈、角色圈等丰富的用户社区，阅文已经拥有平台级兴趣圈 361 个。② 最具代表性的是《新斗罗大陆》，它将 IP 粉丝化从阅读场景拓展至影视、游戏场景，让粉丝读者在后续作品的创作和完善中发挥重要作用。

三是网络大电影和网络剧的分账盈利模式逐渐成熟。所谓“分账”模式，就是在设置保底价满足制作和一定利润空间的前提下，通过互联网以外的其他收益来进行分成。2020 年在疫情影响下，虽然院线电影受到重创，但网络大电影发展较为迅速。灯

---

① 阅文集团.阅文集团 2019 财报：年营收 83.5 亿，版权运营收入增长 341%，IP 战略取得关键进展[EB/OL].(2020-03-17)[2022-02-25]. https://mp.weixin.qq.com/s/FJogeQregg5EMFErAG uYHQ.

② 中经文化产业.最新报告：网络文学行业正在接近下一个风口[EB/OL].(2020-02-20)[2022-02-25]. https://mp.weixin.qq.com/s/-mSlVG5AP16BhAzjYVzRAA.

塔研究院发布的《网络电影用户洞察——2020 年 Q1 中国网络电影市场报告》显示[①],虽然网络大电影 2020 年一季度上映数量较 2019 年同期减少了 45 部,但票房收入却创新高。与院线电影收益模式相同,网络大电影的收益也是由观众的有效观看数量决定的,所以网络大电影比较常用这种分账模式。

一边是高速增长的市场,一边是网络大电影公司源源不断地投身网络剧,在网络大电影领域已经司空见惯的分账模式也正在改变网络剧行业。爱奇艺作为分账剧领域最活跃的平台方之一,在 2017 年就提出了"云腾计划"和"苍穹计划",这些计划旨在将爱奇艺储备的文学和动漫 IP 开发出来并提供给影视公司进行改编创作,播出后与出品方按照一定比例分成,吸引了慈文传媒、新媒诚品等头部公司入局,分账剧在经过几年的发展后变得愈发成熟。

可以看出,2019 年至 2021 年,IP 生态正处于深度调整期,资本市场对 IP 的态度从最初"短平快"的追求逐渐回归理性,并朝多元精品化、成熟化发展。从《陈情令》《庆余年》《人世间》等成功的 IP 作品中不难发现,一个有竞争力的 IP 在源头处必定是以优秀的原创内容为基础的,因此,在开发时也需要贯穿"内容为王"的理念,遵循创作和改编规律。当依托内容的 IP 崛起进入变现阶段时,这一过程实质上也是 IP 产业链贯通的过程,难点在于如何跨越不同媒介形态打造具有统一价值内核的矩阵,通过聚集粉丝用户实现商业价值,推动 IP 品牌的持续性发展。

三、IP 研究版图:聚焦实践,深化认知

融合时代,IP 已不是一个新鲜概念,对 IP 认知度的提升代表 IP 行业发展和学界探究的成熟化。尽管近两年 IP 行业遇冷,但 IP 化仍是当前文化产业发展的重要模式。在学术研究过程中,IP 研究仍以现实问题、行业状况、具体业务实践为研究主题。

(一)建立理论化和科学化的 IP 理论体系

IP 是与经济、文化、社会紧密贴合的概念范畴,具有强烈的实践导向和价值导向。随着 IP 研究的深入,运用跨学科、多元化理论深度阐释 IP 各个面向的研究逐渐增多,如使用跨媒介叙事理论、平台化理论、审美文化、消费主义等理论视角阐释 IP 内容建设、IP 开发与运营、IP 社会价值等。IP 研究方法也趋向科学化、实证化,即使用适合于复杂网络研究的数据分析、因子分析、模型分析、网络分析等方法,力图借用已有理论假设和学术研究方法深化对 IP 的综合认识,建立价值性和科学性统一的 IP 理论体

① 灯塔研究院.网络电影用户洞察——2020 年 Q1 中国网络电影市场报告[EB/OL].(2020-05-01)[2022-02-25].https://mp.weixin.qq.com/s/4AcxtFhwXXyAm2spm2sWyQ.

系，促进 IP 研究的理论化发展。

跨媒介叙事理论是分析 IP 内容价值转化的重要理论依据。亨利·詹金斯基于新旧媒体在融合过程中的复杂互动和转换，提出了跨媒介叙事理论，并指出叙事者可以运用不同的媒介形态，利用不同媒介文本之间的互文性关系建构适合于不同媒介的故事网络。一个跨媒介的故事穿越不同的媒介平台展开，每一个平台都有新的内容为整个故事做出有差异的、有价值的贡献。[①] 这为 IP 的跨媒介价值开发提供了思想基础。类似跨媒介叙事的理论概念还有雅各布森、洛特曼等所言的"广义上作为解释、思考方式的'翻译'"，如网络文学作品要在目标域中求生存，就需要在"业内人士"的引导下，遵守目标域的逻辑规则，对网络文学作品进行创造性"翻译"。"翻译"主要有三种类型：域内翻译、语际翻译、符际翻译，形成适用于目标域的网络文学 IP 产品。[②] 随着 IP 研究的逐渐深化和实践的不断发展，IP 跨媒介开发形式愈加明显。如何在不同媒介间寻求价值最大化，成为 IP 发展的基础性问题。

此外，学者们依据多种理论对 IP 开发的平台化尝试、IP 开发效应、IP 开发问题、IP 国际化、IP 价值评估体系等内容进行深刻分析，提升了 IP 研究活力，扩展了 IP 研究视域。其中，有学者借用经典消费主义理论指出 IP 开发过程中碎片化、娱乐化、狂欢化问题依然存在。此外，文学、艺术学理论的加入为评估 IP 开发效果、IP 跨文化传播提供了新路径。有学者指出，名导演并不一定带来 IP 影视化的成功。而在 IP 的跨文化传播过程中要具有"陌生化"理念，陌生化就是将人们司空见惯的事物放置于一个全新的、陌生的环境中予以展现，以吸引观众读者对文本自身进行深层次、多方面的解读[③]，从而摆脱本土观念先入为主式的 IP 创作，以适应不同国家的文化观念。例如《山海经之小人国》等一系列试图交融中西文化的影视作品，在不同国家创作者共同参与的情况下，能够以适应不同国家文化语境的创作方式在国际范围内传播，增强本土文化的国际传播力。

互联网的平台化发展也为 IP 平台化开发提供了新机遇。"平台经济"的特点在于通过有机增长、并购和购买垂直领域中的重要股权，最终实现横向扩张。有学者指出在平台经济形态下，IP 的跨领域、跨平台价值生产在时态上可分成"共生"和"衍生"两种。共生是指不同细分领域、不同媒介平台在同一时间内共同发力 IP 的价值生产；衍生是指特定 IP 被生产之后，继续通过劳动力追加延长 IP 的价值链。[④] 腾讯平台已经在此方面有所作为，其打通了腾讯视频、QQ 音乐、全民 K 歌等以腾讯为核心的平台化软件，促使用户的全网络行动都能够在腾讯平台下的产品内发生和互动，形成了自产

① 詹金斯.融合文化：新媒体和旧媒体的冲突地带[M].杜永明 译.北京：商务印书馆，2012：56.

② 王小英.超级符号的建构：网络文学 IP 跨界生长的机制[J].中州学刊，2020(7)：154-160.

③ 什克洛夫斯基.散文理论[M].刘宗次，译.南昌：百花洲文艺出版社，1990：158.

④ 张谦.中国音乐类综艺节目中的 IP 生产与价值衍生探析[J].中国电视，2020(9)：56-60.

自销的平台型产业链,实现了内部循环的价值最大化。

研究方法的科学使用为网络时代 IP 跨媒介分析提供了方法遵循。有学者使用多元线性回归分析的实证研究方法,指出网络话题度、原 IP 收藏量、主演 CV(声优)人气对网络文学改编 IP 商业付费广播剧的播放量具有显著正向影响,[①]为 IP 开发提供了具体运营策略。网络环境复杂多变,使得 IP 开发效果难以评估和预测,但 IP 开发评估作为 IP 产业化的重要参考程序,许多研究者试图使用适用于网络复杂环境的多因子分析法评估影视产业 IP 商业化的影响因素。研究发现,新媒体竞争环境下影视产业 IP 商业化路径主要有两条,分别由影视产业的经济效应需求和文化效应需求引导。其中公共产品特征、外部性特征、市场化特征、消费平台特征是判断 IP 是否具有强经济效应的重要评估因素,娱乐特征、夯实内容、精神需求、舆论引导是强文化效应的重要特征。只有经济效应和文化效应相互协同,才能在新媒体竞争环境的影响下,以影视 IP 为核心动能,构建科学、有效的商业化路径。[②] 可以看出,尽管 IP 开发的网络市场和社会环境多元复杂,但在多因子分析下,仍可探索出影响 IP 产业化的重要因素,为 IP 产业化开发提供可参考性的价值评估体系。

IP 研究的理论化和科学化为建构 IP 研究理论体系,完善和深化 IP 实践提供了充分的思想认识。但在理论化 IP 研究的过程中,也出现了理论与具体研究内容不适配,理论运用不科学,乱用、滥用理论术语,以及“挂羊头卖狗肉”的空泛化理论探讨等问题,未来 IP 研究仍要探究符合自身发展逻辑的实践性理论。

(二)IP 内容研究视角趋向类型化和专业化

IP 内容研究主要是指从内容开发层面对 IP 化进行研究和探讨,而 IP 化的主要方式则是 IP 影视化。IP 影视剧以其独有的改编模式和叙事策略,连接了文字艺术与视听艺术,[③]既为观众带来精神享受,也促进了影视产业的发展。从 IP 内容类型上看,以细分 IP 内容类型进行个案分析是 IP 内容研究的主要方式,网络文学 IP、传统文化 IP、视频节目 IP、国产动漫 IP、电影 IP 是 IP 内容研究的焦点。此外,中国古典文学 IP、话剧 IP、音乐 IP、游戏 IP、城市 IP、品牌 IP、角色 IP 也在 IP 内容研究的关注范围内。从 IP 内容研究视角来看,IP 内容涉及范畴广泛。为深入理解不同学科视野的具体表现,IP 内容研究视角趋向专业化,因此 IP 内容的产业化问题与路径仍是研究重点。

---

① 王晓旸.网络文学 IP 改编商业付费广播剧的播放量影响因素研究[J].新媒体研究,2020,6(14):55-58.

② 易魁,乔欣.新媒体竞争环境下影视产业 IP 商业化路径研究[J].电影文学,2020(4):13-19.

③ 杨雅捷,朱殿勇.新媒体时代网络文学改编剧的叙事与传播转向:以 IP 网剧《长安十二时辰》为例[J].新闻爱好者,2020(10):83.

1.IP 内容研究的类型化：以个案分析为主

2019 年至 2021 年，众多网络爆款成为 IP 内容的研究对象。国产动画《哪吒之魔童降世》、文化类综艺节目《上新了故宫》、传统文化影视作品《长安十二时辰》、网络文学 IP 改编古装剧《陈情令》、游戏《阴阳师》、历史现实主义影视作品《人世间》是近两年 IP 内容研究的主要个案。以个案研究为主的 IP 研究主要通过视觉建构、叙事策略、美学视域等视角归纳 IP 内容衍生的成功路径，为 IP 内容开发提供借鉴经验。个案研究是 IP 研究的重要研究方法，但由于 IP 内容类型较为多样，开发仍具有较大的不确定性。因此，IP 个案研究是否具有普遍的价值意义和实践意义仍有待商榷，且大多数 IP 个案研究所得出的结论具有高度同质性，内容优质化、改编精品化、价值主流化、开发生态化仍是打造“超级 IP”的主要路径。

IP 内容改编主要是网络文学 IP 的视觉化和影视化。纵观 2019 年至 2020 年的中国网络文学创作和 IP 改编，除了继续保持高歌猛进、迅猛发展的态势，也有了新变化和发展：网络文学类型融合、拓展和深入发展，流行元素和各类型融合成新亮点。市场的降温和下沉促进了 IP 改编精品化进程，产出了更多契合青年文学趣味、网络流行文化和主流核心价值观的优秀作品。海外传播、5G 技术、游戏和有声书行业的快速发展，以及 90 后网络作家的崛起对中国网络文学产生重大影响。[①] 但网络文学 IP 影视化仍存在较大问题：一是 IP 改编内容同质化严重，创新不足，缺乏原创，造成用户审美疲劳；二是 IP 改编的泡沫化。由于盲目追求粉丝流量、受资本商业化利益驱使，IP 改编影视化作品质量参差不齐，制作流程粗糙、低成本创作现象仍然较为严重。[②] 这些问题也同样存在于动漫 IP、节目 IP 等 IP 内容开发过程中。

细分到不同类型的 IP 内容研究领域，IP 内容研究又呈现出差异化的发展趋势和问题。如近两年受到重点关注的国产动漫 IP，“在‘互联网＋’的推波助澜下，整个动漫产业实现了创意、制作、传播、销售网络化，产业融合速度加快，动漫产业链重组呈网状结构，环形节点上多元化变现盈利成为当前我国动漫产业发展的主要特点”。在国产动漫 IP 来源类型上，我国动漫 IP 内容主要是对传统神话故事、经典动画人物的再开发，在积极适应网络时代的动漫改编和调整尝试后，获得了巨大成功。然而，我国动漫 IP 在传承中华优秀传统文化的同时，也存在价值意义解构、消费主义盛行、文化符号滥用等问题。相较于国外，特别是美国、日本动漫 IP 产业的开发，我国动漫 IP 的创作与开发仍有较大的发展空间。游戏 IP 的影视化之路困难重重，现阶段游戏 IP 电影化改编仍存在叙事结构和受众定位上的问题。

---

① 王金芝.2019 年中国网络文学创作与 IP 改编的常与变[J].中国当代文学研究，2020(2)：135-144.

② 骆平.IP 的力量和题材的狂欢：网络小说影视改编中的题材分析[J].当代电影，2019(12)：132-135.

2.IP 内容研究的专业化:采用多学科研究视角,关注社会现实问题

IP 内容研究的专业化主要是指 IP 内容研究愈来愈偏向综合运用影视艺术学、传播学、社会学等跨学科知识进行研究分析。这类研究借用一定研究视角,深入分析内容本身特质,从而为其他 IP 内容生产提供借鉴,主要包括叙事视角、视觉视角、美学视角、性别视角、话语分析等。

不同的媒介需要借助不同的叙事方式来构建文本、讲述故事、传情达意。从文本叙事到影视叙事,IP 以影视化方式呈现已经成为中国浓墨重彩的文化创作路径。以跨媒介为视点的衍生叙事成为不同媒介空间中甄选故事元素、优化故事逻辑、重构故事文本的重要叙事方式。跨媒介衍生叙事指多媒体叙事,也称为 Cross Media Narration,指对同一故事文本利用电视、电影、漫画、视频游戏和 Twitter 等多种媒体进行媒体转换的叙事方式。媒介是传播故事的媒体,是携带故事的载体,同时也是表达故事的语言工具。基于此,IP 影视化中的跨媒介衍生叙事在故事空间重构中就表现出三种文本构型,即改编型、延展型与圆融型。跨媒介改编型是指不同媒介同一故事的平行叙事;跨媒介延展型是指不同媒介不同故事的延展叙事,如《小猪佩奇过大年》借用小猪佩奇这一原型重新进行故事编写与叙事;跨媒介圆融型是指同一媒体同一故事多种语言的综合叙事。每一种文本构型都需要借助相应的叙事机制来支撑,每一种叙事机制又会呈现出不一样的故事世界,每一个故事世界都是实现粉丝黏合经济的重要依托。① 跨媒介叙事视角体现了文学 IP 在转化为影视 IP 的过程中,其叙事方式、叙事结构、叙事内容因“媒介”特质的变化而变化,也因媒介的联合而整合。

近几年,以女性为主题的 IP 改编剧占据影视剧主要市场,“她剧集”“她经济”成为带动影视产业发展的重要投资产品。在这一影视市场火热背景下,以性别视角、情感视角对女性影视 IP 进行研究,探索女性社会问题的研究也在增多。有学者聚焦 2010 年—2018 年国产 IP 电影中的女性形象塑造,提出国产电影产业“她经济”时代出现后,围绕新时代女性这一核心,凸显了新女性自由和价值的电影创作中的“新女性凝视”。而影视作品主要通过情感空间、社会空间、历史文化空间这三个空间来实现对“新女性形象”的书写。学者还结合后情感主义的理论视角指出当下 IP 电影“新女性形象”塑造所存在的浪漫幻觉性等问题,指出“新女性凝视”中对美的感受应较之以往更理性,是对现实生活中女性形象更全面的把握和反映。若失去了宝贵的现实主义精神,②仅仅靠“虚伪和骗取来的经验,便会令人类在现代整体性地损失了真实的、现实的经验”。③ 基于此,学者呼吁建立观众对新时代电影中女性文化的“新感受力”和“新

① 张晶,李晓彩.文本构型与故事时空:网络文学 IP 剧的“跨媒介”衍生叙事[J].现代传播(中国传媒大学学报),2019(5):78-84.

② 林筠.后情感视角下国产 IP 电影的新女性凝视[J].电影文学,2019(11):65-68.

③ 本雅明.经验的贫乏[M].王炳钧,杨劲,译.天津:百花文艺出版社,1999:253.

理性”。此外，有关“虚假”“幻觉”“媚俗”“脱离真实”的问题不仅仅存在于女性 IP 中，也是 IP 影视化过程中的重要问题。理性创作与开发影视作品，或许在未来以创造“符合主流价值观”的影视作品为主，满足人们高尚精神需求的政策和实践推动下，有望形成稳定繁荣的影视市场。

“话语是由一组符号序列构成的，它们被加以陈述，被确定为特定的存在方式。”[①] IP 内容正是符号架构下的话语陈述，并以不同的方式存在形成了复杂语境。有学者从话语权力的视角指出，20 年来，网络文学从边缘到主流的位移，更多地依赖于外在性规训力量，即大众消费、群体审美的文化语境。网络文学 IP 热的背后，折射出诗性公共话语空间。文学话语从大众狂欢到符号建构的权力转移，创作主体从主体间性到文化间性的群体合意，文学空间从文本视像到多媒体、超文本视像的交互生成，由此带来了由形而下到形而上的公共审美回归和由单向度到立体化、通感型审美体验的复合。[②] 当前 IP 内容市场是由多元主体共同塑造的，摆脱了原有自上而下的单向性创作和传播，资本、政策、粉丝等力量共同推动了 IP 内容市场的繁荣与发展。

有学者从知识管理视角审视当下网络文学 IP 生态体系，并指出知识管理学视角下网络文学 IP 生态体系建构逻辑体现为以 IP 生产为核心竞争力的智力资本管理、以 IP 增值为主营方式的业务流程管理、以 IP 变现为最终盈利方式的多元价值转化。然而在知识经济时代，网络文学业态发生了从内容生产到文化增值、从流量经济到体验经济、从“圈地护城”到生态共荣的嬗变。基于这一现实，有必要从知识创新战略维度出发，重塑数媒时代新的出版商角色，重建企业经营管理新范式。[③]

IP 内容研究多元复杂，一方面，其以个案分析对优质 IP 内容进行具体分析；另一方面，从学术角度、现实角度分析 IP 内容创作、传播、架构的深层背景。但整体上，IP 内容研究的专业性和学术性相对缺乏，这与 IP 行业发展的强实践性相对应。

（三）IP 产业化研究：在探索中创新

IP 是一个具有包容性的概念，其可塑性、可转化、可变现、可复制等特质成为发展 IP 产业的基础动能。2020 年受新冠疫情影响，文化产业发展面临变局与困难，但在政策扶植和新技术加持下，尽管 IP 产业在实体产业中受阻，但基于 5G 和大数据的高速发展，许多 IP 授权仍然可以与在线经济、数字经济紧密衔接。电视节目 IP 直播化、个人化，虚拟人物 IP 成为 IP 开发新现象；IP 开发模式逐渐成熟，粉丝经济、跨 IP 联盟成为 IP 开发发力点；IP 价值评估体系仍是 IP 开发研究重点，但 IP 开发也存在过度开发、IP 价值遭受消耗等问题。IP 的价值开发不能停留在形式或者载体变换，也不应该

---

① 周宪.从文学规训到文化批判[M].南京：译林出版社，2014：2.

② 张晶，李晓彩.IP 语境中网络文学的话语表征与审美转向[J].文艺论坛，2019(1)：74-80.

③ 王志刚，李阳冉.知识管理视角下网络文学 IP 生态体系重构[J].编辑之友，2021(5)：40-45.

毫无内涵地进行捆绑营销,而应深度挖掘其精神内核。

1.虚拟人物 IP 成为 IP 产业化研究的新关注点

虚拟人物 IP 在“承载形象、表达故事和彰显情感的文化生产过程中,成为一种经过市场验证的情感载体,成为一种有故事内容的人格权”①。明星是一种以“人”为核心的 IP 价值生成,其重点在于在电视节目播出过程中对个体的“身份”进行建构,并获取受众的广泛认同,这一渐进式的 IP 生产过程也构成了节目编创模式的内核。② 如音乐类综艺节目所打造的明星 IP 可细分为音乐人 IP、歌手 IP、正能量偶像 IP,不同“身份”和“性格”的明星 IP 创造了不同的节目效果和 IP 影响力。又如 2021 年中央广播电视总台通过整合全台资源打造出综艺节目《央 young 之夏》,推动了主持人 IP 化和节目品牌化,创新了节目的运营模式,对中国传统媒体创新发展模式、革新运营思路起到了示范作用。③

除了明星 IP,“虚拟偶像”IP 也成为业界关注的新亮点。“在产品功能同质化、传播手段雷同化的当下,通过‘虚拟偶像’IP 的文化赋能,可以创造出独特的、异质化的体验与感受。”④“姜子牙”“哪吒”“罗小黑战记”“猫妖”IP 形象等成为著名的“虚拟偶像”IP。

2022 年北京冬奥会吉祥物“冰墩墩”成为超现象级虚拟角色 IP。有学者以 2022 年北京冬奥会吉祥物“冰墩墩”为例,分析该角色 IP 在融媒体背景下“爆红”的原因,以及其与之前的角色 IP 在推广与宣传中的不同之处,为角色 IP 发展如何合理地利用融媒体技术提供参考。学者指出“冰墩墩”首先通过信息引流、宣传活动引发全民关注,在 IP 运营过程中,不断与时事热点相结合,使角色 IP 始终保持热度,并与多元主体开展商业合作,促进利益共享。其中,多元化的艺术表达形式、角色 IP 丰富的形象与内容是提高社会效益和商业效益的重要路径。⑤

众多游戏品牌也通过虚拟偶像打开市场,如国内手机游戏品牌“消除者联盟”从上线开始就具备独特的品牌营销策略,通过品牌吉祥物“消除联萌”迅速打开消费市场,以打造虚拟偶像乐团的方式使其成为网络媒体的一个主流 IP。⑥ “虚拟偶像”IP 正是

---

① 向勇,白晓晴.新常态下文化产业 IP 开发的受众定位和价值演进[J].北京大学学报(哲学社会科学版),2017,54(1):123-132.

② 张谦.中国音乐类综艺节目中的 IP 生产与价值衍生探析[J].中国电视,2020(9):56-60.

③ 郑玄,龚逸琳.原生 IP 视角下传统主流媒体的内容创新研究:以央视频《央 young 之夏》为例[J].电视研究,2021(11):29-32.

④ 央广网.IP 成为激荡文化产业的新动能 中国成全球该领域增速最快的市场之一[EB/OL].(2020-11-23)[2022-03-02] https://baijiahao.baidu.com/s? id=1684116088822879405&wfr=spider&for=pc.

⑤ 李迪因.融媒体背景下角色 IP 的发展与创新:以 2022 年北京冬奥会吉祥物“冰墩墩”为例[J].青年记者,2022(14):111-112.

⑥ 肖腾杰,江明.新媒体中游戏品牌吉祥物的泛 IP 化营销策略研究:以手机游戏《消除者联盟》为例[J].大众文艺,2019(8):211.

通过赋予个体多层意义，如价值观、事件代表、意见领袖等，将价值符号化，扩大价值传播力。

2.IP 运营注重粉丝经济，不断健全 IP 产业价值链

美国学者迈克尔·波特在《竞争优势》一书中提出，“企业是在设计、生产、销售、发送和辅助其产品的过程中进行种种活动的集合体。所有这些活动可以用一个价值链来表明”。IP 产业正是通过创作、生产、开发、营销、售卖等环节构建起关于 IP 的生态产业链。创作和生产主要关乎 IP 内容层面，而重视粉丝营销、搭建虚拟社区、增强用户黏性成为当前激发 IP 产业价值的重要方式。不论是哪个传播渠道、哪种内容形式的虚拟社区，都是以互联网作为粉丝互动、情感转化的空间和平台。如何有效地开发、组建 IP 社群，挖掘 IP 社群背后的情感价值，围绕 IP 内容进行联合营销，是 IP 产业链开发的基本内容。有学者基于 4R 理论，以关系营销为核心，通过关联、反应、关系、报酬四个方面研究网络文学 IP 营销策略的特点以及面临的问题，并对此提出相应的对策，他指出一个优质 IP 的孵化需要漫长的时光去雕琢、去积累大量的忠诚用户，打造优质原创 IP，培养“粉丝经济”，建立与粉丝长期而稳固的关系，才能达到 IP 增值的目的。①

但在粉丝营销过程中，常常存在“溜粉”、恶意消费粉丝情感的消极现象，不利于 IP 产业价值链健康持续发展。粉丝共创是 IP 生命力的一个具体体现，如果要长期保持 IP 生命力，制作方、宣传方需要在认识粉丝经济作用机制的基础上，有针对性地进行影片制作与传播，②并充分注重 IP 开发的正面价值，坚守知识导向、共情导向、价值导向的 IP 传播原则，基于增强用户黏性、升级用户体验、拓宽用户选择三重向度增强 IP 传播能力。③ IP 承担着传播正确价值观、引导社会舆论的社会责任，因此，无论是 IP 内容本身，还是 IP 开发与运营，都要以积极行动创造正面价值。

新冠疫情期间，我国网络文学平台用户在线阅读时长显著增加，数字阅读市场升温。进入后疫情时代，网络文学 IP 作为拉动数字出版产业增长的支点，成为我国数字文化产业的新增长点。我国网络文学 IP 价值链业已形成，但粉丝经济与价值链间仍存在隐性屏障。面对网络文学粉丝社交化、移动化和沉浸式的阅读体验诉求，网络文学平台调整粉丝社群运营管理思路，加强网络文学 IP 价值链辅助活动的技术赋能，注重调和网络文学 IP 价值链上的利润矛盾，尝试打造网络文学 IP＋有声阅读的长音频盈利集群。从接受审美的视角提高网络文学 IP 的文化内涵，融入全球价值链，全面提升我国数字出版业的国际竞争力。④

---

① 冯誉莹.基于 4R 理论的 IP 营销策略分析：以网络文学为例[J].知识经济，2020(13)：45.

② 徐航.音乐 IP 电影传播中的粉丝角色研究[J].传媒，2020(8)：78-80.

③ 刘代坤.浅析综艺节目《青春有你》的 IP 传播[J].当代电视，2020(5)：109-112.

④ 信莉丽.后疫情时代网络文学 IP 价值链重构与创新[J].编辑之友，2021(5)：46-50.

3.持续关注IP价值评估体系研究,发现问题并重构体系

IP热度的高涨带来了对IP价值评估的关注,而建立IP价值评估体系是IP开发者评估IP开发效用、回报等指标的重要方法,是判断一个IP是否值得开发的重要标准。因此,近几年,IP价值评估体系仍是IP研究的重点。IP价值是基于IP艺术性、社会性、市场性、交互性等特质的考量。这些价值特质尽管可以利用大数据进行衡量,但IP价值评估体系的有效性仍存在问题,在IP价值评估体系测量下,仍有很多IP开发失败,入不敷出。

因此,重思已有IP价值评估体系,发现IP价值评估过程中存在的认知误区和评估缺陷,完善和重构IP价值评估体系成为当前IP价值评估体系研究的主要方向之一。研究发现,网络文学IP价值评估过程中主要存在两个误区:一是对于IP价值与IP转化价值没有做出区分,混淆了“价值”与“转化价值”的概念与范围;二是尽管已有若干种价值评估体系,但是这些体系均以IP“转化后评估”为前提,更类似于IP的品牌价值评估,而非交易前的转化价值评估。网络文学IP评估的立足点应在于其跨媒介时的转化价值,而非文学作品的价值。因此,应依托经济学中交易成本理论,筛选出市场成本(跨媒介转化时的市场需求)、用户价值(用户购买力)、用户的获取成本(用户重合率和用户转化率)等核心指标,围绕市场需求(D)、用户购买力(P)、用户重合率(C)、用户转化率(T)等IP转化前考虑的核心因素,建立DPCT转化价值模型,以及动态场景的网络文学IP价格宏观评估公式。①

当前评估矛盾还体现在IP价值评价过程中:对于评价指标单一的,评价数据容易获取但是评价不够全面;对于评价指标复杂的,在融媒体环境下,由于存在跨媒介传播,需要跨媒介、跨领域进行评价,借助常规的数据分析手段往往难以获取和处理数据;此外,评价普遍都缺乏对主流文化价值导向的关注。因此,在实践上,IP价值评价应包含用户、流量、内容、成长和保护等方面的客观完备的评价指标体系;在理论上,应引入ANP-TOPSIS量化管理评价方法;在大数据环境下,需要运用大数据技术分析电影影评的价值观,并将其结果作为指标参与价值评价过程。② 这样有利于完善IP价值评估体系,提高IP价值评估体系效用。

介于IP开发是IP本身和IP转化动静结合的价值增值过程,有学者从知识产权评估理论下的品牌价值评估理论入手,通过归纳法构建电影IP资源多维度评价指标体系;采用层次分析法与模糊综合评价法,对电影IP资源进行静态价值评估,并将主观化的评价等级分数合理转换成货币价值;运用实物期权理论的计算方法,对电影IP

① 桑子文,金元浦.网络文学IP的影视转化价值评估模型研究[J].清华大学学报(哲学社会科学版),2019,34(02):184-189,202.

② 沈鹏,齐林.融媒体与大数据环境基于ANP-TOPSIS的电影IP价值评价[J].电影文学,2020(11):8-12.

资源可能带来的预期动态价值进行测算，构建起静态价值和动态价值相结合的电影IP资源价值定量评估模型，[①]从多层次、多环节、多维度判断和评估IP价值。

IP本身内容价值是其商业价值的基石，但衡量IP内容价值不仅需要考察其短期变现的实力，也要考量其能产生的社会效益。[②] 未来，IP价值评估体系应以社会价值、市场价值等多种价值维度为考量标准，细化IP价值评估体系。

4.版权证券化成为IP开发新模式

资产证券化（Asset-backed Securitization，ABS）通常是指因缺乏流动性但是具有稳定未来现金流的资产作为信用交易基础，通过结构重组和信用增级，发现证券的融资方式。版权证券化（Copyright Backed Securitization，CBS）是资产证券化的重要形式之一。它是以著作权、电影、音乐、软件、数据、在线数字产品等版权为载体的一种结构性融资模式。[③] 在具体操作中，版权的发起人（个人或组织）确定资产标的，选定法定版权组成资产池，然后将其选定的版权或衍生债权（如授权的权利金）真实出售给特设机构（Special Purpose Vehicle，SPV），再由特设机构以特定资产作为担保，经过版权包装、信用评估，获得信用增强后以市场上可流通的证券的形式发行，以此为发行人（个人或组织）进行项目融资。它是通过发行资产支持证券进行融资、获得现金流支撑的一种融资方式。[④]

近年来，在国家及地方政府战略部署的引导下，在新经济形态的演化过程中，文化金融发展正逐步进入新的发展阶段。将资产证券化引入文化金融，实现版权证券化，对于构建多层次金融市场，推动文化产业蓬勃发展，保护版权有着极其重要的地位和作用。但目前国内有利于版权证券化发展的融资方式尚未成熟，许多软硬件环境仍未得到满足。从法律规范、市场环境、监管制度来看，仍面临着诸多难点，案例实践也较少，处于一个探索和试水阶段。因此，推进版权证券化有序发展成为重要课题。

（四）数字出版环境下IP版权管理问题有待完善

IP从知识产权衍生而来，在文化产业蓬勃发展的背景下，将IP进行跨界转化和创新开发是发展版权经济的重要方式，而版权管理是发展IP版权经济的基础和保障。版权管理是通过对合同及权利信息的管理，对不同权利维度进行数据分析，为版权业务提供数据基石，为内容再利用提供版权保障，规避版权风险。近几年，版权相关法律法规不断加强，区块链等技术也得以应用到版权开发中辅助版权管理，但版权问题仍

---

① 曾丽霞，邱一卉.电影IP资源价值评估模型的构建及应用[J].厦门理工学院学报，2020，28(2)：12-18.

② 王千一.网络文学内容价值深度开发探究[J].中国出版，2020(18)：37

③ 者贵昌，孙杨格.泛IP时代：我国网络文学版权证券化的分析与探讨[J].未来与发展，2019，43(9)：39.

④ 刘建，闫博慧.版权证券化的风险构成与隔离机制研究[J].苏州大学学报，2017(4)：91-99

层出不穷。

首先,授权交易不规范和抄袭侵权行为尚存,这点主要存在于网络文学作品和影视作品的版权开发当中。网络文学作品和影视作品的非法传播、抄袭现象频频出现,网络文学作品和影视作品的改编权也易引发权限冲突。① 特别是在授权过程中存在确权不规范、法律条款不清晰等问题,给后期IP开发带来风险。

其次,IP改编过程中的无权改编、过度改编、相关著作权人权利不明确、演绎性改编的法律问题也较为严重。在改编过程中,由改编过度或演绎性改编所带来的"灰色"行为,版权法律尚无法统摄,导致维权难度大。我国学者在演绎作品的著作权保护问题上持三种观点:不保护论、积极保护论(保护演绎性、独创性表达)、消极保护论(一旦用于商业用途,获取社会利益和经济利益时,需要经过原著作权人的同意)。② 目前,较多学者都持第三种观点,即对这种演绎作品采取消极保护。2020年11月11日,第十三届全国人民代表大会常务委员会第二十三次会议通过修改《中华人民共和国著作权法》(以下简称《著作权法》)的决定,其中就有关于演绎著作权的法律规范问题。《著作权法》第十二条指出改编、翻译、注释、整理已有作品而产生的作品,其著作权由改编、翻译、注释、整理人享有,但行使著作权时不得侵犯原作品的著作权。在一定程度上,此条法规既保护了原作者的权力,也激发了其他创作者的创作热情,但如何判定演绎作品是否侵犯原作品,仍有待明确。

最后,版权管理缺乏创新性和制度化。纵观互联网空间,这不仅是版权管理问题,也是网络时代进行网络治理、加强数字安全所面临的重大课题。受技术冲击和互联网迅速发展的影响,传统版权管理方式无法适应新技术环境下的版权管理需求。一直以来,我国整体版权保护意识较为薄弱,因此版权管理方式也无法与时俱进。但随着技术应用的逐渐成熟,版权管理技术化也在逐渐发展。区块链技术与版权管理相结合,实现了基于区块链技术特性等版权内容全链条可信登记备案及保护,通过数字指纹也可以实现并解决侵权数据溯源问题。但有学者对国内外24个区块链在数字版权管理平台的实践案例进行分析发现,在未来相当长的一段时间内,区块链在数字版权管理领域的应用还处于探索阶段。区块链只是有利于数字版权管理的技术性工具和辅助手段,并不是对数字版权管理制度的破坏性重构。同时,区块链在数字版权管理平台的应用面临着技术本身不完善、商业运营模式不成熟、与现有法律制度相冲突三大难题。③ 因此,版权管理的数字化、技术化应用与推广仍需要加强探索,不断完善相关法律法规,建构版权管理体系。

中央广播电视总台总经理室版权运营中心闫书芳提出了融媒体版权管理与运营

---

① 陈维超.IP热背景下网络文学作品的版权问题及优化策略[J].广西社会科学,2019(7):167-172.

② 黄汇.非法演绎作品保护模式论考[J].法学论坛,2008(1):129-135

③ 汪红春.区块链在数字版权管理平台应用的进展与挑战[J].编辑之友,2019(10):80.

的五点建议：一是加强与头部平台的版权合作，坐稳坐实版权创收基本盘的同时，发掘新客户开发新市场；二是要解决长短音视频中版权素材合法化使用问题，盘活被压在箱底的版权资料，发挥长尾效应；三是以区块链技术为切入点完善版权确权机制，建设数字音视频版权交易平台，提升行业版权保护和交易能力；四是围绕优质 IP 资源打造文创产业，全面发力，多点开花，实现品牌价值最大化；五是配套专业人才队伍，设置经营奖励机制，为版权经营创收做好保障工作。①

（五）比较视野下我国 IP 国际传播力有待开发和提升

提高国家文化软实力，是我们党和国家的一项重大战略任务。随着文化资本的全球化扩散，IP 作为文化产品，具有讲好中国故事、提高国家文化软实力、增强国际传播力的重要作用。特别是近几年，随着我国综合国力的提高，国产动漫 IP《哪吒之魔童降世》不仅受到国内观众的赞誉，也在国际上得到认可。我国视频节目制作在政策支持和引导下，不断创新节目形式，形成了一批优质原创节目，并成功输出到国外。如《这！就是》系列、《声入人心》等原创节目 IP。但相较于美国迪士尼系列 IP、漫威宇宙 IP 以及日本动漫 IP，我国 IP 的国际传播力、影响力仍较弱。学者们主要从 IP 国际传播现状、影响 IP 国际传播力的原因以及如何增强 IP 国际传播力三个层面对 IP 进行国际比较视野下的探讨。

国产电影、国产动画、中国网络文学 IP 在当前国际传播中占据重要比例，但整体国际传播效果仍较差。21 世纪以来，中国国产电影在向国际挺进的过程中可谓喜忧参半，体量大而效果差的现象在一定程度上也引发了国内市场的茫然。通过对比 2015 年至 2020 年以来网络文学 IP 改编电影的国际票房，我们发现 2015 年以后，国外上映的网络文学 IP 改编电影票房成绩较高，但与武侠动作片的票房成绩差距仍然较大，上榜影片的综合排名均在 5,000 名开外。与排在外语影片榜单前十名的华语电影相比，由网络文学 IP 改编的电影在北美并没有真正获得认同。相较于国外，国内市场重视网络文学 IP 化。青春、盗墓、穿越和玄幻等题材的电影改编受到了国内影迷的热烈追捧，大多取得了高额票房成绩。但这几类在国内极受欢迎的题材却并没有吸引西方观众的眼球，科幻、喜剧和悬疑类型影片相对更具诱惑力。这种传播效果的落差值得我们进行深刻的反思，情感的浮表化与内容的松散化或许只能“感动自己”。②电影 IP 无论是在电影制作技术、电影创作思维方面，还是在电影 IP 价值的开发方面，我国与美国好莱坞之间依然存在明显的差异。我国的电影版权贸易发展不稳定，影视文化出口贸易长期处于逆差，主要表现为出口规模较小、贸易逆差不断扩大、出口市场

① 闫书芳.媒体融合背景下广播电视版权运营中的问题与思考[J].中国广播电视学刊，2021(11)：20-22.

② 王汝蕙.网络文学 IP 电影改编的海外传播与后现代美学景观的呈现[J].文艺争鸣，2020(7)：194，195.

集中、出口作品题材单一、缺乏国际竞争力等方面。① 相对于国外成熟的文化产业发展模式,国内 IP 开发仍处于产业生态探索阶段。②

而影响 IP 国际传播力的因素主要表现为以下几个方面:一是内容创新与研发有待加强,国内电影 IP 仍各自为战,线性叙事,缺乏文本之间的渗透和关联;二是 IP 产业链及其版权法律法规有待完善,如跨国产权交易过程中交易平台不完善,无法完成 IP 交易;三是盲目追求资本和粉丝需求,脱离了电影艺术的本体追求;四是国际文化差异。针对以上因素,学者们也提出了相应的解决路径。首先从自身来看,IP 开发应顺应互联网思维,从链条式逐渐进阶到循环式的开发。③ 其次,为更好地适应文化差异性,有学者提出"一体两翼"的开发模式,主题受众细分,有针对性地开发 IP。④ 最后,在政策规范上,我国要完善版权法律法规,政府对 IP 国际化开发提供相应路径、政策、资金的支持,培养优秀人才,开辟国际合伙制路径。⑤ 从全球影视产业来看,能够在世界范围内产生较大影响力的影视具有普遍的价值观、世界观,能最大限度地适应不同文化差异的国民观影需求。因此,在追求 IP 国际传播影响力前,应先打开国门,开发适应国际传播的优质 IP。

IP 的跨专业性促使 IP 研究视角多元复杂,从不同层面、不同维度研究 IP,体现了 IP 研究的纵深性和可挖掘性。但纷繁复杂的研究也显现了 IP 研究边界模糊,实践业务的多变导致 IP 研究体系难以成型。未来应加强 IP 行业实践和 IP 学术研究的深度融合,以更好地厘清 IP 研究重点,拓展 IP 研究空间,搭建 IP 研究体系。

(撰稿:李莎莎,吴鹏娟,张悦)

第二节　文学 IP 盘点

一、原创小说文学

根据中国互联网络信息中心(CNNIC)第 49 次《中国互联网络发展状况统计报告》,截至 2021 年 12 月底,中国网络文学用户总规模达到 5.02 亿人,较 2020 年同期增加 4,145 万,占网民总数的 48.6%,读者数量达到了史上最高水平。中国音像与数

---

① 高唱.IP 产业下的电影版权贸易研究[J].传播力研究,2019,3(15):61,63.

② 时文宏.网络文学 IP 生态建设的历程与学习探索[J].网络文学评论,2019(6):122-124.

③ 陈奕.走向下一个百年:2010—2019 年日本动画变革期回顾[J].北京电影学院学报,2020(9):114-126.

④ 张超.动漫 IP 产品对外传播一体两翼模式构建[J].中国出版,2020(22):55-58.

⑤ 刘健,冯红骄,姚露露.数字出版与 IP 剧融合在东南亚的传播[J].青年记者,2020(11):88-89.

字出版协会发布的《2021 年度中国数字阅读报告》显示，2021 年中国数字阅读用户规模达 5.06 亿。中国音像与数字出版协会与华经产业研究院整理数据显示，2021 年中国数字阅读市场规模达到 415.7 亿元，同比增长 18.23%，年均复合增长速度为 20.07%，预计 2022 年这一市场规模将达到 453.9 亿元。

近些年由于数字阅读产业不断发展、各平台在网络文学赛道扶持推进、网络小说下沉用户增多、网络文学作者规模扩大、新冠疫情催生“宅经济”等，网络文学作为 IP 产业链上游资源获得了较大发展。

在 IP 产业布局中，爱奇艺推出爱奇艺 App 小说频道、爱奇艺阅读 App 等平台。如表 1-1、表 1-2 所示，根据爱奇艺发布的男女频原创小说 IP 榜榜单，言情、仙侠、都市、悬疑等题材依然是市场聚焦热点，新玄幻、行业性并带有爽文特质题材表现亮眼。

表 1-1　女频原创小说 IP 榜

排名	IP 书名	作者
1	《是画先勾引我》	梦魇殿下
2	《无常劫》	水千丞
3	《萧医生的两副面孔》	小香颂
4	《刑侦笔记》	初墨不姓熊
5	《情义谱》	尼罗
6	《池医生他没我不行》	柠檬羽嫣
7	《卿本无双》	今来思
8	《满月书坊》	萌教教主
9	《天工奇卷》	云哲
10	《他跨越山海而来》	虫小扁
11	《毕竟春色藏不住》	程饭饭
12	《破军》	刘小哐
13	《酒店实习生》	携爱再漂流
14	《伴溪向云行》	程饭饭
15	《每次告白都会死》	林音
16	《天才画师小娘子》	福多多
17	《斩风刀》	白能
18	《战长城》	却却
19	《火焰戎装》	水千丞
20	《战徐州》	却却

女频榜单首位的梦魇殿下原创小说《是画先勾引我》(四十余万字,已完结)将言情与幻想相结合,讲述女主人公楚秀心家破人亡穿越到画中,成为画中人,利用一幅幅美人图,救回兄长,玩转天地,并与锦衣卫统领沈临共同经历一系列甜蜜又神秘的反转故事。

表 1-2 男频原创小说 IP 榜

排名	IP 书名	作者
1	《最豪赘婿——龙王殿》	会说话的香烟
2	《重返 1990》	边度
3	《云上龙城》	闫志洋
4	《玄元街 8 号》	汉风
5	《最后一个萨满》	战歌
6	《刑警之悬案风云》	寒星
7	《我,哥斯拉,骷髅岛签到三十年》	怪兽之王
8	《丝路秘语》	战歌
9	《圣医狂婿》	飞翔的骆驼
10	《上门女婿叶辰》(又名《霸婿崛起》)	掘土小坦克
11	《开局成为大唐太子》	蒜泥茄子
12	《豪门医婿》	巡山小钻风
13	《鬼方连藏》	九眼天珠
14	《地球被陨石击中了》	一流高手
15	《边境风云:孤狼》	李布衣
16	《北洋异闻十七年》	江行暮雨
17	《暴风眼:无名英雄》	安如墨
18	《白昼如焚》	遥淼
19	《八仙越海》	石铭华
20	《999 倍修炼系统》	妖舞

男频榜单首位是会说话的香烟的原创小说《最豪赘婿——龙王殿》(连载中,百万余字),讲述了曾经的弃子陆枫,在一穷二白之际娶了千金小姐纪雪雨,身为赘婿,毫无尊严,直到陆家因无人掌权而找到他,他的命运才发生改变的故事。

二、小说改编及影视化开发

影视剧一直是网络文学 IP 改编的重要领域。网络文学的互联网特质、自带粉丝孵化及衍生创作潜能，为其市场化、影视化改编奠定了良好的基础。

数据显示，2019 年收视 TOP 30 电视剧中 IP 剧占比达 47%，豆瓣评分在 8 分及以上的 IP 剧不超过 10 部。2020 年，豆瓣评分破 8 分的 IP 剧达 19 部，其中部分作品评分高达 9 分，如由阿耐所著小说《大江东去》改编的影视剧《大江大河 2》豆瓣评分达 9 分。2021 年 1 月发布的《2019—2020 年度网络文学 IP 影视剧改编潜力评估报告》显示，2018 年、2019 年的 309 部热播影视剧中，由网络文学 IP 改编的作品有 65 部，占比约 21%；而在热播度最高的 100 部影视剧中，这一占比高至 42%。

表 1-3　IP 影视化开发榜单(女频)

排名	IP 书名	作者	IP 最新进度(云腾开发中/剧本中/开拍中/网剧网大已上线等)
1	《火焰戎装》	水千丞	云腾计划＋影视合作开发中
2	《假日暖洋洋》	剧改作者：梵鸢	2021 年 1 月小说、电视剧同步上线
3	《荣耀乒乓》	剧改作者：童童	2021 年 3 月小说、网剧同步上线
4	《恋恋小酒窝》(原著《废柴前台的自我修养》)	蒸糕君	2021 年 3 月已上线
5	《何故蒙尘半身衣》	慵十一	云腾开发中
6	细嗅危糖	叶聪灵	云腾网剧开发中
7	《公子，我娶定你了》	陶罐	2020 年 3 月已上线
8	《时光与你别来无恙》(原著《追光》)	巫山	2021 年 7 月已上线
9	《小女上房揭瓦》	苁林	2020 年 1 月已上线
10	《这丫环我用不起》(原著《这个丫环我是用不起了》)	云九	2021 年 5 月已上线

2017 年，爱奇艺推出了“云腾计划”这一以文学驱动影视的创新模式，借助平台影视基因、生态优势及技术创作工具赋能，孵化优质原创作家与文学作品，并联动剧集、网络电影进行共同开发，实现文学 IP 价值最大化；2020 年又推出“云腾计划＋”，联合爱奇艺多个工作室、外部影视方共同打造爱奇艺投资的全部影视作品。

由慵十一作品改编的网剧《等到烟暖雨收》，荣获 2018 年爱奇艺分账网剧冠军。如表 1-3 所示，在爱奇艺的 IP 影视化开发榜单(女频)榜单中，2021 年 1 月登陆北京卫视并与爱奇艺同步播出的《假日暖洋洋》，由姚晓峰执导，姚晨、白宇、张静初领衔主演。剧集播出期间爱奇艺播放平台热度破 7,000，在贺岁季辐射全年龄层观众，并获得“中国年度 IP 评选”的特别网络传播奖。

表 1-4　IP 影视化开发榜单(男频)

排名	类别	IP 书名	作者	IP 最新进度(云腾开发中/剧本中/开拍中/网剧网大已上线等)
1	男频	《墨家机关术》	闫志洋	2021 年 4 月已上线
2	男频	《白昼如焚》	遥森	云腾院线电影开发中
3	男频	《禁武令》	骆驼	2020 年 12 月已上线
4	男频	《最后一个萨满》	战歌	网络电影开发中
5	男频	《狼鹰》	李布衣	2020 年 4 月已上线
6	男频	《边境风云:孤狼》	李布衣	云腾网络电影开发中
7	男频	《纸语术》	王皮鞋	云腾网络电影开发中
8	男频	《大唐龙雀卫》	和一	云腾网络电影开拍中
9	男频	《厨神下凡》	莫默墨	2021 年 6 月已上线
10	男频	《约定》	剧改作者:战歌	网剧已上线

如表 1-4 所示,在爱奇艺的 IP 影视化开发榜单上有名的《最后一个萨满》《边境风云:孤狼》也已经在网络电影开发过程中。涵盖都市、言情、科幻等题材的云腾计划 IP 作品的影视化推进,体现出爱奇艺以优质 IP 的生态化运营双向赋能文学+影视的良好尝试。

三、经典案例:文学 IP 开发与运营

截至 2021 年 7 月 26 日,爱奇艺"云腾计划"已发布 12 期,定标 11 期,共发布书单量 498 本,成功授权 142 本,已上线 96 部影视作品,并且如表 1-5 所示,产生了一大批优秀的影视作品。

如枇杷花开作品改编的网剧《医妃难囚》,讲述一位医女兰若溪为爱追夫的喜剧爱情故事,分账收益超 5,300 万。闫志洋作品改编的网络电影《墨家机关术》,讲述了墨家机关术传人沈拓(刘林城饰)为解救被囚禁在机关城的未婚妻姜刃(刘静怡饰),接受无极监狱典狱长(杜玉明饰)的赌局,进入机关城最底部,与六名队友共同寻找神秘的墨家至宝。但墨家机关城内布局精良,机关千变万化、无穷无尽,陷阱遍布,杀机暗藏,就此开始了一场跌宕起伏、扣人心弦的密室生死逃亡故事。该电影上线 14 小时分账票房便达 188 万,上线 14 天票房突破千万。李布衣作品改编的网络电影《狼鹰》票房已突破 1,600 万。

表 1-5　文学 IP 开发和运营的成功经典案例

IP 书名	作者	内容简介	IP 上线	票房截止日期	分账票房
《医妃难囚》	枇杷花开	医女兰若溪为爱追夫的喜剧爱情	2020.1	2021.4.24	5300 万＋
《替嫁医女》（原著《替嫁公主》）	空空	南北朝后期，陈国太傅之女被迫作为替嫁公主嫁给大周皇帝宇文雍，与大周傀儡皇帝发生的一系列反玛丽苏、反套路的故事	2020.7	——	——
《少主且慢行》	韩雪霏	女仵作田三七及其伙伴在寻求真爱和破解真相中不断成长	2020.2	2021.4.24	7500 万＋
《小女上房揭瓦》	苁林	云衣坊东家兼首席服装设计师骆胤燃和性格豪爽、敢爱敢恨的侠女米酒儿间啼笑皆非的“换身”情缘	2020.1	2021.4.24	3000 万＋
《倾世锦鳞谷雨来》	梵鸢	龙族二皇子为拯救苍生、救助旱灾，幻化人形来到人间，解除灾难之后却丢失了自己的爱人和龙族逆鳞，再也没法回到海界，只能在人间流离五百年，寻找自己所丢失的一切	2020.11	——	——
《公子，我娶定你了》	陶罐	女主和三个不同性格男人一起迎接命运挑战的悬疑爱情	2020.3	——	——
《狼鹰》	李布衣	深夜，有不明飞行物坠毁于东南亚边境密林。坠毁目标可能为 M 国秘密试验的未来空天武器。中尉秦岳在战火与爱情的洗礼中完成了两代军人的传承，践行自己铸剑卫国的誓言	2020.4	2021.4.24	1600 万＋
《墨家机关术》	闫志洋	爷爷去世后我方知爷爷是墨子七十三代传人，而我为第七十四代继承人。我得到了一本墨经残卷，是墨经上遗失的十八章内容，分为上中下三篇。上篇六章记录着伶人傀儡术，中篇六章记录着六十四种机关局，而下篇六章记录着一百零八种机关术。爷爷用毕生精力为缺失了左手食指的我制造了一根藏有八十一种机关的异指。为读懂残卷上的内容，我们进入了一个个神秘机关局……	2021.4	2021.5.8	1000 万＋
《禁武令》	骆驼	天道演，万物生，修灵力而万灵得武。武者可一人独挡千军，是以武乱天下。禁武天下，从此天下间人不得修武，兽不许成妖	2020.12	——	——

第三节　影视 IP 盘点

一、自制电视剧

如表 1-6 所示,爱奇艺 2019 年 7 月至 2021 年 6 月上线的自制剧热度榜前 30 部作品中,由周游执导,朱一龙、童瑶等主演,改编自同名小说的谍战剧《叛逆者》;由黄景瑜、李沁主演,改编自折纸蚂蚁的小说《军装下的绕指柔》的《爱上特种兵》,在热播期热度峰值最高,分别为 9,126 和 9,064。

从题材上看,在爱情、青春、剧情、古装的大分类下,悬疑、奇幻、甜宠成为持续性风口和亮点。2020 年是悬疑短剧大年,爱奇艺迷雾剧场《隐秘的角落》作品出圈后,《沉默的真相》《唐人街探案》《在劫难逃》等悬疑作品以 12 集短剧集形式,在其他中长篇幅作品中脱颖而出,热播期热度峰值均在 7,000 以上。青春、爱情、甜宠剧依旧是热度与话题的重要担当,《半是蜜糖半是伤》《如意芳霏》等多部作品将爱情甜宠作为主要的吸睛点。同时探案刑侦、冒险玄幻、都市职场等多类型自制剧进一步丰富了多元的剧集市场。

表 1-6　爱奇艺自制剧热度榜(2019.7—2021.6)

序号	自制剧项目	上线日期	播出方式	总集数	热播期热度峰值	类型
1	《叛逆者》	2021/6/7	网络	43	9,126	谍战、剧情
2	《爱上特种兵》	2021/6/1	网络	40	9,064	剧情 、爱情
3	《半是蜜糖半是伤》	2020/9/27	网络	36	8,568	青春、爱情、偶像
4	《北灵少年志之大主宰》	2020/1/30	网络	48	8,537	青春、玄幻
5	《终极笔记》	2020/12/10	网络	36	8,286	青春、冒险
6	《如意芳霏》	2020/10/21	网络	40	8,165	古装、爱情
7	《剑王朝》	2019/12/6	网络	34	8,103	古装、武侠
8	《两世欢》	2020/2/21	网络	36	8,032	古装、悬疑、爱情
9	《隐秘的角落》	2020/6/16	网络	12	7,964	剧情 悬疑
10	《民国奇探》	2020/3/24	网络	36	7,810	探案、剧情
11	《灵域》	2021/1/9	网络	36	7,694	古装、玄幻
12	《怪你过分美丽》	2020/6/8	网络	36	7,681	都市、女性、职场

续表

序号	自制剧项目	上线日期	播出方式	总集数	热播期热度峰值	类型
13	《大侠霍元甲》	2020/7/28	跟播	45	7,624	武术、年代、动作
14	《鬓边不是海棠红》	2020/3/20	网络	49	7,583	民国、传奇、情感
15	《漂亮书生》	2020/7/23	网络	36	7,492	古装、励志、校园
16	《唐人街探案》	2020/1/1	网络	12	7,462	悬疑,推理
17	《棋魂》	2020/10/27	网络	36	7,448	青春、奇幻
18	《心灵法医》	2019/11/18	网络	36	7,388	都市、悬疑、推理
19	《沉默的真相》	2020/9/16	网络	12	7,330	现代、犯罪、悬疑
20	《假日暖洋洋》	2021/1/25	网络	35	7,257	都市、情感、喜剧
21	《天舞纪》	2020/7/8	网络	28	7,136	古装、青春、校园
22	《刑警之海外行动》	2021/1/24	网络	38	7,114	刑侦
23	《世界欠我一个初恋》	2019/9/25	网络	24	7,096	都市、爱情
24	《在劫难逃》	2020/9/2	网络	12	7,020	犯罪、科幻、悬疑
25	《河神 2》	2020/7/6	网络	24	7,005	奇幻、探案
26	《明月曾照江东寒》	2020/10/6	网络	36	6,858	古装、武侠、爱情
27	《谁都渴望遇见你》	2020/2/16	网络	36	6,807	都市、爱情、剧情
28	《生活家》	2021/5/13	网络	35	6,796	都市、女性、成长
29	《无主之城》	2019/7/24	网络	24	6,774	冒险、悬疑
30	《成化十四年》	2020/4/1	网络	48	6,663	剧情 古装

在播出方式上,爱奇艺自制电视剧热度榜单前 30 的剧集中,仅有 2020 年 7 月上线的由柏杉担任总导演、赵文卓主演的中华武术正剧《大侠霍元甲》采用跟播方式在中央广播电视总台电视剧频道首播,其他均为网络播放方式,即纯网+先网后台,互联网平台在具体影视剧播出中的优势地位越来越明显,网台联动共推热度的趋势也愈加明朗。

热度排名前 30 的自制剧豆瓣评分多在及格线以上。大部分作品在 5—7 分之间,说明剧集质量一定程度上有所保证。8 分以上精品剧集也有一定数量,如《沉默的真相》《隐秘的角落》《棋魂》等,但同时也存在《爱上特种兵》《北灵少年志之大主宰》等剧集高流量但未带来高口碑的现象。

二、自制综艺

随着新一代消费市场的多元化需求的提高和年轻人兴趣喜好的变迁，自制综艺题材也呈现出多样化趋势，音乐、唱跳、推理、潮流、生活、恋爱、旅游、交友等一应俱全。

根据爱奇艺发布的自制综艺热度榜(如表 1-7)，综艺的第 N 代仍成为巩固热度、延续话题的重要武器。圈层文化进一步显露出独特的潜力和能量。《乐队的夏天》等音乐向综艺在原有出圈的说唱、乐队、音乐创作等赛道上进一步拓展更新，《夏日冲浪店》立足冲浪文化和当代年轻人丰富的潮流生活，将冲浪文化带到荧幕前。

表 1-7　爱奇艺自制综艺热度榜(2019.7—2021.6)

序号	自制综艺项目	总周数	已播周数	上线日期	热播期热度峰值
1	《萌探探探案》	12	9	2021/5/28	8,138
2	《奇葩说》第 7 季	12	12	2020/12/17	7,616
3	《哈哈哈哈哈——很高兴遇到你》	13	13	2020/11/6	7,611
4	《乐队的夏天》第 2 季	12	12	2020/7/25	7,477
5	《奇葩说》第 6 季	12	12	2019/10/31	7,334
6	《非日常派对》	12	12	2020/9/4	6,782
7	《做家务的男人》第 2 季	12	12	2020/7/31	6,628
8	《潮流合伙人》第 2 季	12	12	2020/12/4	6,579
9	《夏日冲浪店》	10	10	2020/7/4	6,540
10	《做家务的男人》	12	12	2019/8/2	6,534
11	《做家务的男人》第 3 季	12	7	2021/6/11	6,452
12	《我要这样生活》	12	12	2020/5/8	6,366
13	《跨次元新星》	10	10	2020/10/17	6,335
14	《喜欢你我也是》第 2 季	13	13	2020/4/29	6,281
15	《青春加点戏》	12	12	2020/3/26	6,117
16	《这样唱好美》	12	12	2019/10/26	5,889
17	《我的小尾巴》	10	10	2021/3/24	5,844
18	《未知的餐桌》	12	12	2020/6/18	5,711
19	《戏剧新生活》	11	11	2021/1/16	5,655
20	《限定的记忆》	10	10	2019/10/10	5,390
21	《登场了！敦煌》	10	10	2020/11/18	5,241
22	《亲爱的小课桌》	10	10	2020/8/26	5,195
23	《姐妹们的茶话会》	13	13	2020/11/29	4,883
24	《姐妹俱乐部》	10	9	2021/5/29	4,703
25	《上班啦！妈妈》	12	12	2021/4/27	4,581

《明星大侦探》让剧本杀引起社会风潮，线上或线下的剧本杀逐渐成为人们追求新奇刺激、增加社交趣味的娱乐方式。各平台也纷纷试水剧本杀侦探向的综艺赛道，爱奇艺在2021年新推出的《萌探探探案》以大众熟知的热门IP剧为基础打造剧情背景，将烧脑剧情杀与常驻嘉宾的趣味性相结合，获得了不错的热度。

《我要这样生活》着眼当代年轻人独居生活，《我的小尾巴》聚焦兄妹成长陪伴，《亲爱的小课桌》将观察转移到萌娃课业教育陪伴，《登场了！敦煌》从传统文化出发探索敦煌人文……自制综艺的多元化既折射出现实人生的多面体，又提供给观众不同维度的文化娱乐作品，打造出一个满汉全席向的综艺大观。

三、自制动漫

爱奇艺动漫曾推出“苍穹计划”和“苍穹之星”，筛选并提供多元化IP内容。

根据表1-8爱奇艺自制动漫热度榜，2020年爱奇艺自制的武侠恋爱爆笑喜剧动画《有药》以搞笑的叙事风格赢得高关注度和高讨论声，快速登上爱奇艺站内动漫榜TOP1，并产生 #有药动画# 热门话题。通过与支付宝花呗合作打造跨平台互动场景、与彩妆品牌合作定制联名款口红、将IP场景与999感冒灵品牌结合、创新广告植入方式等渠道拓展漫画IP开发的领域，寻求利益最大化。

表1-8　爱奇艺自制动漫热度榜(2019.7—2021.6)

序号	自制动漫项目	上线日期	总集数	已播集数	热播期热度峰值
1	《大主宰》	2019/8/8	12	12	4,996
2	《今天开始做明星》	2019/12/27	14	14	4,546
3	《有药》	2020/7/10	12	12	4,214
4	《万界奇缘》第1季	2021/2/17	40	40	4,166
5	《邪王追妻2：一世倾城》	2020/12/11	12	12	4,118
6	《四海鲸骑》第2季	2019/10/24	24	24	4,013
7	《星武神诀》	2021/1/28	40	40	3,996
8	《神武天尊》	2020/10/5	123	70	3,851
9	《爱在西元前》	2019/7/13	12	12	3,791
10	《逆天剑神》	2020/8/26	137	74	3,661
11	《逆天邪神》第2季	2021/2/5	78	26	3,619
12	《万古神王》	2020/10/3	78	58	3,606
13	《万古仙穹》第4季	2020/4/16	12	12	3,584

续表

序号	自制动漫项目	上线日期	总集数	已播集数	热播期热度峰值
14	《修罗剑尊》	2021/2/15	52	48	3,576
15	《只好背叛地球了》	2021/6/29	72	12	3,556
16	《解离妖圣》	2021/4/30	30	28	3,460
17	《仙尊奶爸当赘婿》	2020/6/25	66	59	3,331
18	《吞噬永恒》	2020/6/26	15	15	3,168
19	《皇帝陛下的天价宝贝》	2021/1/26	42	28	2,874
20	《隐世华族》	2020/4/29	15	15	2,846
21	《春秋封神之乱世长歌》	2020/7/4	12	12	2,624
22	《战神狂妃:凤倾天下》	2020/7/7	16	16	2,585
23	《朝堂有妖气》	2020/12/22	16	16	2,346
24	《厌火》	2019/11/22	12	12	1,899

“轻动画”创新内容形态,是基于漫画素材进行的一种动画表现的二次开发,提高叙事结构、剧情节奏方面的节奏和冲击力度。爱奇艺《吞噬永恒》《仙尊奶爸当赘婿》《隐世华族》《春秋封神之乱世长歌》等多部轻动画作品在爱奇艺动漫频道均获得不错的表现。

四、自制电影

随着中国视频付费会员模式成熟、收入分账模式发展,电影在线发行之路更加明晰。过去十年间,通过初步建立付费观看商业模式、建立与电影制作方的收入分配机制等多方面努力,爱奇艺初步建立起互联网电影的商业生态,即用户以一个能接受的价格付费成为会员,随时随地观看海量电影,平台将部分收益分给电影制作方。

根据近年来爱奇艺自制电影热度榜榜单(表 1-9),古风玄幻题材的《墨家机关术》《镇魂歌》《双面狐》、军旅战争犯罪题材的《狼鹰》《特警本色》,以及神秘悬疑涉及“古墓+奇门遁甲”《古墓诡棺》等带有刺激神秘的题材,往往榜上有名。

在内容方面表现亮眼的是爱奇艺自制纪录电影《棒！少年》。该电影获得了包括第 14 届 First 青年影展“最佳纪录片”和“观众选择荣誉”大奖、2020 年第 10 届中国纪录片学院奖“评委会大奖提名奖”、2020 年中国(广州)国际纪录片“评审团特别推荐优秀纪录片”等在内的多个奖项,豆瓣评分达到 8.6 分。《棒！少年》的 IP 探索还将延展至六集剧集版本,用更大的篇幅,讲述不同棒球少年的精彩故事。

表 1-9 爱奇艺自制电影热度榜(2019.7—2021.6)

序号	自制电影名称	首次上线日期	热度峰值
1	《墨家机关术》	2021/4/23	6,390
2	《狼鹰》	2020/4/28	5,614
3	《双面狐》	2020/8/30	5,595
4	《特警本色》	2021/4/27	5,553
5	《镇魂歌》	2020/7/26	5,406
6	《斩风刀》	2020/9/10	5,305
7	《古墓诡棺》	2019/7/21	5,247
8	《五行相术》	2019/7/18	5,121
9	《请神灯 1》	2020/6/28	4,976
10	《棒！少年》	2021/1/12	4,705
11	《废柴梦想家》	2020/3/1	4,672
12	《杀无赦》第二季：Ⅰ救赎	2020/1/13	4,651
13	《禁武令之九幽》	2020/12/27	4,565
14	《御天无常传》	2019/12/8	4,507
15	《囍门洗笑录》	2020/5/28	4,294
16	《告别练习》	2020/3/25	4,046
17	《杀无赦》第二季：Ⅲ重生	2020/1/13	4,023
18	《杀无赦》第二季：Ⅱ同盟	2020/1/13	4,019
19	《申城异闻录》	2019/7/27	3,942
20	《惊雷传说之无界》	2019/7/6	3,738
21	《时空救援队》	2019/11/19	3,552
22	《123 度谋杀案》	2020/2/11	3,502
23	《诡府神宫》	2019/12/23	3,365
24	《灵域 1》	2021/2/2	3,169
25	《长安秘闻》	2019/11/29	3,123
26	《回到过去未成年》	2020/3/7	2,998
27	《狐王殿下恋爱了》	2019/11/11	2,929
28	《别闹天使大人》	2019/7/24	2,871
29	《渡念师上》	2020/4/1	2,744
30	《诛念师》	2020/12/2	2,682

第四节　2021 中国网络电影年度报告

2014 年,在微电影渐渐式微以及观众需求日益多元化的趋势下,爱奇艺在论坛上首次提出“网络大电影”的概念。规定了“网络大电影”制作需要符合电影规律,时长超过 60 分钟,同时必须是在互联网发行的三大特点。仅仅两年的时间,网络大电影的上映量就由 450 部增长到 2,463 部,数量上增长了 5 倍。但网络大电影爆发式增长的背后仍然存在着一系列隐患,比如抄袭、山寨、低俗、恶搞等现象屡见不鲜。内容的野蛮生长和混乱的发展格局倒逼各大平台开始重视网络大电影的质量和规范。与此同时,有关主管单位也进一步加强了对网络大电影市场的监管,共同推动网络大电影的内容升级和商业模式升级。

2019 年首届中国网络电影周成功举办,“网络大电影”在三家平台联合倡议下,拿掉“大”字,将“网络电影”作为通过互联网发行的电影的统一称谓,这也标志着网络电影步入了与整个内容产业接轨的新时期。根据中国电影家协会网络电影工作委员会的定义,“网络电影”是指“时长超过 60 分钟,制作水准精良,具备完整电影的结构与容量,并且符合国家相关政策法规,以互联网为首发平台的电影”。在国家政策的助推下,2021 年网络电影行业进入“提质减量”的关键一年,在影片质量、盈利能力、社会影响力、认可度上均有所提升。网络电影的发展正在步入新的阶段,朝着规范化、精品化的方向继续前进。

一、“提质减量”趋势明显,整体票房规模稳定

在经过野蛮生长后,网络电影市场趋于冷静,并开启了“提质减量”的发展进程,行业结构进一步优化。一方面,从数量上来看,如图 1-1 所示,我国网络电影上新量不断减少。2021 年全平台网络首发的影片数量共 551 部(含分账及点播付费模式),较 2019 年减少 218 部;从质量上看,如图 1-2 所示,上新网络电影部均正片有效播放逐年上涨,2021 年有效播放达到了 1,363 万,较 2020 年增长 37%。

另一方面,在“提质减量”的大趋势下,无效供给与低端供给逐渐被市场淘汰,网络电影精品化成效显著。如图 1-3 所示,2021 年线上影片正片有效播放 452 亿,同比缩减 14%。但网络电影正片有效播放保持稳定,累计 112 亿。此外,正片有效播放在 1,000 万以上的影片数量占比 39%,较 2020 年增长 8%。

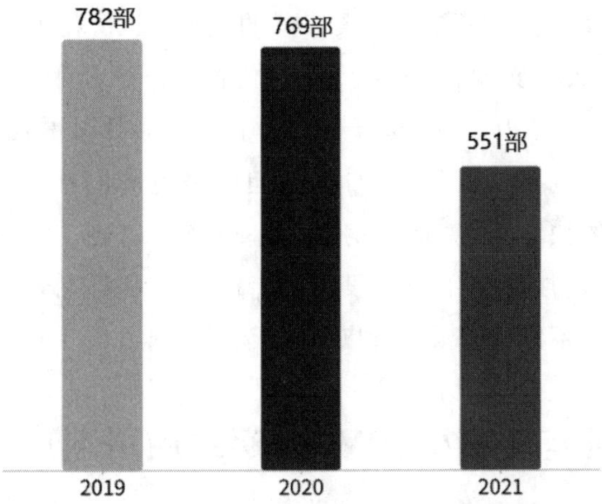

图 1-1　2019—2021 年网络电影上新量

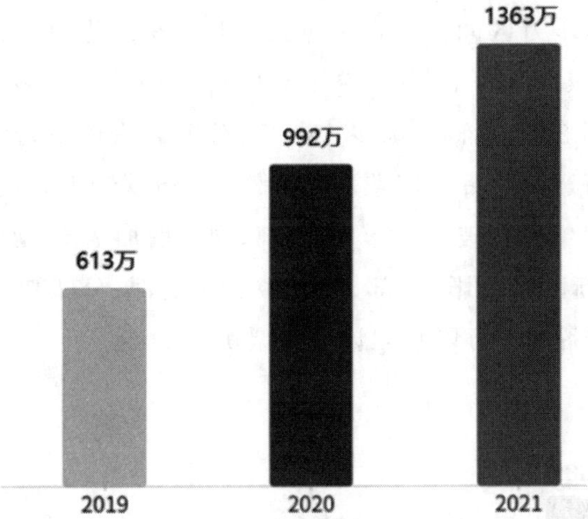

图 1-2　2019—2021 年上新网络电影部均正片有效播放图

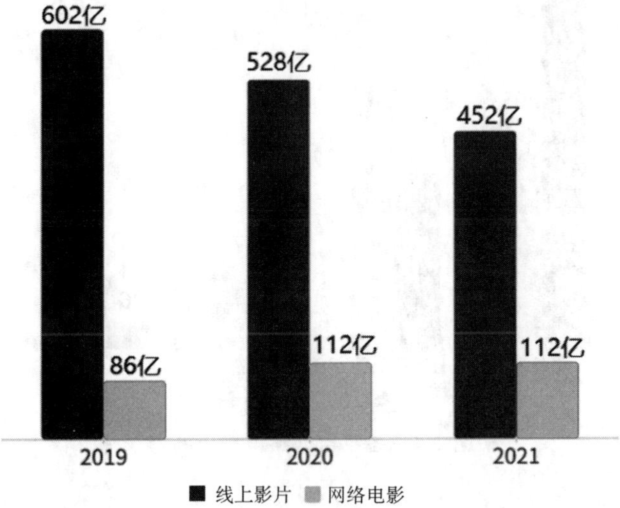

图 1-3　线上影片正片有效播放趋势

内容精品化的网络电影在赢得观众认可的同时,也收获了高票房。2021 年爱奇艺、腾讯视频、优酷三大视频媒体平台上新网络电影公开分账票房总规模 19.6 亿,共 68 部影片总分账票房破千万。从“破千万”影片的数量可以看出,尽管受新冠疫情影响,全国院线电影都遭到了不同程度的冲击,但网络电影的播放量却没有受到较大影响,反而进入了发展的快车道,整体票房规模呈现稳定趋势。2021 年网络电影市场的发展已经完全摆脱了过往野蛮生长阶段,目前高度重视电影内容的精品创作,整体盈利能力都在快速提升,不断刷新市场和观众的认知。

二、各平台间差距缩小,PVOD 模式应用渐广

图 1-4 展示了爱奇艺、腾讯视频、优酷等平台网络电影上新量,图 1-5 表现了 2021 年单平台分账票房破千万区间。根据数据,2021 年爱奇艺、腾讯视频、优酷上新网络电影共 535 部,同比减少 226 部,其中单平台发行影片 57 部,多平台发行影片 11 部。爱奇艺上新网络电影 205 部,同比减少 180 部;分账票房单平台破千万影片 32 部,同比减少 10 部;破千万影片累计分账票房5.28亿。腾讯视频上新网络电影 252 部,同比增加 93 部;分账票房单平台破千万影片 22 部,同比增加 7 部;破千万影片累计分账票房 3.67 亿。优酷上新网络电影 78 部,同比减少 139 部;分账票房单平台破千万影片 11 部,同比减少 11 部;破千万影片累计分账票房 1.80 亿。

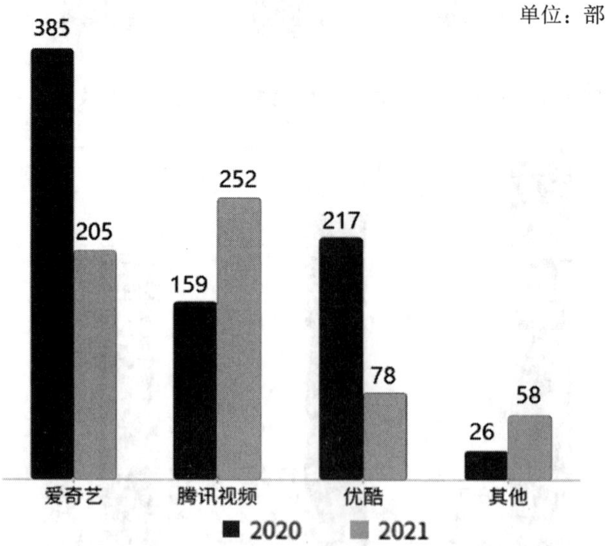

图 1-4　各平台网络电影上新量

单位：部

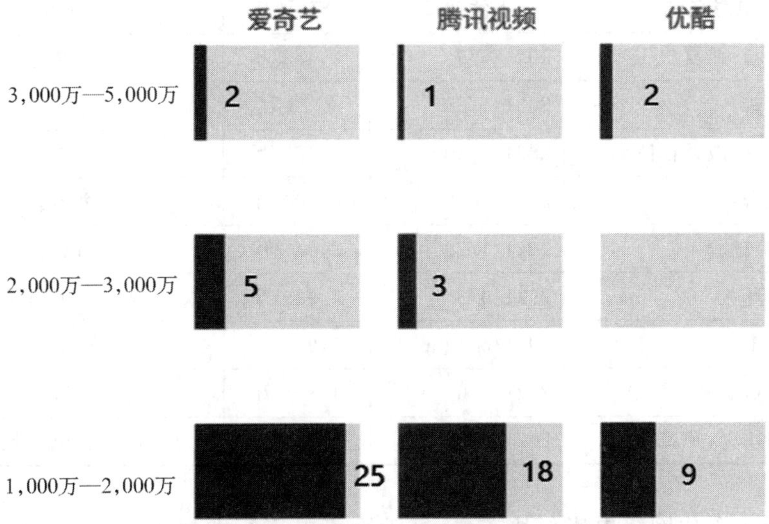

图 1-5　2021 年单平台分账票房破千万区间分布

虽然网络电影迈入了提质加速、内容为王的新发展阶段，行业发展越来越成熟，但是在分账票房方面没有明显突破。2021 年仅有 65 部网络电影单平台分账票房突破千万大关，低于 2020 年全年的 79 部。其中头部影片也没有进一步突破“天花板”，从表 1-10 可以看出，全年仅有一部在腾讯视频播出的影片《兴安岭猎人传说》分账票房突破 4,000 万。

表 1-10　各平台电影分账票房排行榜

排名	电影名称	上线时间	分账票房	播出平台
1	《兴安岭猎人传说》	2021/4/1	4,449 万	腾讯视频
2	《无间风暴》	2021/5/21	3,363 万	爱奇艺/优酷
3	《浴血无名川》	2021/4/2	3,356 万	爱奇艺
4	《硬汉枪神》	2021/8/6	3,325 万	优酷
5	《黄皮子坟》	2021/6/5	3,276 万	爱奇艺/腾讯视频/优酷
6	《白蛇：情劫》	2021/3/12	3,093 万	爱奇艺
7	《重启之蛇骨佛蜕》	2021/3/26	3,008 万	优酷
8	《新逃学威龙》	2021/10/15	2,932 万	爱奇艺/优酷
9	《四平警事之尖峰时刻》	2021/10/4	2,914 万	腾讯视频
10	《黄皮幽冢》	2021/9/30	2,645 万	腾讯视频
11	《赘婿之吉兴高照》	2021/8/13	2,597 万	爱奇艺

续表

排名	电影名称	上线时间	分账票房	播出平台
12	《龙棺古墓:西夏狼王》	2021/7/9	2,482 万	爱奇艺
13	《扫黑英雄》	2021/1/23	2418 万	爱奇艺
14	《封神榜:决战万仙阵》	2021/4/30	2,183 万	爱奇艺
15	《生死阻击》	2021/10/2	2,104 万	爱奇艺
16	《让我过过瘾》	2021/1/29	2,046 万	腾讯视频
17	《重启地球》	2021/9/3	1,939 万	爱奇艺/腾讯视频
18	《九叔归来 2》	2021/5/19	1,909 万	腾讯视频
19	《愤怒的黄牛》	2021/8/6	1,891 万	爱奇艺
20	《二龙湖往事:惊魂夜》	2021/12/10	1,841 万	爱奇艺/腾讯视频/优酷

为了进一步深化网络电影板块布局,推动网络电影行业发展,三大平台都对分账模式作出了不同程度的调整。2021 年 1 月,爱奇艺调整网络电影分账规则,推出点播付费分账模式,带来网络电影新的增长极。目前,爱奇艺、腾讯视频、优酷等平台均采用 PVOD 模式(一种付费点播模式)。《发财日记》《少林寺之得宝传奇》《我们的新生活》《冒牌大保镖》《东北恋哥》《致命感应》六部纯网发行的 PVOD 影片在点播付费期间,累计正片有效播放 4.9 亿,占全年网络电影新片的 6.6%,《发财日记》更是成为年度现象级影片。PVOD 模式不仅可以满足用户观影的多元化需求,同时也能开拓更加丰富的电影发行渠道,为优质影片提供更大的市场空间。

三、技术、人才、平台加持,创作成本不断提高

2018—2021 年网络电影上线数量虽然有所减少,但是制作成本却持续提高,整体已告别“低成本”时代,投入层级更为丰富。2021 年,投资成本达到 300 万以上的影片数量占比 86%,相较 2020 年增加了 26%;投资成本在 600 万以上的影片占比 62%,较 2019 年增加了 28%。

随着网络电影发展日臻成熟,越来越多的知名导演和演员开始参与进来,主创团队不断向院线水平靠拢,网络电影也迎来了人才上的全面升级。在网络电影市场中,涌现出了像淘梦、奇树有鱼、新片场、映美传媒等头部制作公司,在网络电影制作领域各领风骚。除了这些老牌网络电影公司,也不乏光线影业、万达影视、东方飞云、完美世界等传统影视公司的身影,由此形成了“头部网络电影公司+传统影视公司”的组合格局。它们的加入为网络电影产业的发展带来了先进的技术和专业的人才,促使网络电影产业生态进一步完善,有利于网络电影市场的健康良性运转,促使网络电影市场

逐步走向影视工业化和制作精品化的道路。

四、题材类型多元发展，现实主义题材持续升温

随着观众口味和市场需求的不断提升，网络电影的题材类型更加多元化。2021年网络电影主要围绕动作、悬疑、奇幻、喜剧、犯罪、冒险等类型展开，头部影片中动作、喜剧、悬疑类型占比提升，民俗传奇、历史战争、犯罪警匪、科幻等细分赛道均取得突破。

题材丰富的同时，大量主旋律与现实主义题材电影不断涌入市场，并在票房和口碑上取得优异成绩，成为网络电影市场的新蓝海。2021年"现实主义＋主旋律"题材影片在分账票房破千万的68部影片中占17部，同比增加3部；分账票房占比达27％，同比提升11％。《浴血无名川》《幸存者1937》《硬汉枪神》《凡人英雄》等以小人物展现大情怀的影片获得了票房与口碑的双重肯定，现实主义题材网络电影的市场潜力进一步释放。

此外，网络电影的公版IP改编逐渐趋于理性。网视互联统计发现，2021年7月份有22部作品来源于公版IP改编，占比仅7％。在为数不多的公版IP改编作品中，狄仁杰、山海经、宝莲灯、聊斋四大IP热度最高，占公版IP作品的64％。相比之下，原创IP作品明显增多，占比高达75％。其中，《二龙湖浩哥》系列至今已产出十多部网络电影，《二龙湖疯狂代驾》《二龙湖往事惊魂夜》的分账票房都达到2,000万以上；另一原创IP《陈翔六点半》系列的网络电影，几乎每部的分账票房也都在千万以上。可见，在公版IP与影视大IP分割网络电影市场之余，原创IP也逐渐崛起，不断产出票房过千万的作品，在网络电影的IP生态中开辟出一条新的赛道。

（来源：《2021年中国网络电影行业年度报告》[①]）

第五节　2021年度游戏行业报告

一、中国游戏IP发展状况

游戏IP历史发展可分为四个阶段。第一个阶段为2000年以前（游戏IP概念形成期）。这一阶段中国游戏开发产业尚处于发展期，但也开发出了不少IP系列产品，

---

① 爱奇艺网络电影.2021中国网络电影行业年度报告[EB/OL].(2022-01-24)[2022-07-28]. https://mp.weixin.qq.com/s/JEphr-fvYcJ9AsnlJ8e2mg.

如《剑侠情缘》系列、《轩辕剑》系列、《仙剑奇侠传》系列等品质较高的单机产品，并形成了中国早期游戏 IP 的概念，相关产品也是最早的中国自研游戏 IP，但受制于特定的市场环境，这一类 IP 在当时并未取得较好的变现成绩。第二个阶段为 2001—2014 年(游戏 IP 概念成熟期)。随着电脑的普及，客户端游戏快速发展，这一时期也诞生了多个经典 IP 的初代游戏，如《梦幻西游》《问道》等，游戏企业也对旗下产品采取了长线运营的策略，并完善了客户端游戏 IP 的核心价值，即玩法体系，这也成为客户端游戏 IP 始终维持较高竞争力的关键，并推动了自研游戏 IP 体系的成熟。此外，文学 IP 改编、自研游戏 IP 续作等客户端游戏产品持续取得不错的成绩，积累并完善了游戏 IP 改编经验，使得更多游戏企业注意到了 IP 在游戏领域所具备的价值。第三个阶段为 2015 年至今(IP 改编游戏爆发期)。随着移动游戏产业的发展及用户的快速增加，更多游戏企业留意到 IP 在移动游戏领域所具备的价值，进而持续将客户端游戏、动漫、小说等不同形式的 IP 转化为移动游戏，获取较高的变现收益，IP 改编游戏市场也迎来了爆发期，这一期间累积上线了数百款大型 IP 改编游戏。同时，由于部分 IP 产品质量不足，玩法上缺乏突破，IP 价值也被进一步透支，市场存量 IP 被大规模消耗。但随着部分游戏企业研发实力的提升，基于移动游戏自研的 IP 产品也在增多，并获得了较好的市场表现。第四个阶段为未来(自研游戏 IP 价值拓展期)。随着自研游戏 IP 价值凸显，这一类 IP 已成为部分游戏企业最核心的自有资产之一，并与企业的兴衰深度捆绑。多家游戏企业以维护 IP 价值与生命力为重点，除了在玩法上持续对 IP 产品进行创新，还在游戏、动漫等多个文化领域拓展 IP 价值。企业关注变现机会的同时，也将 IP 打造成企业的文化符号，保证了用户群体的留存和拓展，从而加速了文化产业的创新发展。

从发展早期到现阶段，我国游戏 IP 发展史已超过 20 年，目前正处于第三个阶段，即 IP 改编游戏爆发期，多个领域的 IP 也在分享游戏产业发展所带来的商业化成果。IP 游戏也将迎来第四个阶段，即自研游戏 IP 价值拓展期，游戏 IP 在成为游戏领域文化符号的同时，也将影响其他文化产业的发展进程。

2020 年国内 IP 改编移动游戏市场规模达到 1,243.2 亿元，同比增长 25.91%，增量达到近年最高点，IP 改编游戏产品的获客优势依然明显。与此同时，现有挑战逐渐显现：一方面，企业获取 IP 的难度和成本持续提升；另一方面，IP 改编游戏仍存在与版权纠纷相关的风险因素。

二、IP 版权来源

移动游戏 IP 版权来源近年来呈现出多元化趋势，在多个领域均有代表性 IP 改编游戏产出，其中客户端游戏 IP 占据了 IP 改编移动游戏市场中的主要流水份额。

如图 1-6 所示，动漫 IP 改编移动游戏收入呈现出不稳定趋势。累计流水超 5 亿元的产品在 2020 年只多了两款，这主要因为部分大型日漫 IP 改编产品存在同质化问题。用户对于国产动漫的改编产品期待度则比较高，主要是由于国漫快速发展，在文化内涵、趣味性等方面均有突破，且游戏开发者受到版权方的限制更少，能在玩法领域创新探索。

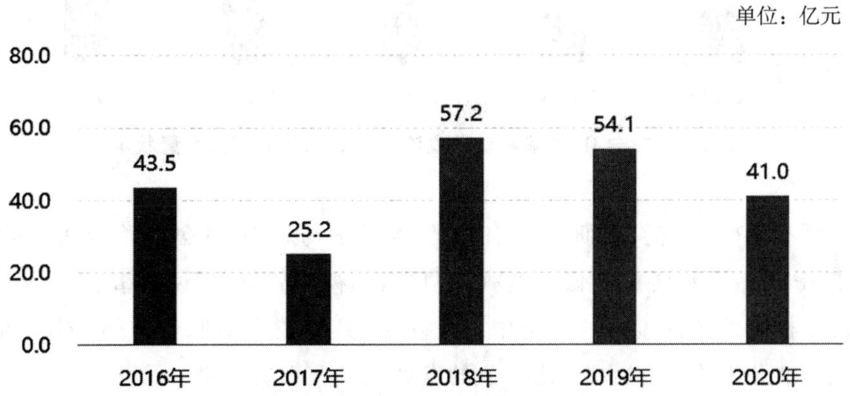

图 1-6　动漫 IP 改编移动游戏收入状况

从近年来文学 IP 改编移动游戏收入状况（如图 1-7）和文学 IP 改编移动游戏流水超 5 亿元的产品数量状况（如图 1-8）可以看到，文学 IP 近年来开发速度较快，IP 在动漫、影视等多个领域均实现了影响力的增强，改编成游戏产品后能通过联动使产品维持较高的热度，商业化思路成熟。并且部分文学 IP 被赋予丰富的游戏内容后，产品已脱胎于原有的文化内涵，成为游戏领域的代表性 IP。

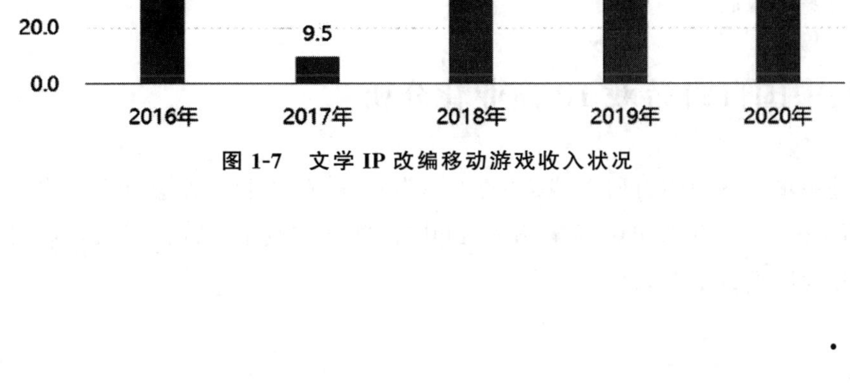

图 1-7　文学 IP 改编移动游戏收入状况

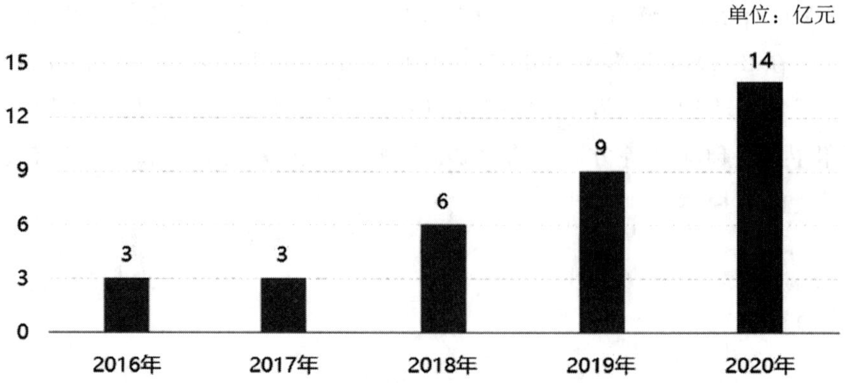

图 1-8　文学 IP 改编移动游戏流水超 5 亿元的产品数量状况

随着固有 IP 的消耗，自研游戏 IP 价值的维护与新 IP 的创造将成为关键。根据用户对于 IP 改编移动游戏的偏好调查，用户对于神话故事、传说故事、历史人物、历史故事表现出极高的关注度。这一类中国文化 IP 具备较高的原创空间，同时拥有更高的商业化与文化潜力，对中国文化产业的发展也具有重要意义。

三、自研游戏 IP 的意义

游戏产品已成为中国文化内容的重要载体，而基于中国文化进行游戏 IP 自研，能更好地促进中国文化内容展开全球性交流，并帮助产品沉淀不同的文化内容。如《仙剑奇侠传》产品对于仙侠剧的推动、《剑侠情缘》对于武侠文化的影响，《梦幻西游》《问道》等产品对于西游、道教等中国特色文化的推动。从相关的数据也可以看出，中国游戏产品已经涉及多个层面，包括历史、神话、武侠等不同领域，并推动了相关文化的全球交流。未来也需要基于全球性文化融合进一步树立自研游戏 IP 的概念。

同时，自研游戏 IP 也有助于推动游戏产业高质量发展。第一，自研游戏 IP 可以起到缓解流量侧压力的作用。现阶段中国游戏企业营销费用增速大幅高于营收增速和研发投入增速，需要借助自研游戏 IP 实现流量破局。第二，自研游戏 IP 生态圈的形成有助于打造更多元的文化内涵。第三，自研 IP 有助于游戏产业降低外部 IP 授权所带来的多种限制。

四、中国自研游戏 IP 商业化分析

为进一步了解中国自研游戏 IP 的整体发展状况，本报告从多个维度构建数据模型(如图 1-9)，最终评选出中国影响力 TOP50 自研游戏 IP(如表 1-11)，并对相关 IP 的数据和发展进行了深入研究。

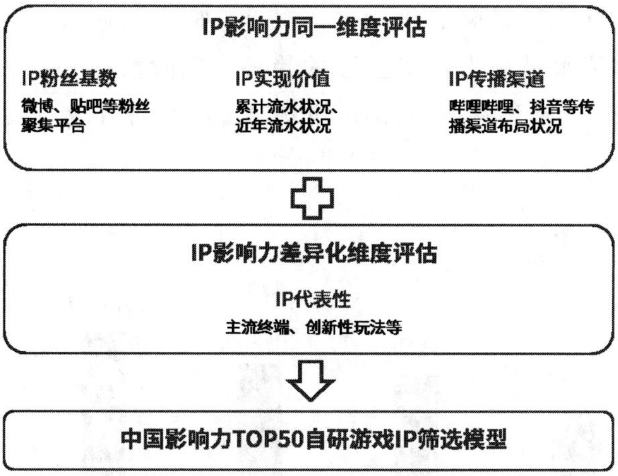

图 1-9　中国影响力 TOP50 自研游戏 IP 筛选模型

表 1-11　中国影响力 TOP50 自研游戏 IP 产品名单(部分)

IP 名称	IP 初代产品上线时间	IP 初代产品所属终端	IP 题材类型
轩辕剑	1990 年	主机/单机游戏	东方玄幻/仙侠题材
仙剑奇侠传	1995 年	主机/单机游戏	东方玄幻/仙侠题材
剑侠情缘	1997 年	主机/单机游戏	武侠题材
天下	2000 年	客户端游戏	东方玄幻/仙侠题材
大话西游	2001 年	客户端游戏	神话/传说题材
梦幻西游	2003 年	客户端游戏	神话/传说题材
完美世界	2005 年	客户端游戏	西方玄幻/魔幻题材
征途	2005 年	客户端游戏	历史题材
魔域	2006 年	客户端游戏	西方玄幻/魔幻题材
问道	2006 年	客户端游戏	神话/传说题材
QQ 飞车	2008 年	客户端游戏	体育运动题材
QQ 炫舞	2008 年	客户端游戏	弱题材
梦三国	2009 年	客户端游戏	历史题材
古剑奇谭	2010 年	主机/单机游戏	东方玄幻/仙侠题材
神武	2010 年	客户端游戏	神话/传说题材
崩坏	2012 年	移动游戏	科幻题材
率土之滨	2015 年	移动游戏	历史题材
王者荣耀	2015 年	移动游戏	文化融合
阴阳师	2016 年	移动游戏	神话/传说题材
原神	2020 年	移动游戏	西方玄幻/魔幻题材

TOP50 自研游戏 IP 在商业领域表现突出(如图 1-10),近 5 年累积流水超过 5,000 亿元,且整体流水呈现出稳定上涨的趋势。现阶段,TOP50 自研游戏 IP 八成以上流水是在国内游戏市场获得的,国内市场是中国自研游戏 IP 的主要发力点。

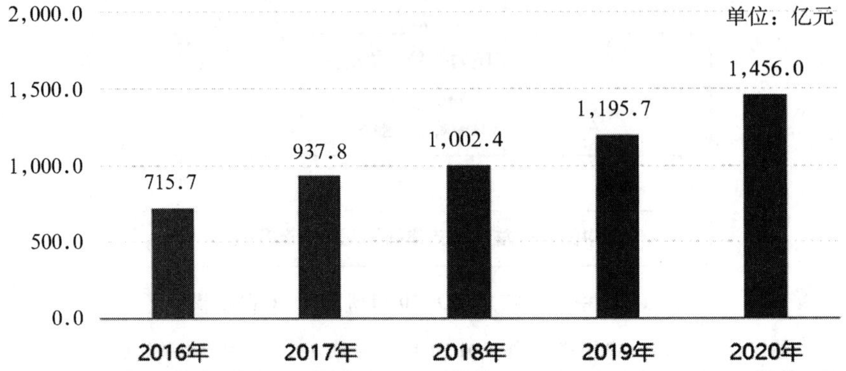

图 1-10　TOP50 自研游戏 IP 收入状况

TOP50 自研游戏 IP 中,IP 初代作品为客户端游戏的占比达到 42%,移动游戏原生 IP 占比为 50%(如图 1-11)。经过多年发展,96%的 IP 均被改编成移动游戏,这也使 2020 年 TOP50 自研游戏 IP 中来自移动游戏领域的收入占比达到 84.2%。

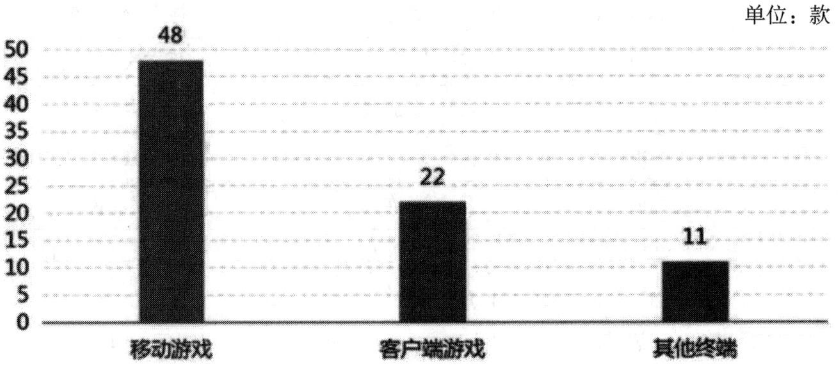

图 1-11　TOP50 自研游戏 IP 中初代 IP 终端类型分布(按 IP 数量分布)

从玩法类型来看,MMORPG(大型多人在线角色扮演游戏)和回合制 RPG(一种角色扮演游戏)是 IP 衍生游戏最多的领域(如图 1-12),许多 IP 的初代产品是这一类型。但现阶段 TOP50 自研游戏 IP 整体覆盖到了十余种玩法类型,这也体现了自研游戏 IP 在玩法领域的持续探索与布局。

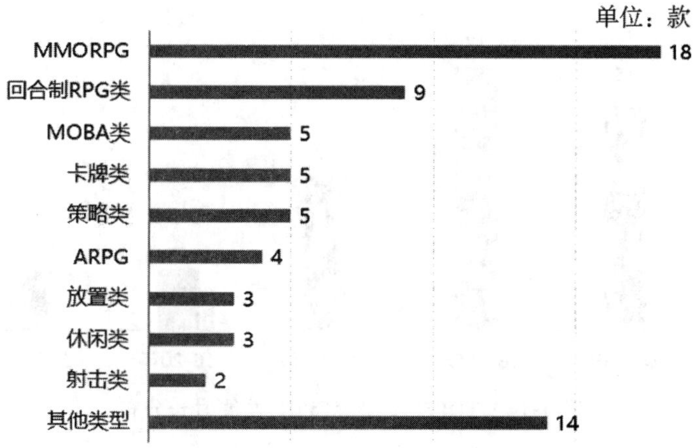

图 1-12　2020 年 TOP50 自研游戏 IP 玩法类型分布(按布局 IP 数量)

TOP50 自研游戏 IP 的题材种类分布广泛(如图 1-13),其中含有中国文化背景的占比达 56%。未来更多自研游戏在题材的开发与选择上,需要留意用户对题材偏好的变化以及新兴题材的崛起,同时适当规避趋于饱和的题材品类。

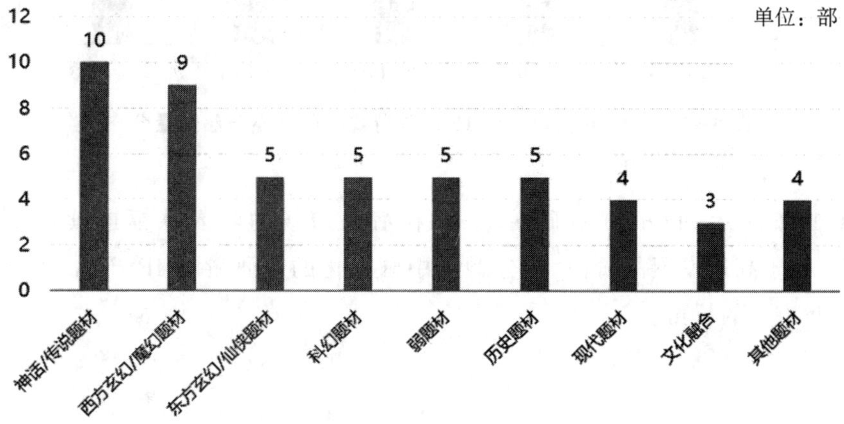

图 1-13　TOP50 自研游戏 IP 题材分布

从 TOP50 自研 IP 发展时间(如图 1-14)来看,TOP50 自研游戏平均发展时长为 9.6 年,发展时长 20 年以上的经典 IP 仅为 4 款。从核心粉丝数量分布(如图 1-15)来看,IP 发展年限对于核心粉丝数量的影响并不大,主要原因在于如今国内的社交媒体与游戏社区已高度发达,好的 IP 能通过相关媒体与社区传播内容,并吸引用户快速涌入。

单位：部

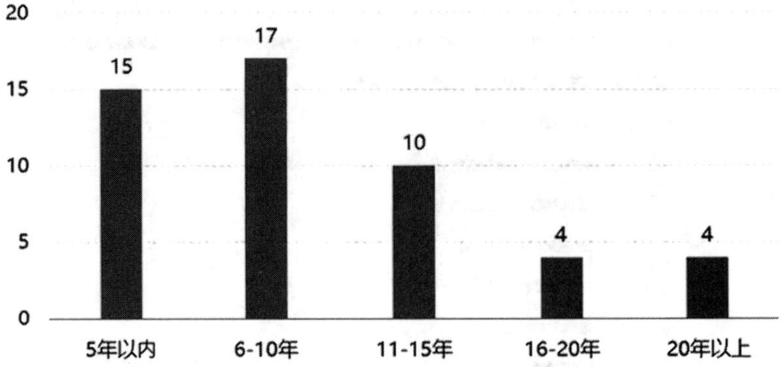

图 1-14 TOP50 自研游戏 IP 发展时长分布

单位：万

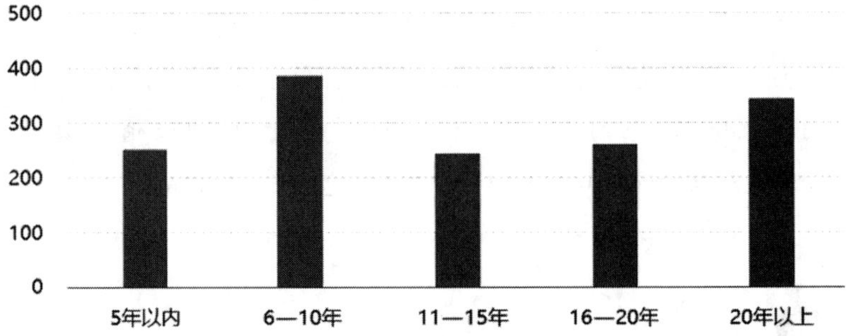

图 1-15 TOP50 自研游戏 IP 重要游戏社区核心粉丝数量分布

如图 1-16 所示，TOP50 自研游戏 IP 在海外市场的收入涨幅连续多年维持在 50%以上，处于高速发展的阶段，部分融入中国文化的自研游戏 IP 产品，也逐渐取得了全球游戏市场的认可。

单位：亿元

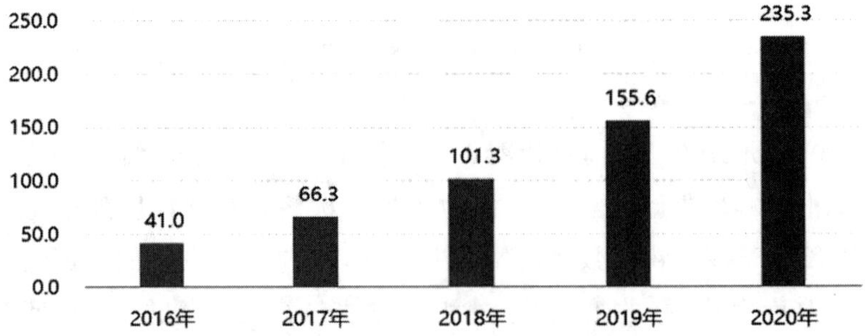

图 1-16 TOP50 自研游戏 IP 海外流水状况

五、中国自研游戏 IP 文化拓展分析

用户调查显示，游戏用户对于游戏 IP 在其他领域的衍生内容表现出了较高的关注程度(如图 1-17)。用户偏好也促进 IP 向其他领域拓展，进而满足用户需求。在需求被满足后，用户对于 IP 也会产生更高的黏性与忠诚度，进而方便 IP 产品长期变现。此外，由于游戏 IP 本身具备文化属性、经济效益以及用户影响力，游戏 IP 有望推动文娱领域创新发展，进一步获取商业化机会。

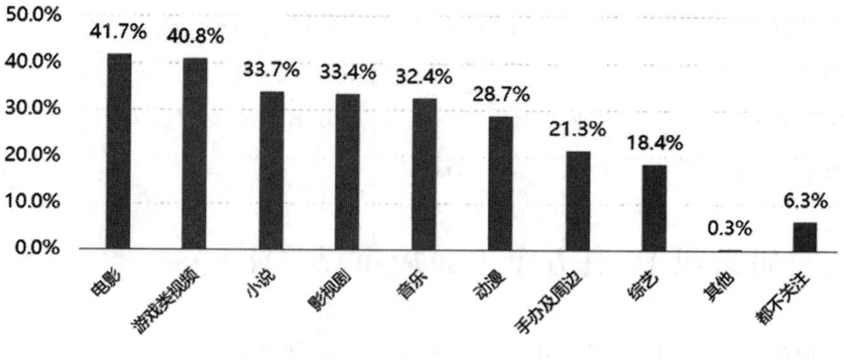

图 1-17　用户对游戏衍生内容的偏好

根据伽马数据对 TOP50 自研游戏的研究，所有 IP 均进行了外延式布局。其中大多数 IP 布局了多项领域，部分企业甚至投入千万元甚至上亿元级别的资金在特定领域深耕，尝试在其他领域打造头部文化产品。

音乐、周边与动漫是自研游戏 IP 布局最广的几个领域，而这些领域的投入成本相对较低且能满足大批用户的需求。如果投入较大的领域，比如影视剧，面临着较高的投入风险，部分游戏企业不仅难以收回成本，更有可能遭遇粉丝差评，但随着游戏企业对相关领域的深入了解，有望提升改编产品的质量。

文化联动是 TOP50 自研游戏 IP 布局文化领域的重要形式之一。在推动中国传统文化普及、带动文旅产业发展的同时，还可通过传统文化为游戏 IP 赋予更多文化内涵。未来自研游戏 IP 不仅需要与更多文化领域产生联动，更要深入了解自身所承载的文化内涵，正确传递文化内容，进而推动中国文化的长期发展。

综合以上相关数据可以看出，近年来中国游戏产业还是孕育出了不少具备代表性的自研游戏 IP，《问道》《剑侠情缘》等 IP 都走出了一条属于自己的道路。它们不仅取得了不错的商业化成绩，更是将中国文化发扬光大，甚至推动了文化产业跨领域发展。未来，期待更多原创游戏 IP 在文化创新层面大放异彩。

六、原创游戏IP发展要素及建议

在原创游戏IP发展的过程中,我们需要关注到两个要素,第一个便是版权保护。近年来游戏侵权案件数量上涨明显,侵权事项涉及多个方面。首先因为侵权成本过低,相关数据显示,有的案例侵权赔偿甚至不足产品流水的1%。同时企业维权与侵权界定成为企业版权保护的痛点。侵权频发也将有损版权方的利益,并掣肘自研游戏IP的发展。

第二个便是人才。人才方面,国内专业性IP人才处于需求旺盛的状态。2020年,TOP20游戏企业中45%有IP相关人才的需求,职位细则涵盖IP相关的各个方面。特别是自研游戏IP在未来的发展方向趋于多元化,对IP发展方向能进行长期规划进而展开项目落地的人才便尤为重要。相关人员不仅需要对游戏产业有所了解,更需要具备洞察整个文化产业链的思维与能力。

七、自研游戏IP有五个方面应重点关注

在自研游戏IP发展的过程中,有五个方面是需要重点关注的。第一个方面是立足于文化产业的全球性文化交流,这有助于中国文化产业在全球取得一定的成果,也是发展自研游戏IP的最大意义。毕竟从文化产业相关的用户调研层面来看,现阶段中国文化需要更好地融入全球的文化体系之中,并让更多人了解中国文化。习近平总书记在十九届中共中央政治局第三十次集体学习时曾强调,“要采用贴近不同区域、不同国家、不同群体受众的精准传播方式,推进中国故事和中国声音的全球化表达、区域化表达、分众化表达,增强国际传播的亲和力和实效性”;第二个方面是IP需要实现符合游戏产业特色的发展道路,这有助于IP建立自身独特的竞争优势;第三个方面是IP需要向更多的文娱领域拓展,提升IP长线运营能力的同时,推动更多文创产业的发展,进而分享市场红利;第四个方面是需要进一步重视IP版权保护,维护IP的商业价值;第五个方面是人才培养需要强化,这也是驱动自研游戏IP发展的核心动力。

通过本次研究可以发现,游戏行业是中国文化产业发展的先驱者之一,也是中国文化全球交流的重要载体。自研游戏IP作为游戏产业重要的发展方向,也将承载着文化复兴的使命。未来在中国对于文化原创日益重视的背景下,游戏产业也有望凭借自研游戏IP走出一条特色发展的道路。

(来源:《2021中国自研游戏IP研究报告》[①])

① 伽马数据.2021中国自研游戏IP研究报告.[EB/OL].(2021-07-31)[2022-01-12].http://neothinks.com/data/4589/.

第二章

观察·互联网时代IP开发

第一节 芒果模式:
湖南广电影视 IP 开发与运营的探索之路

面对互联网带来的冲击和媒体生态的颠覆性改变,传统电视媒体在时代的裹挟中走上了改革探索之路。在经历内部机制改革和剥离整合资源的两轮改革之后,作为中国电视领军者的湖南广电,开始了酝酿已久的以体制创新为主的第三轮改革。经过探索与实践,湖南广电基本形成了“一体两翼、双核驱动”的融媒体发展格局,旗下的“芒果 TV”在互联网视频领域位列第四,且成为唯一连续三年盈利的视频网站。同时,湖南广电也是 2019 年中国互联网企业前 20 名中唯一的国有控股企业,没有互联网基因的湖南广电在媒体融合的道路上走出了独特的“芒果模式”。在“一体两翼、双核驱动”的格局建设中,湖南广电以 IP 战略资源为核心,不断突破管理与运营、主体与主体之间的壁垒,尝试建立 IP 市场化、法律化、精细化的运行和管理机制,打造并完善 IP 产业链,将 IP 的战略价值和地位提到新高度。本节以芒果 TV 为案例,对湖南广电转型升级中的 IP 开发与运营进行分析。

一、湖南广电媒体融合突围之路

(一)改革顶层设计和 IP 战略规划

面对前两轮改革后自身存在的在市场与宣传、事业与企业矛盾关系中的瓶颈,2005 年前后,湖南广电开始酝酿第三轮改革,其目标是“从体制内走出去,从国内走出去,建立新的市场主体”。2013 年开始,国家陆续出台了《关于促进主流媒体发展网络广播电视台的意见》《关于推动传统媒体和新兴媒体融合发展的指导意见》《关于进一步加快广播电视媒体与新兴媒体融合发展的意见》等一系列法规政策,为广播电视行业改革作出指引。在有利的政策环境的支持下,湖南广电大刀阔斧的第三轮改革步入快车道,如何通过拓展产业链实现多年积累的品牌优势、内容和人才资源的整合变现,并在新一轮竞争中立于不败之地是湖南广电改革的关键。

2015 年 2 月,湖南广电党委会正式通过《湖南广播电视台建设新型主流媒体若干意见》(其内部称为“23 条”,下文简称《意见》),其对壮大主流宣传、释放体制机制活力、打造完整 IP 产业链、建设现代传播体系、建立芒果生态圈、打造芒果产业聚集区、建设新型人才队伍等方面提出指导性意见,成为湖南广电建设新型主流媒体的战略纲领。其中,对 IP 的战略规划是核心内容之一,第一个层次是推动 IP 创新,《意见》提出湖南广电建设新型主流媒体的目标之一是“做强 IP 优势”，实现“IP 创造者”的自我定位，具体表述为“坚持以湖南卫视为龙头，电台及地面媒体为支撑，芒果 TV 为生力军，打造‘芒果出品’的内容领军品牌，形成丰富的 IP 资源优势，不断推动多元业态创新”。第二个层次是建立以版权法务为核心的 IP 新秩序，具体表述为“围绕 IP 作为战略资源这一核心，突破管理与运营之间、主体与主体之间的壁垒，建立 IP 市场化、法律化、精细化的运行和管理机制”，目的是实现对湖南广电丰富 IP 资源的统筹管理，避免 IP 资源管理的混乱，打破新老媒体之间的壁垒，更好地发挥各主体的协同作用。第三个层次是打造 IP 产业链，通过建立 IP 新秩序和“充分运用投资并购等手段，完善产业布局，做强媒体产业链”，为 IP 价值开发最大化提供保证，实现“不断拓展媒体产业价值链，做到一个内容多个 IP、一个 IP 多次开发、一次开发多个产品，实现一次销售多个渠道、一次投入多次产出、一次产出多次增值”。

（二）体制调整和“一体两翼”格局形成

经过几番体制调整，湖南广电实现事企分离、制播分离，形成适应媒体融合发展需要的新型组织架构。2010 年 6 月 28 日，通过注销湖南广播影视集团，而后继承其全部债权债务的方式，湖南广播电视台成立，湖南电视台、湖南经济电视台、湖南人民广播电台等事业单位划归其中；同时成立湖南广播电视台控股的市场主体——芒果传媒有限公司，将产业划归其中。目前，湖南广电相关艺人经纪、新媒体、内容制作、影视剧等资产基本都归属于芒果传媒进行经营管理。2015 年 6 月 25 日，国有独资的湖南广播影视集团有限公司成立。台与集团采取“一个党委、两个机构、一体化运行”的管理模式，向统一市场主体转型。

2018 年，快乐购通过发行股份的方式，购买湖南快乐阳光互动娱乐传媒有限公司、上海芒果互娱科技有限公司、上海天娱传媒有限公司、芒果影视文化有限公司以及湖南芒果娱乐有限公司的 100％股权，完成重大资产重组，并更名为芒果超媒股份有限公司，简称为“芒果超媒”。芒果传媒也是上市公司芒果超媒的控股股东，持股比例 64.2％。在完成重大资产重组后，芒果超媒实现了对旗下新媒体平台及内容的整合，其主营业务拓展至新媒体平台运营、新媒体互动娱乐内容制作及媒体零售，建立起包括影视剧、综艺内容制作、艺人经纪、音乐版权、游戏发行及 IP 内容多场景互动体验营销、媒体零售、消费金融等在内的融媒体全产业链。

芒果超媒的新媒体平台业务主要由其子公司快乐阳光建设经营，其核心产品为视频平台芒果 TV。芒果 TV 的发展可以划分为两个阶段（如图2-1）：第一阶段（2004 年 1 月—2014 年 4 月）以金鹰网为运营主体，虽然其经过不断改版，在网络视频、游戏、电商、移动增值业务等领域都有所尝试，但内容以湖南卫视各频道节目为主，金鹰网和芒果 TV 定位不清，营收大部分来源于湖南卫视的版权销售；第二阶段（2014 年 4 月至

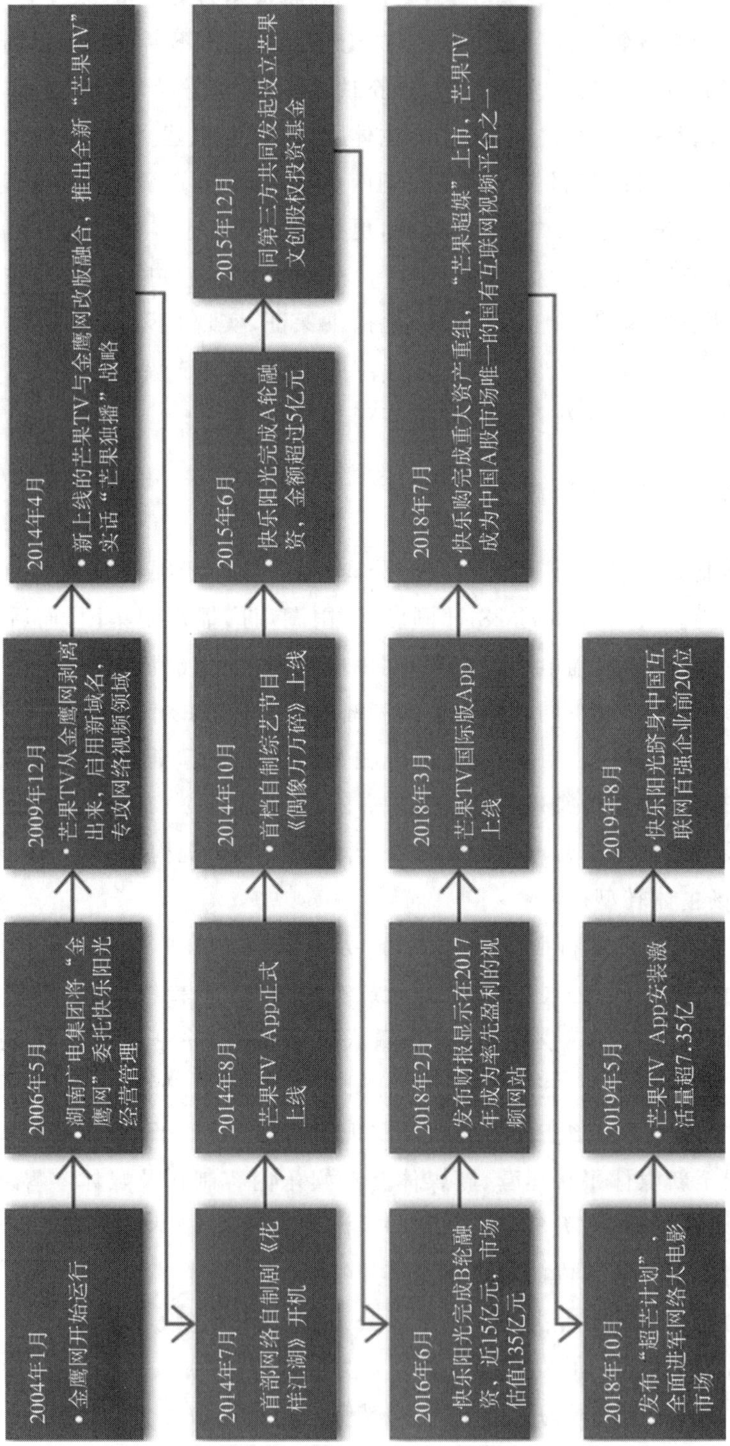

图 2-1 芒果 TV 发展历程

今)以开启“芒果独播”战略为标志,芒果 TV 进入了前所未有的迅猛发展时期。2014 年 4 月,湖南广电整合所有新媒体业务,由快乐阳光公司作为运营主体,以芒果 TV 为品牌,用市场化运作机制来建设芒果 TV。“独播战略”实施后,湖南卫视拥有完整知识产权的自制节目由芒果 TV 独播,在互联网版权公司一律不分销。在湖南广电的全力支持下,芒果 TV 才在真正意义上开启了全方位的新媒体探索之路。

面对爱奇艺、腾讯视频、优酷等国内视频网站竞争激烈的外部环境,芒果 TV 坚持内容自制、差异化发展之路,凭借对 ROI 的严格控制,2017 年芒果 TV 实现盈利 4.89 亿元,成为第一家实现盈利的视频平台,此后一直保持逆势上扬的势头。从相关统计数据可以看出,芒果 TV 成长速度惊人,芒果 TV 月活由 2016 年年初的 0.43 亿,增长至 2019 年 3 月的 1.1 亿,位列中国视频网站第四位。

在湖南广电举全台之力的建设下,经过不断探索,芒果 TV 成长为驱动湖南广电发展的新引擎,湖南广电“一体两翼、双核驱动”的全媒体发展格局基本形成,湖南广电与芒果 TV 共同驱动着湖南广电向前发展。

二、IP 运营的“芒果模式”

内容制作能力一直是湖南广电的优势所在,这也成为其在 IP 开发上的天然优势,但湖南广电依旧存在着 IP 主创阵营相对集中单一化、对 IP 长尾价值挖掘较浅、管理分散缺乏协同力等问题,这使得其积累多年的丰富的优质内容资源优势一直未得到完全发挥。在第三轮改革中,湖南广电转变观念思维和生产经营理念,在《意见》中明确写到要将 IP 作为战略资源,努力做强 IP 优势,将 IP 的价值提到新高度。相对于湖南卫视,按照市场逻辑建设的芒果超媒及旗下芒果 TV 更具有灵活性和发挥的空间,自然成为湖南广电 IP 开发运营的主体。

2013 年,湖南卫视年初播出的《我是歌手》和年末的《爸爸去哪儿》两部综艺引爆荧屏,后来湖南广电将两档节目版权分别“独卖”给乐视和爱奇艺,经过这次“试水”,湖南广电发现 IP 价值蕴藏的巨大能量。当年也是互联网视频行业的震荡之年,企业掀起了版权抢购的热潮,并开始在自制内容方面发力。随后一年里,IP 争夺战逐渐扩大范围,各大新媒体大量收购创意、小说、游戏等 IP,2014 年也因此被称为“IP 元年”。也正是以此为起点,湖南广电开始有意识地围绕 IP 进行布局。

(一)基于芒果生态圈的 IP 产业链

生态化本指生态系统中按照生态规律使生物、环境相互制约,使其处于相对稳定的动态平衡状态。这个生物学领域的词后来被引申到经济学、社会学领域。芒果 TV 对 IP 的开发并非封闭式进行,而是融入湖南广电这个大的生态体系中,芒果 TV 在其中扮演主力军的角色。

1.内层生态圈

芒果生态圈的内层是以马栏山为聚集地,以湖南卫视、芒果TV为核心的媒体群组成的生态圈。媒体群包括湖南卫视在内的三家媒体、十个地面电视频道、十几个电台频率以及快乐购、芒果TV为核心的新媒体群和各类影视制作公司。通过内部定制和制播分离的模式,芒果内层生态圈高度协同,实现了由产到销的闭环,也为IP开发提供了条件。

在芒果内层生态的IP开发模式中,围绕优质IP,会将IP特质和各团队的定位、特点相结合进行开发。在芒果超媒系统内,芒果TV是IP主要输出平台,可以将《爸爸去哪儿》这类IP交给视频平台进行"广告+会员"的商业变现;《我是大侦探》这类IP可以交给旗下天娱传媒、芒果娱乐、芒果影视三家影视制作公司进行电视剧开发,也可以交给芒果互娱公司进行游戏开发;如果要进行流量带货,可以交给旗下的快乐购;如果是从IP培养新人的角度,芒果TV的《哥哥别闹啦》《明星大侦探》《头号嫌疑人》等节目带红了很多有潜力的新人,尤其是《女儿们的恋爱》里干净阳光的张轩睿受到很多用户的喜爱,芒果马上将他从综艺推到芒果TV定制电视剧《拜托请你爱我》中,增加曝光度;如果从IP衍生开发角度,综艺节目、电视剧的线下场景孵化则可以交给芒果互娱。通过发挥各团队的优势,结合IP特点进行开发,芒果超媒内部形成了矩阵式IP开发,对激活存量IP资源、发挥业务协同、实现聚合发展起到积极作用。

对整个湖南广电来说,这样的IP开发模式也有利于盘活资源。不同于以往拼大屏收视率赚取电视广告费的时代,建立在生态圈基础上的IP开发可以帮助释放由于缺乏对长远价值链的铺陈而未增值的长尾价值。事实上,在IP生产环节便植入商业基因已经成为行业风向。如爱奇艺的《偶像练习生》在策划时便已经考虑到同商家的合作,在节目播出获得粉丝关注的同时,对其漫画、同人小说、周边产品、电商等的开发也在同步进行。对湖南广电而言,建立起内层IP生态圈仅仅是第一步,在内容生产时进行全盘的价值链铺陈是下一步努力的方向。目前湖南卫视作为湖南广电IP生产大户,但是却基本上享受不到IP长尾效应带来的价值,也说明IP开发同芒果生态圈的深度融合尚需时日。

2.外层生态圈

芒果外层生态圈以芒果TV为核心,逐渐建立起贯穿产业链上下游的开放式的生态体系。目前,芒果在内容领域有观达、颖立、华策、完美、蓝港等合作伙伴;在渠道上有华为、咪咕等合伙人;在资本合作上有中国移动、中国人寿等;在全球与谷歌、索尼等公司进行合作。为探索IP价值开发的更多可能性,芒果TV和外层生态圈有许多互动和试水。早在2016年,芒果TV就与视频消费场景领导者Video++合作,目前该公司已经获得芒果 TV 所有大视频 IP 的电商运营权。Video＋＋负责通过视频 AI 和视频小程序应用创建全套的视频内电商系统，同时负责所有 IP 的衍生品开发和销售。从爆款 IP《明星大侦探》到《歌手 2018》，Video＋＋已为芒果 TV 定制运营了百余款衍生品礼盒，力图打造出 IP 衍生品品牌，实现内容变现闭环。2018 年，芒果 TV 宣布将全面开放芒果自有 IP。以芒果 TV 自有的 IP《火王》为例，芒果 TV 除了出品电视剧《火王之破晓之战》，还将其授权给合作公司进行游戏开发，由世纪天成代理、上海赐麓研发出玄幻回合制同名手游《火王》。2019 年，芒果 TV 和海口市携手加强文化产业合作，共同构建网红经济试点拓展的新型商业模式。目前双方已就媒体资源、政策支持与产业规范等方面的战略合作进行了交流。下一步，双方将以优质平台资源和内容为网红赋能，以优质 IP 和头部 KOL 实现一站式营销。一方面用优质 IP 和平台资源向网红和网络内容创作者开放，为其实现价值进阶；另一方面引入全新的网红带货商业模式，为合作品牌方实现品牌和销售的增值，引领全新的网红经济生态和商业战略。

(二)芒果 IP 产业链

产业链指在产业集聚内形成的某种内在联系的企业集群和与这些企业集群相关联的资源与产品(服务)之间的衍生关系，以及由这一衍生关系链接的产品关系、供应关系、价值关系等①。产业链包含了供需链、价值链、产品链、技术链和空间链五大内涵。其中，价值链指同产业或不同产业的企业，以价值增长为导向，以最大限度地满足用户要求为目的，以产品为服务对象，以投入产出为纽带，根据特定的时空布局构造和逻辑关系形成链条式关系形态②。国内传媒行业的 IP 开发主要指将 IP 的价值链作用释放出来，根据价值链的上下游关系，我们将芒果 TV 的 IP 产业链划分为上游、中游和下游三个层次。有学者将芒果 TV 的 IP 产业链划分为三个层次，分别是原创 IP 本身作为核心产品，在传媒产业领域内的其他产品开发作为附属产品，在传媒领域之外的跨界开发产品属于跨界衍生产品③。和上述学者观点中按照行业领域对 IP 产业链进行划分所不同的是，笔者按照 IP 开发延伸跨度大小将其分为三个层次：作为核心产品的 IP 内容生产与分发、在内容层面进行的附属产品开发和跨界衍生产品开发，分别对应产业链上、中、下游。

1.上游：内容生产与分发

芒果 TV 的 IP 产业链上游以 IP 内容创造为核心，主要包括内容生产和分发，这是后续 IP 开发和衍生的基础。生产出的内容以版权的形式进行延续，IP 本身具有的

① 刘尔思.关于产业链理论的在探索[J].云南财经大学学报，2006，6(3)：66-69.

② 刘贵富.价值链基本理论[M].长春：吉林科学技术出版社，2006.

③ 吴俊.大媒体融合 全链条开发——《爸爸去哪儿》IP 产业链独家盘点[J].新闻传播，2015(7).

粉丝基础、可延展性等价值从根本上影响着后续环节的进行。

(1)内容生产

芒果 TV 的 IP 主要来自三个方面:

一是湖南广电内部共享。对芒果 TV 来说,可以利用的 IP 资源不仅仅来自自身,更来源于整个广电。湖南广电的 IP 资源由全集团共享,并采用内部市场化交易的机制进行开发,集团近年来逐渐加强对其的统一规划管理。芒果 TV 在进行 IP 开发时,若 IP 来源于湖南卫视,则必须秉承集团战略站在全台全集团的角度统一规划,由台里法务部门统一授权。为了避免多个部门抢一个 IP 开发权,出现重复开发等情况,IP 开发项目需要经过台务会批准,并通过签署协议、合作方公司资质审核、合作模式论证、风险评估等环节。

二是芒果自制。随着芒果 TV 的不断发展壮大,其 IP 生产也经历从无到有、从有到强、从"独播"到自制的不同阶段。

第一个阶段(2014 年):芒果 TV 处于初创时期,在部门设置、人员配备、内容制作能力等方面都很欠缺,整体处于内容尤其是自制内容极度缺乏的阶段。除了"独播战略"带来的湖南卫视节目支撑着芒果平台,芒果 TV 自制节目数量很少,且关注度不高,只有如自制的每条 1 分钟的《芒果捞星闻》和 20 分钟的周播综艺访谈《偶像万万碎》等一些碎片化节目。

第二个阶段(2015—2016 年):芒果 TV 进入发展期,依靠"独播战略"站立起来的芒果 TV 在内容自制道路上不断"垦荒",内部体系逐渐完善,内容制作能力不断提升。一方面,芒果 TV 成立节目工作室,保证在统一内容制作标准的前提下,赋予工作室最大限度的独立自主权,包括人、财、物等的管理权。2016 年年底,芒果 TV 节目部升级为节目中心,节目制作团队体系进入四级管理细分雏形——工作室、大型自制团队、常态节目团队、定制项目组,并搭建起五支团队;另一方面,芒果 TV 开始引进海外模式并独立进行内容制作,如推出的第一档引进模式自制节目《百万秒问答》,其模式引自美国一家公司。此外,芒果 TV 开始了在自制综艺垂直类 IP 领域的探索之路。《明星大侦探》即这一时期的自制网综代表,一上线便引爆网络成为全国网综第一。最后,由于早期自制力量薄弱、创新体系缺失,芒果 TV 在成功移植地面频道湖南经视在 2002 年推出的全国首档纪实真人秀《完美假期》的节目 IP 之后,开启批量移植 IP。最开始移植的是被湖南卫视淘汰的三个 IP——《超级女声》《爸爸去哪儿》《变形计》,《爸爸去哪儿 4》总播放量达 25.2 亿,成为 2016 年的"网综之王",打破了该 IP 在电视端播出时已略显疲态的局面。

第三阶段(2017 年至今):芒果 TV 自制 IP 进入繁荣期。在管理上,节目中心开始系统化运营,陆续设立节目自制部、节目定制部、节目艺人部、节目统筹部、节目技术部、节目制片部六大部门,不断完善 IP 内容生产链。在人力资源上,开始大规模引进人才。湖南卫视、湖南经视、湖南娱乐频道等频道和公司的专业人才不断涌入，人才内部深度融合，实现独立工作室、S 级团队、A 级团队、初创团队四级管理。在 IP 内容生产上，随着芒果 TV 全面加大自制综艺投入、大规模引进人才、全线扩容制作、渐进完善生产配套，其自制 IP 进入了高产期。在“差异化”和“垂直化”的内容战略指导下，芒果 TV 建立起综艺带、亲子节目带、酷文化节带、悬疑智力带、新型情感带等六大节目带，建立起网络综艺节目矩阵。

可以看出，芒果 TV 继承了湖南广电在内容自制方面的基因，在不断探索中走出了一条适合自身发展的 IP 自制道路，这也为芒果 TV 在强者林立的网络视频领域异军突起提供了最核心的竞争力。同时，这些自制内容也丰富了芒果的 IP 资源库，为下一步进行价值拓展提供了基础。

三是外部引进。芒果 TV 凭借自制内容优势迅速壮大，但与此同时，内容自制带来的产能不足也制约着其向综合性平台迈进的步伐。为解决内供不足的问题，芒果 TV 在加大自制投入的同时引进优质 IP，形成 IP 战略储备资源。和其他几家头部互联网公司大手笔跑马圈地不同的是，芒果 TV 在 IP 引进上更考虑成本和回报，同时也在探索适合自身的芒果模式。2019 年，湖南快乐阳光互动娱乐传媒有限公司出台成文规定——《湖南快乐阳光互动娱乐传媒有限公司 IP 引进与孵化管理办法(试行)》，对影视文学 IP 引进、评估、孵化、库存管理等作出明确规定，这是芒果在 IP 开发规范化发展迈出的一大步。随着 IP 价值的日益凸显和芒果内部对 IP 开发的不断探索与加强，芒果的 IP 开发运营流程也在日臻成熟。

在影视 IP 的引进上，公司各部门分工协作，对 IP 进行严格把关并形成完整 IP 引进流程。影视中心的主要职责有：负责 IP 的市场信息收集、IP 初选、推荐等；负责 IP 引进年度预算与规划、IP 商务洽谈及采购、组织 IP 研发竞标、IP 孵化、进度跟进与品控等。平台运营中心和大会员中心负责评估工作，主要包括 IP 引进前期评估、IP 研发后的剧本评估等。版权中心主要负责对所有 IP 进行入库登记，并对明确无法开发成功且可转让的 IP 进行转让等；财务中心则负责 IP 研发编剧费用审核、IP 采购协议、IP 研发协议审核等。

IP 推荐是 IP 引进第一个环节，主要由影视中心负责，其功能在于寻找发掘优质 IP。影视中心通过批量锁定版权库、预授权、支付定金、联合研发制作、联合培养优质人才等方式同优质 IP 公司、团队合作。通过战略合作、签约编剧/导演、IP 反向定制、联合研发、提供孵化资金等方式与优质编剧、写手、导演等 IP 创作型人才合作，致力于扩大 IP 源头。在快乐阳光公司内部也建立 IP 推荐通道，公司员工可以通过此渠道推荐优质 IP 至影视中心。

IP 经影视中心初选后进入评估环节，影视中心在推荐时从 IP 内容、平台需求度、受众基础、研发制作计划及难度等方面对项目进行分级(S/A/B 级)并出具评估推荐意见。平台运营中心、大会员中心等部门根据《芒果 TV 小说、漫画等文学 IP 评估参考表》对 IP 作出评估，最后由影视中心汇总意见。在引进 IP 尤其是电视剧 IP 时，芒果 TV 会参考豆瓣评分、百度指数以及电商数据等大数据进行质量和投产比分析，进行平台用户画像，对样片、剧本、模型进行细化。样片细化到画面精美、拍摄水平高低，剧本细化到原 IP 热度、剧情逻辑、人物关系、演员阵容，以更为客观地反映 IP 的潜力。

影视中心、平台运营中心、大会员中心等部门评估意见均为“同意采购”的 IP，可直接进入采购环节。对意见不统一的，由影视中心组织 IP 采购提案会对项目进行讨论，并作出是否采购的决议。

在采购环节，影视中心主要负责商务谈判，立项审批由影视中心发起，经过层层审批后方可执行，金额达一定标准的项目需要额外经过公司总裁办公会或党委会集体决议。在影视中心完成 IP 采购、收到 IP 介质后，由版权中心负责 IP 入库，经过财务中心审核入账。

引进外部 IP 对网络视频公司来说是注入新鲜血液、弥补内生动力不足的重要手段，但是引进外部 IP 也意味着更高的成本，对芒果 TV 这样的国有企业来说这一点就变得格外重要，对 IP 的引进也需要更为谨慎。在这套完整的 IP 引进流程中，从影视 IP 挖掘到入库，每一个 IP 都要经历多个部门、多方面评估和多级批准，各部门的分工协作和流程规范化管理使芒果 TV 影视 IP 引进有序推进，更严格地控制了资本回报率且更好地保障了芒果 TV 的内容储备。

(2)内容分发

芒果 TV 的 IP 内容生产完成后会经历宣传推广环节，IP 在不断曝光的过程中积攒粉丝数量。为了使超级 IP 不断推陈出新，实现优质 IP 的“可复制”，芒果利用一云多屏的平台体系实现多屏分发，发挥 OTT、IPTV、有线、地面频道等全平台之力，为优质 IP 建构完整的播出体系。

同时，这也是节目、影视剧等 IP 实现第一次变现的环节，主要包括广告、会员付费和版权销售等方式。芒果超媒 2019 年年报显示，2019 年快乐阳光实现营业收入 81.09 亿元，同比增长 44.63%；净利润 9.69 亿元，同比增长 36.45%。芒果超媒互联网视频业务实现营业收入 50.44 亿元，同比增长56.46%；广告收入 33.5 亿元，同比增长 39%；会员收入 16.9 亿元，同比增长 102%①。而互联网视频业务主要由快乐阳光主平台芒果 TV 经营，可以看出，广告和会员付费是芒果 TV 主要营收来源。

2.中游：IP 附属产品开发

芒果 TV 的 IP 附属产品开发围绕内容进行，目前主要有以下形式。

一是衍生综艺。衍生综艺一般在原综艺节目热播后适时推出，尤其是现象级爆

① 资料来源：芒果超媒股份有限公司 2019 年年度报告。

款综艺，其内容可以是原综艺未播的花絮剪辑、补充内容、节目嘉宾幕后形象展现等。芒果 TV 衍生节目开发有以湖南卫视 IP 为原型的，如《我是歌手》的衍生综艺节目《歌手直播间》，《快乐大本营》定制的《大本营的秘密花园》；也有以芒果 TV 自制 IP 为原型的，如《少年可期》衍生而来的《少年的秘密日记》，将《明星大侦探》《妻子的浪漫旅行》《密室大逃脱》等热门综艺的花絮、番外集合在一起做成的衍生节目《芒果综艺 VIP 宝藏季》。衍生综艺节目可以满足节目粉丝群体的探知欲和多元化的关注焦点，针对这些高黏性的粉丝群体进行付费，对芒果 TV 来说也是拓展 IP 价值的方式之一。

二是节目改编电视剧。芒果 TV 的节目改编电视剧以微电视剧为主，其主要特点是时间短、集数少、剧情微缩。综艺节目《明星大侦探》衍生而来的《明星大侦探头号嫌疑人》是芒果 TV 微电视剧代表作品，后者延用前者原班制作人马，将原本的网络综艺节目开发成每集 40 分钟左右的迷你电视剧，且芒果 TV 在微电视剧中加入"互动"元素，用户可以在观看过程中体验推理破案过程。芒果 TV 的互动微剧主要针对高黏性粉丝群体，如芒果会员可以享有《明星大侦探头号嫌疑人》中"查看线索详情、提审嫌疑人"等特权，这有利于吸收会员实现变现。

三是 IP 改编电影。在 IP 改编电影方面，芒果 TV 以网络大电影为主要发力方向。网络大电影和传统院线电影的主要区别是前者以网络为首发平台，同时也可以在院线上映。芒果 TV 对网络大电影的布局是从近两年开始的，原 IP 以具有强大粉丝基础的综艺节目和电视剧为主。芒果 TV 曾经宣布开放明星大侦探、火王等头部 IP，开发环节对外部内容生产者开放，但目前还未有自制的相关作品投放市场。

3.下游：IP 衍生产品开发

(1)游戏

游戏是芒果 TV 进行 IP 开发延伸的主要领域之一，这与国内游戏市场繁荣有关。近年来，国内游戏市场规模增长迅速。资料显示，2019 年中国游戏市场实际销售收入已超过 2,330 亿元，其中 IP 改编的游戏占据移动游戏市场六成以上份额。游戏和 IP 互相"被需要"，IP 的自带粉丝流量和故事设置成为游戏吸引玩家的营销手段，游戏产业的巨大盈利空间也为 IP 提供变现渠道，目前国内 IP 改编游戏模式已经比较成熟。芒果 TV 对 IP 游戏开发有以电视剧为原型的，如由电视剧《火王》开发而来的手游《火王：破晓之战》，也有以综艺节目为原型的 IP 游戏开发，如《明星大侦探》衍生的手游《我是谜》。芒果 TV 利用芒果内外生态圈进行 IP 游戏开发，如《火王：破晓之战》是由芒果内层生态圈里上海芒果互娱科技有限公司开发的，《我是谜》则是芒果授权上海吾声网络科技有限公司研发的。芒果 TV 不直接研发游戏，而是作为平台或授权方对 IP 进行游戏开发。

(2)线下实景

线下实景是芒果 TV 进行 IP 跨界开发的主要发力方向之一,目前主要有两种类型。一种是以综艺节目 IP 为主题搭建的线下实景。如 2019 年围绕综艺节目《密室大逃脱》在长沙市的 5 处地标搭建的密室,节目嘉宾在微博发起线上"求救"线索,吸引市民参与密室营救游戏;还有以《明星大侦探》IP 为主题举行的"明侦校园行"活动,以高校学生为目标群体,在校园中搭建起实景体验篷,吸引大家参与体验破案。这类实景体验的特点是:往往以芒果 TV 综艺节目为原型,主要目的并非盈利变现,而着重提升节目粉丝用户体验,为节目宣传造势。另一种是线下乐园。如 2019 年芒果互娱和山东临沂签约合作开发"快乐芒果"IP 体验乐园,该项目以山东临沂尹家裕 4A 级景区为依托,是湖南卫视联合芒果 TV,以芒果系优质 IP 资源为核心打造的集旅游、休闲、体验为一体的乐园。

(3)周边产品

"周边"原本用作形容动漫相关产品,如手办、模型、扭蛋等,后来也被用作称呼各类由 IP 衍生的产品。芒果 TV 在周边产品销售上也有所尝试,周边产品多围绕节目和明星嘉宾 IP 进行开发。如淘宝网设立了"芒果互娱旗舰店"和"芒果 TV 文创好物",专门用于售卖芒果系 IP 官方周边产品。售卖的产品种类多样,有围绕节目的周边产品:《声入人心》节目的周边产品如明信片、"SUPER-VOCOL"手账本、帆布挎包、水杯、雨伞;《快乐大本营》周边产品如"马栏山"无线充电器、何炅"超 HIGH"帆布包、"HAPPINESS"渔夫帽;《妻子的浪漫旅行》周边产品如"100 件浪漫小事"情侣清单本、牛皮纸复古手袋、丝绒帆布袋;《明星大侦探》周边产品如"明侦七子不锈钢系列名牌"。也有明星 IP 开发的周边产品,如何炅出道 25 周年纪念版明信片。

芒果的周边产品定价亲民,官方店铺销量不高,顾客均为原 IP 高黏性粉丝。在国外,影视 IP 的周边产品已经形成成熟产业,周边产品创造的价值甚至超过原 IP 通过院线上映和版权销售获取的利润。据《好莱坞报道者》统计,2016 年《美国队长 3》上映首周,周边产品收入就达 2 亿美元;《星球大战》的周边产品收入累计超过 300 亿美元;迪士尼通过与全球 100 多家品牌合作,把美国队长等超级英雄的形象印在各种商品上,在扩大电影宣传的同时,也从商品销售额中获得不少品牌提成①。对比来看,芒果 TV 目前对 IP 周边产品开发运营还十分薄弱。

---

① 影视周边比票房还赚钱[EB/OL].(2019-12-06)[2022-04-23].https://www.sohu.com/a/358649688_162522.

三、芒果TV的IP开发运营特征

（一）芒果IP开发运营特点

1. 以全台资源为依托

从湖南广电目前的战略布局来看，芒果IP生态化是推动湖南广电媒体融合发展的新经济增长点，也是促进机制改革更为深入的探索点。对传统广电来说，媒体融合发展的根本和难点在于体制和机制的不畅通。湖南广电通过大刀阔斧的几番改革，形成现在湖南卫视和以芒果TV“双轮驱动”的格局，为新旧媒体的融合发展提供了体制保障。在这样的基础上，湖南广电又在建立机制上更进一步，如探索人才在台网内部流动机制，将原本存在壁垒的湖南卫视等传统媒体和以芒果TV为主的新媒体进行连接。芒果IP生态化则是促进机制创新的一个推手。IP战略目标以IP为核心，建立起IP市场化、精细化的运行和管理机制，打造对IP的全产业链开发，这也是芒果生态圈的核心。按照这样的战略，IP生态化越深入，越能发挥连接新旧媒体的作用，推动内容、人才等资源在二者之间的流动，通过以IP为核心撬动传媒资源实现传统广电和新媒体平台深度融合发展。

在这样的战略指导下，芒果IP生态化成为全盘化的布局，统筹管理成为湖南广电IP生态化的重要一步。湖南广电的IP资源十分丰富，但却分散在湖南电视台、芒果TV以及其他新旧媒体平台中，不利于IP资源的开发利用。对此，湖南广电以芒果TV为主要平台，逐渐探索建立IP开发流程。如前文提到的《湖南快乐阳光互动娱乐传媒有限公司IP引进与孵化管理办法（试行）》，目前湖南广电对湖南卫视和芒果TV所属IP的归属、影视文学IP开发流程等都有明确规定，并尝试建立专门部门负责IP运营管理。建立IP开发管理制度，对IP开发进行统一管理，对湖南广电而言是必要之举。这有利于实现其规范化的发展和资源的自由流动，为IP价值最大化提供机制保障，以及减少湖南广电内部的自我消耗。

在湖南广电“一体两翼”的全媒体发展过程中，湖南卫视和芒果TV经历了从卫视单向输出到二者双向互哺的关系变化。

一方面，湖南卫视对芒果TV的输出是全方位的。一是资源放量输送。湖南卫视通过将优质节目与IP输送给芒果TV、频道经典IP直接转移至芒果TV进行生产制作、开放芒果TV会员在线同步收看卫视自制内容等方式，向芒果TV源源不断地输送能量，帮助芒果TV迅速壮大。二是开放平台推进芒果TV优质内容上星。湖南卫视在2019年开辟了“青春风向飙”作为芒果TV特供时段，目前已播出《哈哈农夫》《新生日记》等栏目;同时推动定制引入,如 2018 年湖南卫视向芒果 TV 定制《我是大侦探》,金鹰独播剧场也支持符合条件的芒果 TV 自制剧按程序引入。三是为芒果 TV 宣传造势。利用《快乐大本营》《天天向上》等王牌节目为芒果 TV 新项目做宣传、在大屏上播放芒果 TV 节目宣传片、推介芒果 TV App 和网站,挂载上线预告条、外宣物料二者并列出现等一系列内外宣联动的手段,为芒果 TV 造势和引流。四是内容差异性、优质团队、品牌形象等内在元素输出。“芒果独播”战略下湖南卫视海量独家内容输入使芒果 TV 拥有“差异化”的内容标签,湖南卫视“快乐”“青春”的品牌形象也移植到芒果 TV 身上,与此同时湖南卫视的用户也随之平移。此外,湖南卫视更是鼓励团队承担芒果 TV 制作任务。

另一方面,湖南卫视的全力输出使芒果 TV 迅速成长,芒果 TV 从“独播”升级为“独特”,再到“独创”,壮大之后开始了对湖南卫视的反哺。这种反向输出得益于芒果 TV 自制能力的提升,主要体现在自制内容 IP 输出方面。首先是芒果 TV 电视剧上星播出。2017 年,芒果 TV 自制剧《路从今夜白》登陆湖南卫视周播剧场,成为首部芒果 TV 反向输出给湖南卫视的网络剧,此后芒果 TV 投拍的《火王》《甜蜜暴击》等网络大剧在湖南卫视频道播出。接着是综艺节目 IP 反向输出。2018 年,芒果自制网综《明星大侦探》升级为《我是大侦探》登陆湖南卫视,成为芒果 TV 首档反输出卫视的综艺节目,是当晚市场份额最高的综艺节目,此后《变形计》《爸爸去哪儿 5》等优质网综反向输出也取得不错表现。总体来说,芒果 TV 对湖南卫视的反向输出刚刚起步,但来源于互联网的网络节目给湖南卫视输入了新鲜血液。网台联动的试水也标志着 IP 孵化的日益成熟,卫视和芒果 TV 坚持优质内容创作,相互输送,形成了媒体融合发展的核心优势。

2.通过建立运营管理机制促进规范化发展

以最少成本、最低风险实现 IP 最大价值的开发是芒果 TV 内部追求的目标,在不断探索中 IP 孵化管理机制也在逐步成型,尤其是在引进影视 IP 方面的开发上。影视 IP 的开发以项目制形式进行,为保证 IP 孵化的时效性,芒果 TV 引进影视 IP 有规定的启动研发期限,在完成 IP 采购或锁定后,便会快速启动孵化竞标。在 IP 开发权限上,IP 孵化权限并非仅对内部员工开放,外部人员同样可以参与研发。但是 IP 信息权限优先等级内外有别,IP 信息会优先给公司内部的工作室/团队/个人,然后才对外招募研发者。另外,如果是公司自有的 IP,在湖南广电内部也有权限等级划分,首先对公司内部工作室/团队/个人开放,其次是芒果超媒公司/芒果 TV 战略工作室,最后是外部制作公司。当出现多方争取同一个 IP 开发权利的情况时,则组织评估对比或竞标研发,最终拿到开发权限者若在后期开发上未达到标准,则有可能重新启动竞标。为了避免 IP 囤积过多,芒果 TV 在促进开发的同时,还定期对 IP 进行库存盘点和清理。在影视剧成片播出之后,也会对 IP 引进与研发成果进行复盘,包括对 IP 引进与研发速度、成本投入产出比的复盘。

为了深度挖掘 IP 价值，除了以项目制运营的方式促进影视 IP 开发，芒果 TV 也在不断探索更多可能性。2018 年 9 月，芒果 TV 成立了新业态拓展部，包括芒果文学、芒果抓娃娃、芒果听书及芒果游戏，完成了从项目孵化到新业态拓展的布局。2019 年，新业态拓展部改为产业发展中心。产业发展中心成立的初衷在于探索整个文旅产业和线下互动等衍生开发领域，寻找广告营收、会员业务之外新的营收方向，其功能定位是“立产品、做产业”。和以往 IP 分散化管理不同，产业发展中心作为专门部门，致力于为芒果 TV 实现自身资源整合和规模化发展。从芒果 TV 的发展情况来看，产业发展中心是在其传统业务已经相对成熟、继续寻找新增值点的节点上成立的。芒果 TV 乃至整个湖南广电最核心的竞争力在于内容，已经拥有了内容的工业化生产体系，产业发展中心的开发也会结合内容制造进行。产业发展中心成立时间尚短，各项业务仍在摸索之中，目前旗下有新业态各项目的产品数量近 30 款，产品形态涵盖 PC、H5、M 站、SDK、小程序、App 等多种形态，初步与芒果 TV 主站形成了产品联动矩阵。同时独立设计并研发了适配多业态登录以及多支付形式的 SDK、新业态运营数据和可视化管理系统，以确保在相对稳定的技术和产品平台上拓展新业态。

比起追求 IP 开发的数量和体量，芒果 TV 更看重 IP 开发的质量，致力于做“小而精、小而美”的垂直化开发。这样不仅有利于保护 IP 本身的价值，也可以帮助芒果 TV 控制成本并获得更高回报率，同时探索适合自身的完整而规范的机制流程。

3.重视粉丝运营

粉丝经济与 IP 开发运营有着不可分割的联系。IP 凝聚起来的粉丝受众群不仅是 IP 转化内容的主要受众和第一批口碑传播者，也是 IP 扩大商业价值的基础①。一方面，粉丝是 IP 开发运营面向的用户的核心群体，在 IP 开发产业链上，他们是消费的主力军；另一方面，在分享渠道畅通的自媒体时代，粉丝已经成为具有内容创造力、强传播影响力、高组织性的群体。芒果 TV 在 IP 开发运营上十分注重粉丝经济作用，主要体现在以下方面。

一是以用户为导向，向垂直细分领域发力。芒果 TV 注重把握用户的需求和爱好，关注年轻人、中年人、其他特质群体等不同用户群体的偏好，强调 IP 的垂直细分，积累高黏性粉丝。如针对“悬疑推理”的垂直用户群体，推出明星推理真人秀《明星大侦探》，实景解密真人秀《密室大逃脱》，科幻、密室逃脱、游戏三重组合的《重返地球》等综艺节目，在推理迷和喜欢科幻题材娱乐内容的用户里引起极大反响；针对体育爱好者，芒果 TV 与中国体育 ZHIBO.TV 在 2019 年年底正式开启战略合作，在备受年轻人喜爱的“斯巴达勇士赛”2020 年赛事 IP 项目上进行探索和创新，此次战略合作是芒

---

① 刘锦宏，闵梦颖. IP 产业链的多位联动品牌运营策略[J].中国广播电视学刊，2017(5)：67-68.

果TV头部内容首次向体育板块延伸。

二是注重和粉丝的IP情感连接。学界普遍认为粉丝行为的主要目的是构建自我身份认同。对于综艺和电视节目粉丝来说,在节目中找到情感共鸣和自我身份认同是他们的诉求之一。芒果TV在IP开发中,将情感连接看作节目、品牌、产品持久运营的动力,注重在节目品牌和不同产品形态进行"连接"时保持一贯性和统一性,在产品与用户之间形成多渠道、无距离的连接通道,做好线上与线下的情感连接。如针对占比近7成的女性用户群体,推出展现恋爱时期女性状态的《女儿们的恋爱》、探讨女性婚姻及生活方式的《妻子的浪漫旅行》、关注大龄单身女性青年生活及婚姻的《我家那闺女》、观察女性孕期生活的《新生日记》等一系列节目。几乎涉及女性从单身、恋爱、结婚到怀孕生子、婚后生活的人生中的每个重要阶段。

三是不断提升用户体验。芒果TV在IP开发上积极拥抱新技术,围绕智能影像视觉、光场技术、AR/VR、5G全息等领域展开探索。现在芒果TV正在发力互动剧市场,芒果超媒旗下的芒果互娱也发布"芒果芯计划",开启互动剧游戏布局,使内容不仅要更"好看",还要更"好玩"。同时芒果TV坚持技术的加持也要立足内容本身,而非一味追求酷炫的技术,同时利用5G、VR/AR等技术给予用户更好的体验是IP长期发展的关键。

(二)现存的问题

1.IP价值链拓展尚不成熟

芒果TV作为一家以用户平台为主的视频网站,在渠道和资源整合方面具有优势,可以将不同环节的组织进行集结,实现IP全产业链的打通。目前,虽然芒果在战略层面上对IP开发进行了布局,但实际上对IP的开发尚不成熟。首先,芒果IP开发产业链条越到下游越薄弱,尤其是衍生跨界开发环节,如芒果在线下乐园、金融等方面进行IP开发尝试都需要对外开放合作,但目前在一些领域缺乏稳定的合作者,这也是芒果正在积极探索突破的方面。其次,IP开发机制尚未完全建立。湖南广电试图对IP进行全台的统筹布局,但是事企体制壁垒带来版权归属、人才团队、利益分配等各方面难题,需要建立起一整套IP开发运营机制,理顺内部复杂条线关系,保证IP开发的顺畅。目前这样的机制尚不成熟,一个优质IP也无从遵循一套"流水线"式固定的IP开发流程来实现价值最大化。受此影响,芒果拥有的许多优质IP资源未得到开发,进入IP开发流程的IP也没有得到深度的价值开发,IP变现模式也以上游内容分发时获得的广告收益为主,长尾价值未得到完全拓展。

2.缺乏连贯性和有序性

缺乏长远价值铺陈是芒果IP开发现存的问题之一。从IP生命周期(如图2-2)来看，理想的 IP 开发模式中，IP 产品和 IP 内容是相互促进的，IP 的生命力在不断开发中得到延伸。

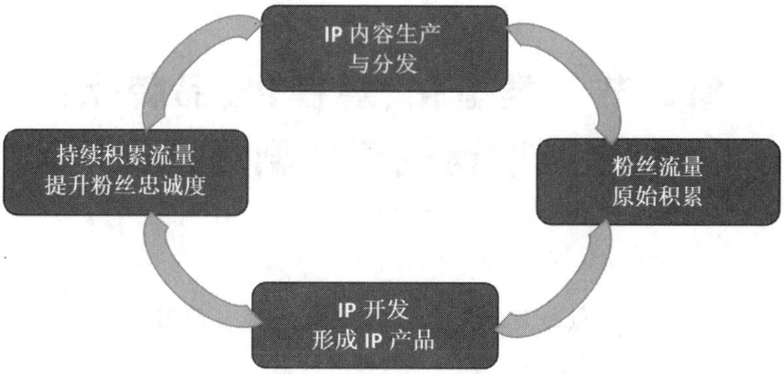

图 2-2 IP 内容运营和粉丝流量互动关系图

芒果倚靠湖南卫视和芒果 TV 拥有丰富的 IP 资源，其中不乏优质节目 IP，但纵观其大力开发的 IP，生命周期都很短暂。在 IP 产品投入市场、通过游戏开发等获得一次性变现之后，很难为原 IP 反向赋能，无法实现在衍生开发过程中不断进阶的可持续发展循环。从内容运营来看，和迪士尼等成熟 IP 运营模式相比，芒果还有很长的路要走。国内有学者将 IP 内容运营分为三个阶段：以产品内容同义反复和同质延伸为主的第一阶段、以品牌的跨界进击和生成新 IP 内容为主的第二阶段、品牌 IP 成为无意识的生活方式和集体记忆的第三阶段①。芒果的 IP 内容运营尚处于第二阶段，真正具有生命力的 IP 不能甘于影视衍生层次，而是需要通过不断的内容授权和产业联动，进入人们的日常生活。比如代表潮流文化的可口可乐、代表禁欲系生活方式的日本家居品牌无印良品等，它们已经成为一种生活方式和集体记忆。芒果从诞生以来就和湖南卫视有着千丝万缕的联系，对公众来说这二者是捆绑在一起的。从文化层面来看，湖南卫视也是国内许多公众集体记忆的一部分，如何利用这样的优势，将自身打造成超级文化 IP 是芒果可取的进阶之路。

同时，芒果对 IP 的开发缺乏有序性。从 IP 开发主体来看，既有的 IP 开发主体有湖南卫视团队、芒果互娱、芒果 TV 的团队和产业发展中心，湖南广电内部尚未形成从全台层面对 IP 进行统一运营管理的部门，本来主导 IP 开发的芒果 TV 内部也未实现统一规范管理。以 IP 开发相当成熟的迪士尼旗下漫威系列为例，围绕多个英雄开发的蜘蛛侠系列电影、复联系列电影，横向的 IP 开发并非单打独斗，而是彼此之间形成联系和集群，并统一指向“漫威宇宙”。对芒果这样拥有众多 IP 的平台来说，如何对众

① 吴声. 超级 IP：互联网新物种方法论[M].北京：中信出版社，2016：48-49.

多 IP 进行统筹开发,在多点开发的基础上形成内在的联系,互相促进,并强化“芒果系”IP 形象,则需要进一步规划和专业运营。

(撰稿:肖菲)

第二节 类型化、规模化、品牌化:打造互联网气质的剧场模式

——以爱奇艺“迷雾剧场”为例

2019 年视频行业的热点是互动剧和竖屏剧等内容表现形式的变化,2020 年网络平台的关键词一定离不开剧场化运营。

在爱奇艺首席内容官王晓晖看来,视频平台的剧场化是符合互联网气质的创新尝试。时间稀缺、社交属性、一口气追剧、乐于分享表达和参与等这些互联网时代观影人群特征,将推动网络视频平台从用户的需求出发,突破泛类型化的大框架,将垂直分类和剧集的品质做到极致化和标准化。2020 年,爱奇艺集聚《隐秘的角落》《沉默的真相》等一批垂直类悬疑短剧,推出“迷雾剧场”,形成了精品质感、极具特色的口碑与流量的双爆款效应,释放出前所未有的存在感和品牌能量,成为网络视频平台剧场化赛道上最精彩的开局。剧场化运营在 2020 年蔚然成风。

一、从 1.0 到 3.0:剧场化发展之路

剧场模式的概念最早出现于几大卫视平台,往往按照播出时间段加以划分,包括“早间剧场”“晚间剧场”“黄金档剧场”等。湖南卫视的“金鹰剧场”、东方卫视的“东方剧场”、浙江卫视的“中国蓝剧场”就是典型的“黄金档剧场”。近年来,随着网络视频的发展,“剧场化”也逐渐成为各大视频平台探索的重要播出形态。

2013 年,优酷推出的“阳光剧场”成为视频平台剧场化最初的尝试。2015 年前后,爱奇艺、优酷、腾讯视频等视频平台纷纷推出剧场播出模式。优酷将“阳光剧场”升级为“放剧场”,首轮网播在卫视播出的电视剧,推出《古剑奇谭》《花千骨》《特警力量》等剧;腾讯视频也推出“人气韩剧专区”“青春偶像剧场”等,这些尝试都极大地推动了互联网付费会员的增长。但早期的剧场模式主要是将海量剧集简单分类打包,以供用户根据自己喜好找到自己想看的剧集。这时的剧场类型包罗万象,但缺乏鲜明独特的品牌特色,剧场与平台用户也难以产生直接强烈且可持续的情感连接。

2017 年,一些短片和电影导演开始介入剧场剧集的创作,给网络剧集带来更多的“电影感”。爱奇艺在网络剧领域与韩三平、陈可辛、周星驰、唐季礼等电影导演展开合

作。如韩三平以监制身份参与网络剧《无证之罪》的创作，陈国富担任网络剧《河神》的监制等。“年轻导演＋知名电影人监制”的拍摄模式，进一步提升了网剧的制作水准和表现方式。

有业内人士认为，彼时的网剧剧场进入了 2.0 时代，剧场化开始突破局限于年轻用户的类型剧创作，能够针对更普遍的人群进行剧集垂直分类的制作和播出。爱奇艺在 2018 年推出“爱青春剧场”和“奇悬疑剧场”。“爱青春剧场”定位在青年群体，集聚《泡沫之夏》《热血狂篮》《同学两亿岁》等多部作品；“奇悬疑剧场”以“悬疑”“警匪”“探险”为主要标签，针对年轻男性及喜爱悬疑类型群体，推出《悍城》《无证之罪》《破冰行动》等作品。

先后涌现的类型化短剧，虽可带来一时热度，但由于都是单打独斗，无法持续稳定地输出并形成规模效应和用户黏性。爱奇艺副总裁、自制剧开发中心总经理戴莹在接受采访时曾表示，当年《无证之罪》的市场反响虽然很好，但因为只有 12 集，市场效应并没有持续很久。在《无证之罪》播完后，打造“短剧集＋类型化”的“迷雾剧场”的想法就开始了。

2017 年年底至 2018 年年初，爱奇艺进行了剧场雏形的搭建，经过近 3 年的打磨，2020 年，“迷雾剧场”上线，《在劫难逃》《隐秘的角落》《沉默的真相》等 6 部悬疑短剧联袂排播。开篇悬疑剧《十日游戏》上线首周在豆瓣获得 8.1 的高分，铺垫出“高演技”和“真悬疑”的口碑；此后，第二部短剧集《隐秘的角落》上线，成为 2020 年度爆款，共收获近 60 个微博热搜、最高 9.2 的豆瓣评分；《沉默的真相》豆瓣评分也达到 9.1 分。

“迷雾剧场”的背后是为实现规模化释放短剧影响力，进而带动短剧集创作生态良性发展的谋篇布局。“当下要做的，就是要通过几部类型剧的高密度播出，形成规模化效应，将剧场做成品牌。”王晓晖在接受《人民日报》采访中说道。至此，网络平台的剧场化发展走进了 3.0 时代。

“迷雾剧场”的成功为所有“类型化剧场”提供了可以复刻的样本。2020 年 7 月，爱奇艺就在“2020 iJOY 悦享会”上提出将持续“类型化剧场”模式。在“迷雾剧场”的基础之上，将陆续推出“甜宠剧场”“约定剧场”“贺岁剧场”在内的四大互联网“类型化剧场”，实现对多类型题材内容的抢先布局。

二、题材排播：类型化、规模化、兼具特色

垂直类型化是剧场发展的趋势，深耕细分市场是触达观众的关键。2020 年表现亮眼的类型非悬疑题材莫属。2020 上半年网络平台共上线 35 部悬疑剧，包括《龙岭迷窟》《叹息桥》《隐秘的角落》等作品。骨朵数据显示，2020 上半年口碑最好的剧集是悬疑剧《隐秘的角落》，排名第 1 位，该剧开分 9.1，最高评分 9.2；排名第 2 位的是优酷

上线的港式悬疑剧《叹息桥》;榜单第3名是腾讯视频播出的悬疑探险剧《龙岭迷窟》。悬疑题材作为垂直类型,展现出了巨大的潜力。和以往相比,2020年上半年悬疑剧在品质风格、价值立意、视觉审美等方面更加成熟,悬疑剧作为圈层化内容,正在逐步破圈。

对于视频网站来说,版权争夺已经成为过去,打造具有辨识度的原创作品和品牌口碑,形成持续性引流,才是立足之本。爱奇艺在对其"迷雾剧场"的推介中如此表述:以对标美剧的精品化内容和全新的剧场运营模式提升用户观剧体验。通过"迷雾剧场"成规模推出《十日游戏》《隐秘的角落》《沉默的真相》《非常目击》《在劫难逃》《致命愿望》共6部12集精品悬疑短剧集,既可以保持内容的持续性,又能一次性塑造观众对"迷雾剧场"的品牌认知,最大限度实现规模效应。

规模化排播的同时,也要谨防审美疲劳和同质化风险。"迷雾剧场"的6部作品,同属于悬疑品类,但题材和风格各不相同。《十日游戏》主打都市爱情,《在劫难逃》聚焦科幻悬疑,《隐秘的角落》和《沉默的真相》观照社会现实和人性冷暖。即使题材相近,作品的气质也有不同。《隐秘的角落》更着重对家庭教育个体的深思,同时嵌入暧昧的隐喻寓言,引发全民"细思恐极"的解密的风潮。《沉默的真相》则以入木三分的写实风格,以生动的人物情感和悲怆的故事情节,更朴实沉稳地传递社会民生的公义、法理、人性、公平。

三、内容制作:短剧集、实力派、观照现实

近些年,影视剧篇幅动辄40集、50集乃至80集、90集,虽其中也有精品,但多数是饱受争议的。剧集拉长使得节奏拖沓、内容臃肿、剧情无聊,即便作品质量上佳,也会因"注水"而使观众热情下降,口碑大打折扣。一定程度上,剧集的过长已成为阻碍国产影视剧发展的顽疾。

2018年,爱奇艺世界大会上的一份数据显示,从2016年至2018年第一季度,45集以上的电视剧弃剧率从47%持续提高至56%,剧集体量越大,观众弃剧率越高。早在2017年,爱奇艺创始人、CEO龚宇就表示,对标美剧模式的超级网络剧将会是未来主流。他倡导缩短集数、增加单集时长、提高单集制作成本、用合适的演员、回归好故事本质、"季播+周播"的播出形式,而短剧集正是美剧模式的重要呈现方式。

一些有线频道美剧篇幅多为13集,剧集质量高,情节紧凑。如《神盾局特工》每季13集左右,《黄石》每季12集以内。秋季档美剧一般篇幅22集左右。如《老友记》《我们这一天》单季保持18集的篇幅,《摩登家庭》单季集数在18集至24集之间。其实在美剧之外,英剧、日剧同样是以短篇幅为主。英剧一季多为3集至9集,如经典英剧《是,大臣》三季均为7集,《唐顿庄园》第二季至第六季均为8集。大部分日剧则以季

度为节点，每季度三个月播出，剧集在 10 集到 13 集之间。

2020 年 2 月，国家广播电视总局发布《关于进一步加强电视剧网络剧创作生产管理有关工作的通知》，反对内容“注水”，提倡电视剧、网络剧拍摄制作不超过 40 集，鼓励 30 集以内的短剧创作。“迷雾剧场”的特色之一，便是统一的 12 集短篇幅，精巧的集数正对应着互联网时代碎片化的稀缺时间以及观众的倍速观看习惯。

为打造精品，“迷雾剧场”在演员的选择上回归演技，以实力派演员保证短剧品质。王晓晖曾在采访中表示，让已经淡出荧幕的中老年演员回归男一女一的位置，展现其魅力：“很多热门海外剧里主角的年龄，比如韩剧《迷雾》中的金南珠 46 岁，演女一号，《绝命毒师》里布莱恩 54 岁，演男一号。”《十日游戏》中，朱亚文、刘奕君、倪大红等实力派演员的演技获得好评；《隐秘的角落》邀请到秦昊、王景春、张颂文三位实力派演员加盟；《沉默的真相》中廖凡、白宇、谭卓、宁理一众实力派演员加持，更使得人物形象血肉饱满，克制含蓄中饱含泣血深情，提升了剧集质量。优秀的影视剧不仅要有优秀的演员，更要有具备实力的幕后团队。“迷雾剧场”采用“新锐导演＋成熟制片人”组合，新导演有闯劲儿、有激情、敢创新，成熟的制片人把控方向，保证剧集质量。《隐秘的角落》的监制是韩三平，《十日游戏》背后是打造过《白夜追凶》的五百团队。同时在编剧环节更采用高配设置，如《隐秘的角落》改编自紫金陈原创的推理小说《坏小孩》，《纸牌屋》编剧乔・卡卡西担任该剧剧本监制，曾参与电影《东京审判》《八佰》《疯狂的外星人》剧本创作的胡坤、潘依然也加入该剧编剧团队，等等。

在具体的内容和价值内核上，“迷雾剧场”对作品的选择，更符合东方文化的审美取向。不同于高强度的纯推理、抓捕和暴力，迷雾剧场的作品更多回归到社会关系、人性情感、时代特质。以悬疑为外壳，深度刻画爱情、亲情、权力、法理、公义、人性等深层内涵，赋予作品更高的社会价值，从而也为爆款出圈创造了更大的可能性。

四、打造品牌 IP，“剧场带剧”实现良性循环

以前的剧场模式是先有剧，拢合剧集，组成剧场，如今则是先有剧场，以剧场带动类型化剧集创作分发。在 3.0 的剧场化模式下，视频平台以整体的概念，通过聚合性的主题策划、持续性的剧集排播以及整体化的宣传，提高其辨识度，引发规模效应，将剧场本身打造为 IP 品牌，进而强化作品与垂直圈层受众的关系。这样既可以留存既有用户，又能在圈内受众的自发推广下，进一步完成新用户的吸收转化。同时，借助爆款剧集，推动剧场的其他剧集热度提升，也能够形成“剧养剧场，剧场带剧”的良性循环。

云合数据显示，《隐秘的角落》留存率高达 40％，相比诸多长剧的 17％，更彰显观众的认可度。在《隐秘的角落》会员更新过半时，爱奇艺发布了“迷雾剧场”《沉默的真

相》预告,充分发挥剧场化运营的规模效应,将《隐秘的角落》的高人气持续引流,使整个剧场热气腾腾。

虽然单集体量小、成本高、发酵时间短,但当短剧形成规模化的剧场模式时,也能带来可观的收益。爱奇艺高级副总裁戴莹在采访中表示:“尽管行业处在震荡上行的阶段,但爆款剧和好剧是真的会赚钱。”剧场的盈利一方面在于广告植入,剧场模式带来的曝光度和辐射效应吸引了诸多品牌的青睐。据统计,包括肯德基、南孚、OPPO、伊利安慕希、良品铺子、小红书在内,“迷雾剧场”广告合作伙伴已超过 40 个,覆盖了包括快消品、汽车、游戏、App 等多个领域。但广告植入并非完美无瑕,肆意插播的小剧场和广告植入在一定程度上破坏了观感,激起观众的不满和排斥。在广告植入方面,如何深度与剧情相融合,规避生硬“违和感”,还有待进一步探索。

“迷雾剧场”上线后,爱奇艺与肯德基通过合作创新营销模式。比如在限量 K COFFEE 杯中提供“迷雾剧场”专属线索,实现线上剧情和线下消费场所的深度互动。此外,爱奇艺 VIP 会员可获得肯德基优惠券。针对线上的互动,“迷雾剧场”也已经布局了包括“迷雾天团”打榜、主页面投票互动、爱奇艺泡泡圈讨论等模块,吸引垂直圈层用户的深度参与。在剧场品牌化之上,其推动用户社区化,以用户撬动内容制作和宣发。在知乎的讨论区,也有网友提出“迷雾剧场”应与剧场、密室、剧本杀等供应方合作,开发联名线下体验密室的设想。类似系列化 IP 的衍生布局,实现从线上到线下的破圈联动,也同样值得期待。

从主要以播出时段划分的卫视剧场,到主要以类型划分的网剧剧场,再到如今规模化、品牌化的精品短剧剧场,平台的剧场模式逐渐从粗放化到精细化运营转化。下一步,如何保持原创精品内容的持续性、商业模式的多元创新,如何以剧场 IP 构建网剧生态,打造整体的平台气质,还有待平台拨开“迷雾”,实现进一步突破。

(撰稿:沈青苗)

第三节　从明侦 IP 宇宙窥探芒果 TV 的垂直综艺 IP 打造策略

《明星大侦探》作为中国首档明星推理真人秀节目,由芒果 TV 自制并独播,节目创意源自韩国超高人气 IP《犯罪现场》,是一档融合“明星+搞笑+推理+剧情”多样化元素的垂直类综艺节目。自 2016 年首期播出以来,《明星大侦探》至今已播出六季,在收获超高人气的同时也赢得了高口碑。截至 2021 年 11 月 1 日,前六季节目在豆瓣平台的平均分高达 8.85 分,体现了这个综艺 IP 的口碑与制作水平的高稳定性。它既是爆款又是口碑之作,还是难得的“长寿综艺”,是有代表性的垂直类综艺 IP。

有市场分析者认为,2014 年是国内推理类节目发展的一个新起点。从这个时间点开始,各式各样的类型化推理综艺纷纷出现,根据“核心目的选择”的不同可分为“探案推理”“密室推理”“桌游推理”三大类。“探案推理”主要为了解决案件,找出凶手/作案者;“密室推理”以解开谜题、解决机关、逃脱密室为目的;“桌游推理”则是在桌上游戏中,玩家通过一定的策略,排除对自己不利的因素,从而获得胜利。

如表 2-1 所示,作为推理系列综艺跑道上的早期玩家,《明星大侦探》节目到现在仍然是同类内容中的佼佼者。它的成功不仅是自身 IP 打造的成功,而且在一定程度上也代表了芒果 TV 在垂直类综艺 IP 领域的探索。

表 2-1　国内推理类节目基本信息

类型	节目名称	季数	播出平台	首播时间
探案推理	《明星大侦探》	6	芒果 TV	2016 年 3 月 27 日
	《胜利的游戏》	1	优酷	2016 年 11 月 27 日
	《我是大侦探》	1	湖南卫视	2018 年 3 月 24 日

一、从“独播”到“独特”:芒果 TV 转型带来的生机

《明星大侦探》能够在 2016 年一炮打响,离不开芒果 TV 平台和团队的转型探索。芒果 TV 作为湖南广电打造的新媒体,早在 2004 年就已经产生,当时的名称叫作“金鹰网”,但并不具备很大的影响力。2009 年 12 月 18 日,湖南广电将金鹰网内提供视频直播和点播服务的“芒果网络电视”模块独立出来,启用独立域名,面向市场进行品牌运营,定名为“芒果 TV”,这才是芒果 TV 诞生的伊始。

2014 年 4 月,湖南广电重磅推出“芒果独播战略”,宣布湖南卫视之后的自制节目将由芒果 TV 独家播出。对于当时的芒果 TV 来说,这是一个在众多视频网站平台资源中“果断抽身”的重要决定。公开数据显示,在不到一年的时间,芒果 TV 全平台的日均活跃用户数已近 3,000 万,芒果 TV 客户端下载总量超过 6,000 万次。这一战略的提出,成为芒果 TV 崛起的重要因素。高质量的独播内容有效增强了日常用户黏度,提升了媒体价值的同时,其广告价值也节节攀升。

当然,产生这一巨大变化很大程度也是依赖湖南卫视强大的受众影响力。湖南广电一直占据国内收视率的半壁江山,拥有一批忠实稳定的观众群体。从 20 世纪 90 年代独播的电视剧《还珠格格》,到经典综艺《快乐大本营》,一次又一次的内容改革使得湖南卫视在 80 后、90 后人群中的影响力越来越大。

湖南卫视近 20 年在综艺节目上投入了很大精力,也为自身带来了持续的综艺影响力。除了一部分经典的综艺节目,湖南卫视近些年制作的《爸爸去哪儿》《我是歌手》

等也成为极其热门的综艺节目,并且吸引了一大批观众,这部分观众对于湖南卫视来说是很重要的存在。所以当“芒果独播战略”提出后,很多观众为了观看湖南卫视的热门综艺节目,不得不去下载独播的芒果 TV 客户端,成功实现了一部分流量转化。

芒果 TV 在当时仅仅是湖南卫视节目的“搬运工”,便吸引了一批湖南卫视的忠实观众。台网双播以及内容独播,更是让湖南卫视和芒果 TV 都尝到了不少甜头。这一举动也带来了网络视频播放平台抢占热门电视节目独播权的热潮,其目的是吸引更多的电视观众通过自己的平台点击收看节目,从而扩大平台影响力,吸引广告投资。“独播”这一战略不仅服务了湖南卫视和芒果 TV,更是为视频平台的发展指出了一条新路径。

2015 年 6 月,湖南广播电视台副台长、湖南快乐阳光互动娱乐传媒有限公司董事长聂玫在“互联网+”媒体融合广电高峰论坛上郑重宣布,芒果 TV 即将实施“独特”战略。其计划借助湖南广电在创意、人才、制作、内容方面的独特性生态,坚持内容驱动、独特策略驱动,打造互联网视频行业独特的、规模化的第一综艺平台。

这一战略的提出也体现了湖南广电对芒果 TV 的定位不只是湖南卫视的附属品,而是另一个独立发展的视频播放平台。2016 年,湖南卫视的自制综艺节目持续大热。芒果 TV 依靠“搬运”湖南卫视的热门内容开始成为自主产出的内容制作方,实现了从播放平台向“播放+制作”的复合型平台,进一步提升了平台价值,拓展其独特的维度。

也是在这一个时期,受到市场其他同类节目的竞争压力,芒果 TV 开始寻找新的拍摄主题。于是,一部全新的综艺节目《明星大侦探》应运而生。该节目的新颖之处在于它是一档实景式的推理综艺节目,悬疑推理类的综艺节目在当时市面上还相对少见,更何况是实景沉浸式的全新演绎模式。

最后的结果也证明,《明星大侦探》IP 大获成功。芒果 TV 的综艺节目 IP 开始反向输出湖南卫视。2018 年,《明星大侦探》作为芒果 TV 自制网综,甚至升级为《我是大侦探》登陆湖南卫视,成为芒果 TV 首档反向输出卫视的综艺节目,也是当晚市场份额最高的综艺节目。网台联动的试水也标志着 IP 孵化的日益成熟。

芒果 TV 从“独播”升级为“独特”,再到“独创”,在壮大之后开始了对湖南卫视的反哺。这种反向输出得益于芒果 TV 自制能力的提升,主要体现在自制内容 IP 输出方面。

二、解剖“明侦”N+1 面:什么造就了它的成功?

作为一档纯粹主打“破案”的推理综艺,《明星大侦探》在一季季的打磨发展中逐渐形成了自己的风格和优势,也逐步发展成国内推理综艺类型的标杆。这档节目通过成功的实践向大家回答了“细分时代,网综如何占领市场”“如何打破‘综 N 代魔咒’”以及“如何做出好的内容产品”等市场关心的问题。

(一)内容:烧脑与娱乐的平衡

《明星大侦探》作为一档明星推理真人秀,最初吸引人的便是其剧本的逻辑交锋和推理解谜,让大家能在烧脑上获得推理快感,又在嘉宾演绎过程中收获快乐。对于悬疑推理这个体裁来说,在烧脑与娱乐之间达到平衡不是件简单的事情。

这个节目基本的游戏设置是:确定一部分节目的固定成员,同时邀请一些嘉宾参与其中,每次基本为6人参与。节目前都会抽取角色卡:1名侦探、1名凶手,其余4人均为嫌疑人。嘉宾们通过逻辑推理推动情节展开,在惊险离奇的情节中破解耐人寻味的各个诡计。节目开始只公布侦探身份,经过两轮的搜证和集中推理找出凶手,获得金条;若指认凶手失败,则金条全归凶手,这就是一个完整的剧本演绎过程。

节目组在早期的采访中曾说过,这是一档由“40%搞笑+30%剧情+30%推理”构成的节目。在六季的节目发展中,其加入“搞笑”和“推理”元素的比例也是不断变化的。但总体来说,除了第四季、第五季被吐槽推理依据单薄,整体而言,“明星大侦探”系列算是很好地实现了将强烈的综艺属性与悬疑的剧情、推理的心理需求结合的目的。节目有悬疑剧情也有搞笑元素,有推理过程也有人物关系,具备了烧脑与娱乐的双重功能。

同时,《明星大侦探》作为一档推理综艺,其很大的优势在于节目中的案件和剧情本身就很容易引发观众猜测和讨论,很多网友自发将节目中的线索一一排列出来在社交网站上进行讨论,深度参与其中。《明星大侦探》悬疑情节的设置、多角色视角剪辑以及首创的RPG模式,也让受众可以围绕自己喜欢的明星和故事情节,在同一期节目享受5个不同视角的版本。这些方面使得节目的对外传播网被不断扩展,进一步拉近了观众和节目的关系,有助于实现良好的传播效果。

(二)嘉宾:人设契合与默契十足

除了逻辑交锋和推理解谜过程,以撒贝宁和何炅为核心的嘉宾阵容,同样是不可或缺的因素。“2+N”的经典组合模式,使得核心嘉宾与常驻嘉宾的配合十分默契,即便没有复杂剧情以及严密逻辑的加持,嘉宾的互动也可以增色很多。

同时值得一提的是,《明星大侦探》帮嘉宾设计的每一个角色都很适合他们本人。因为在每期的节目中嘉宾们都会在案件里扮演一个角色,所以在最初的节目中嘉宾扮演的角色都是抽卡决定的。后来则改成先有角色卡,嘉宾再挑选,这样节目组塑造人物时就可以充分考虑当期嘉宾们的个人特质。这种调整是基于了解和尊重的,更重要的是节目组熟悉嘉宾在观众心中的人设。一些不损伤剧情质量但又相对有趣的角色设定与嘉宾本人性格人设的小部分重合会帮助明星更快入戏,同时也会成为一个小惊喜。

和嘉宾自身极度贴合的人物设定,一方面能够帮助其迅速进入剧情当中,另一方面也会让观众更易于接受人物安排,甚至产生基于嘉宾本人以及嘉宾所扮演的角色的混合式情感。这对于系列人物的连续剧式打造是有重要作用的,也会使得观众更加有代入感。打开豆瓣上《明星大侦探》第六季的热评,可以看到大多数的观众除了对剧情的讨论,便是对节目嘉宾真情实感的表达,这说明嘉宾们已经赢得了足够多观众的真心。

(三)场景:细致缜密与沉浸代入

除了剧情和角色方面,《明星大侦探》重要的组成部分——场景和道具也备受观众好评。场景的沉浸式代入对于此类体裁的观感是非常重要的,在这一方面,《明星大侦探》的做法可圈可点。

对于每一个新案件,节目组都要对应搭建一个全新的场景,每个场景至少包含 6—8 个不同的房间、区域。每个房间中都会根据角色和剧情设定各种各样的道具,比如床、柜子、窗户等,甚至连一些微小的细节都会被考虑到。而其中的道具准备,比如嫌疑人的手机信息、当地的报纸、逝者的日记本、嫌疑人的药瓶等,都会事先去制作、设计和布置好,事无巨细。

与第一季相比,最新一季的场景和道具的设计和打造有很大变化,第一季的配置显得较为朴素。在一季又一季的打磨过程中,节目组也在不断进行新的尝试,很多观众也调侃道,“节目组又破费了”“好豪华的制作,哭了”“好开心,节目组更有钱了”……这样的表达也反映出观众对节目组的用心的认可以及对节目的感情。

当然,场景和道具等的华丽与精致都要建立在剧本和人物立得住的情况下,否则再精致的场景都会是一场空壳,这是很多综艺节目需要认识到的问题。

(四)定位:流量之上的社会价值思考

对于垂直类型化综艺而言,准确找到并牢牢锁住目标市场和受众是一档节目成功的重要原因,这与当今社会精准的小圈子化趋势不无关系。相较初期的全人群社交,当下的观众尤其是年轻人,更倾向于选择受众精准的类型化节目。这就意味着,垂直化类型做得更精准、“标签式”的定位更有吸引力以及与受众的共鸣感更加贴近的类型化节目,就容易得到观众的青睐。

显然,《明星大侦探》很好地做到了这一点,锁定了目标受众并且达到了受众的预期,甚至带来了惊喜,这是成功的基础。近几年,国内的推理爱好者逐渐细分且形成庞大的用户群，这使得《明星大侦探》拥有很好的受众基础。事实证明，《明星大侦探》不仅牢牢吸引了推理爱好者的目光，更激发出一大批此前并未关注过悬疑题材的受众的热情，拥有了一大批固定受众，收获了巨大流量，从而在悬疑类 IP 节目市场中站稳了脚跟。

更加值得肯定的是，《明星大侦探》没有单纯以流量为目标，而是在调动观众参与体验的同时，将一些反映当下社会现实的话题嵌入剧本设计中，让观众能通过剧本关注一些社会层面的问题，带来正向的引导作用。节目组的编剧团队也曾在采访中说："第六季的《夜半酒店》就讨论了儿童性侵话题，这其实是非常敏感又沉重的话题。我们尝试了很多版本的故事，关于怎么讲能直击人心又不会刻意煽情，也不会影响参与嘉宾的情绪，我们得把握好这个点。"触及这类话题是需要勇气和权衡的，不仅需要把控尺度，也需要请教相关专家，确定应该怎样进行正确引导。

观众对这方面的反馈也很好，很多豆瓣的网友对节目中涉及"抑郁症""校园暴力""女性处境"等的社会话题感触很深，也有的网友因为某个剧本的话题立意给出满分好评，可以看出综艺的价值引导和娱乐性并不是相冲突的。对社会话题的用心选择并与节目内容紧密贴合，并没有让娱乐消解严肃话题，反而发挥了一种互补的升级功效，是非常值得其他综艺 IP 学习的。

三、线上衍生：明侦 IP 宇宙矩阵的形成

近些年，随着受众对娱乐内容品质的要求越来越高，优质的综艺需要在品质上更讲究，有更加精准的定位和策划，这也使得优质 IP 的重要性逐渐得到凸显。而能够成为优质 IP，获得持续的价值与生命力，不仅需要优质的内容，还需要 IP 的价值链开发能力、长线运营能力以及平台资源的搭建能力等。

从亲子类节目《爸爸去哪儿》《妈妈是超人》到选秀类节目《快乐男声》《快乐女声》，再到如今的悬疑推理类节目《明星大侦探》，芒果 TV 似乎有一种打造超级综艺 IP 的天然魔力。这背后的原因是，芒果 TV 非常重视 IP，坚持 IP 就是生产力的开发理念：围绕 IP 核心，通过多个层面的措施进行 IP 的开发、打造、运营与长线挖掘，芒果全媒体生态逐渐形成。芒果 TV 和芒果超媒其他子公司共同协作，在影视制作、艺人经纪、衍生文创等多个板块下，围绕优质 IP，在 IP 开发的每一个环节不断突破，全面深挖 IP 价值。

IP 的核心是版权，版权运营包括品牌化版权价值开发、跨界融合衍生新形态、公共版权资源价值再塑三个主要部分。目前芒果 TV 的版权运营有三种形式：一是进行版权投资，通过对优质 IP 的投资来获得收益回报；二是通过版权运营来增加营收，如国际业务板块改变以往简单的版权分销模式，转为分销、广告、运营分成的组合模式；

三是对 IP 进行深度开发,挖掘其长尾价值。对 IP 进行深度开发,也就是通常意义上的 IP 开发运营,也是我们讨论的重点。

明侦 IP 宇宙的成功打造,便是其中的一个策略缩影。在收获了高用户黏性、高流量和高口碑之后,芒果 TV 开始围绕《明星大侦探》进行 IP 开发,力图拓展其长尾价值,价值挖掘首先从内容衍生入手。

明侦 IP 宇宙并不仅仅包含《明星大侦探》一档节目。经过六年时间,该系列已形成了由主体综艺+互动微剧、《名侦探学院》、NZND 演唱会等衍生内容的 IP 矩阵。节目组以《明星大侦探》综艺为中心,推出了丰富的线上衍生内容与线下衍生周边,逐步构建出了一个完整的“明侦 IP 宇宙”。角色各自延展,故事互相勾连,最终将用户留住,形成稳定的粉丝圈层。

(一)新平台尝试:电视综艺《我是大侦探》

《明星大侦探》作为芒果 TV 的热门网综,推动 IP 在不同平台落地,尝试从网络进军电视。在《明星大侦探》积累了相当高的人气之后,芒果 TV 顺势将其从网络推向传统电视大屏,与湖南卫视共同打造电视综艺节目《我是大侦探》。该节目于 2018 年 3 月 24 日在湖南卫视首播,于 2018 年 6 月 16 日完结,共播出 13 期。《我是大侦探》由芒果 TV《明星大侦探》原班人员制作,保证了节目质量和 IP 的延续性。但与此同时,为了适应湖南卫视节目观众特点,《我是大侦探》在节目内容上更为通俗易懂,更注重剧情和娱乐性,以使各年龄段观众都能看懂。此外,节目在审核把关上也更为严格,比如《明星大侦探》中的恐怖、超自然元素在《我是大侦探》中就不再出现。

《我是大侦探》首期节目播出后,其 CSM 全国网收视率达 0.83,成为当晚市场份额最高的综艺节目。但该节目在后来褒贬不一,最终豆瓣评分只有 6.1 分。从《我是大侦探》首期节目的收视情况可以看出《明星大侦探》原 IP 的火爆程度,不少《明星大侦探》的粉丝从芒果 TV 迁移到湖南卫视观看《我是大侦探》。但随着节目的播出,不少观众对《我是大侦探》的节目嘉宾、情节设置表示失望。电视版有更多表演和娱乐倾向,少了原有的悬疑推理色彩,这对原 IP 难免有所影响。

(二)主综艺补充:衍生微剧《头号嫌疑人》+《目标人物》

芒果 TV 围绕《明星大侦探》这个 IP,先后推出互动微剧《头号嫌疑人》及《目标人物》。这一部分内容都是在延续“明侦”世界观的基础上,打造沉浸式剧情并利用互动模式让观众深度参与推理破案的融合式产品。

2019 年是一个重要的节点,这一年开始,《明星大侦探》开始以各种形式的衍生节目四面开花,《明星大侦探》IP 的价值扩大化开始有声势地进行。2019 年 1 月 18 日,

《头号嫌疑人》第一集和《明星大侦探 4》一起在芒果 TV 上线，该系列微剧共播出 6 集，每集 25—30 分钟。观众可以在观看剧情时点击可疑之处寻找线索，更深入地参与推理破案。此外，芒果 TV 会员还享有提审嫌疑人的特权。

2020 年 11 月 11 日，《明星大侦探》的衍生互动微剧《目标人物》由白敬亭、魏晨、张雨剑、邓伦等明星主演，讲述了一个失忆的高智商天才协助侦探破解犯罪过程的故事。除了延续《明星大侦探》IP 悬疑烧脑风格，它也是创新用户互动体验模式的一种影视化尝试。

作为“明星大侦探”系列的内容补充，衍生节目依旧保持前者的制作水准，播出后赢得较高口碑，《头号嫌疑人》豆瓣评分达 8.5 分，《目标人物》豆瓣评分 8.4 分。两者作为创新用户互动体验模式的新实践，为明侦 IP 宇宙的扩展增加了新的看点，并且反映出这个头部 IP 在进行拓展时依旧主要瞄准垂直内容市场，以受众参与和体验为中心，试图突破传统呈现方式的局限性，实现多种形式的联动。

（三）另辟新天地：衍生综艺《名侦探学院》

作为《明星大侦探》的衍生综艺，《名侦探学院》于 2019 年 11 月 3 日在芒果 TV 首播。该节目于 2020 年 2 月 23 日完结，共播出 17 集，每集片长 45 分钟，节目选拔产生出的侦探助理可以参与《明星大侦探》节目录制。从 2019 年上线开始，《名侦探学院》已经播四季，豆瓣评分分别为 9.1 分、9.2 分、8.8 分和 9.3 分，口碑在线。

不同于《明星大侦探》的豪华明星阵容和大制作场景，《名侦探学院》的嘉宾以“高智商”“高颜值”以及年轻“校草”为主。名侦探学员通过推理游戏角逐出“侦探助理”，佼佼者将会参加《明星大侦探》的节目录制。《名侦探学院》中的游戏玩法简单却能体现嘉宾的“高智商”，播出后逐渐获得观众认可并俘获不少粉丝，《明星大侦探》第六季中的素人侦探蒲熠星和郭文韬，均是这个节目中的人气嘉宾，某种程度上也可以说是自带粉丝群体“加盟”《明星大侦探》第六季。

可以看出，《名侦探学院》虽然是为了推选《明星大侦探》第五季的侦探助理而衍生出的节目，以素人为主，但其逐渐拥有了自己“真情实感”的粉丝群体，且不断壮大，甚至不用再依附于《明星大侦探》正片，成为一档可以独立运行的节目，开辟出了正片之外的衍生新天地。

四、线下衍生：明侦 IP 宇宙的跨界延展

除了从线上对《明星大侦探》IP 进行内容向的延伸，制作团队也在线下进行 IP 价值的进一步发掘，积极开拓线下的 IP 变现产品，不断实现自我突破。

(一)推出节目周边向衍生产品

《明星大侦探》结合节目内容和粉丝群体特点,开发出贴纸、金条 U 盘、文件夹、手机壳、手提袋、马克杯、笔记本等节目周边产品。同时,芒果 TV 和专注于消费级视频领域的 AI 科技平台 Video++合作。在节目中应用视频电商系统,结合节目内容场景植入周边产品,使用视频动态物品自动识别技术快速完成从视频画面到同款物品的连接,使用户在收看节目时不用跳转外链就可以实现购买。

2018 年 1 月 19 日播出的《又是漂亮惹的祸》分集节目中,撒贝宁和杨蓉一组发现《明星大侦探》定制手机壳时,屏幕显示了撒贝宁跟踪框热点和"看视频买大侦探周边"的字幕。同时,节目还运用投票、卡牌等形式进行营销。据统计,《明星大侦探》周边产品中销量前三分别是黑金手机壳、爱豆手机壳和金条移动 U 盘。

再如节目播出期间,芒果 TV 和 Video++利用圣诞节契机,将视频中的用户引流到活动页及货架,在活动页内利用秒杀、限时购、抽奖等营销工具刺激用户购买欲,最终卖出 1,539 单,成为日销量最高的一天。通过周边产品的视频电商营销,《明星大侦探》一方面实现 IP 内容变现,另一方面也满足了高黏性用户粉丝的需求。

(二)推出线下实景体验馆

近几年,将线上内容 IP 与线下进行联动成了不少综艺的选择,如音乐歌舞类综艺为选手举办线下巡演,潮流类综艺在线下开辟体验店等。从 2020 年开始,芒果 TV 开始布局实景娱乐行业新风口,以《明星大侦探》的线下体验为切口,进军 IP 线下实景互动娱乐产业,进一步丰富芒果生态。《明星大侦探》IP 的挖掘和开发也因此变得更加多样且富有层次。

1.试水:"明星大侦探"线下侦查点

早在《明星大侦探》第四季播出时,芒果 TV 便顺势推出了一种新探案模式,即互动微剧《片场谜案》。在《片场谜案》里,鬼鬼饰演的鬼明星被害身亡,嫌疑人锁定在她周围的 9 名关联人身上。线上,观众可以在节目专属页面进行案件解读与观察推理;线下,芒果 TV 借此尝试在几个大城市搭建线下侦查点。观众可在广州保利时光里、上海周浦万达广场、北京长楹天街购物中心、长沙富兴时代购物中心这四个地点线下体验搜证破案,以实现观众通过线上线下联动搜索证据、寻找真凶的互动体验升级。

《明星大侦探》第六季的制片人何舒曾分享关于线下体验馆的打造思路,"我们做《明星大侦探》等节目,一个场景的设计、搭建、道具等费用大概是 200 万—300 万,一季 6 到 10 个场景,是占制作费最多的一部分。而且因为是在影棚里租的场景,录完之后就会被拆掉,非常可惜"。于是,通过与线下的文旅产业合作,将录制完节目的场景馆进行继续运营或者开设线下体验馆，成为既能创新观众体验形式又能盈利的一项双赢活动。

2. 拓展："明侦校园行"活动

2019年年底，《明星大侦探》举办了为期两个月的"明侦校园行"活动，以高校学生群体为目标对象，在南京、长沙、武汉等14个城市开展线下活动。粉丝们在线下参与实景搜证探案、VR虚拟探案等环节，部分场景1∶1还原。

"明侦校园行"有不少亮点板块。一是"密室真人探案"，参与者可以进入临时搭建的实景棚中体验破获案件；二是"沉浸式VR互动解谜"，参与者可以戴上VR眼镜来体验沉浸式的破案；三是"趣味拍照体验区"，参与者可以在临时搭建的场景中拍照留念，这一板块也是OPPO Reno2手机广告重点植入部分；四是"福利周边区"，主办方为参与者准备了《明星大侦探》的周边产品。

《明星大侦探》的受众群体以年轻人为主，高校学生是其主力军，线下实景体验活动通过与广告商的合作实现了活动成本的覆盖。这使《明星大侦探》实现了同高校粉丝群体的互动，增加了节目热度，又回馈了粉丝，广告商也能借机实现自我营销。

3.形成："明星大侦探"主题门店

随着《明星大侦探》IP系列等相似主题综艺节目的火爆，很大程度上带动了剧本杀产业的再度火热。2020年4月30日，《明星大侦探》官方线下实景主题旗舰店——芒果M-CITY明星大侦探长沙店在湖南长沙乐和城开业。这是芒果TV自营实景娱乐品牌的首家门店，标志着芒果超媒正式进军实景娱乐行业。自带流量的《明星大侦探》IP吸引了众多粉丝前来探店，成为明侦探新的网红打卡点。

这家店的体验内容脱胎于《明星大侦探》节目，以"实景探案＋圆桌剧本杀"为主。店内已储备300多种剧本，由易到难分为"不一般的经典本""有点东西的演绎本""厉害了我的沉浸本"三大类别；开设了6个主题场景，分别匹配中世纪欧洲等多种时空，且都配备了私聊室和投票间。主题场景中，NZND实景密室延续了《明星大侦探》第一季到第六季的故事；"学院怪谈"为独家自创实景密室，超大空间，配备真人NPC演绎。

美团评分5.0分，大众点评评分4.94分，芒果M-CITY明星大侦探长沙店在这两大平台都位列"长沙剧本杀热门榜第一名"，大批玩家给予了该店"好玩""布景精致""体验感强""NPC入戏""剧本杀天花板"等评价。尤其是NZND和"学院怪谈"两个实景密室，口碑爆棚。在一定程度上，M-CITY不仅扮演着剧本杀行业的头部机构角色，还促进了人们从线上娱乐走到线下体验消费。有消息称，芒果M-CITY项目后续还将陆续登陆上海、成都、武汉等城市，开设更多新门店。

从目前整个综艺产业的角度看，拓展线下实景正是延续IP生命力的关键之一。

从线上带动到线下,围绕 IP 本身延长价值开发链条,不仅能将 IP 最大化利用,而且这种存续的商业经营模式的发展,可能会反过来促进综艺 IP 更长远地发展,起到线上线下互为促进的作用。同时不得不提的一点是,从 IP 本身出发,其带来的粉丝价值是十分宝贵的,目前所做的 IP 运营本质上也是粉丝运营。围绕 IP 本身和粉丝群体的需求不断进行高质量的价值扩展,是全产业链运作、持续发展的关键所在。国内“综 N 代”不少,论“常青树”,“明星大侦探”系列并不是唯一。但在六季节目当中,作为平均分也能超过8.8分的“常青树”,“明星大侦探”系列确实是稀有的国产综艺。从 2016 年到 2021 年,作为推理悬疑体裁的垂直类型综艺,“明星大侦探”系列所面对的大环境也经历了从小众化到大众化的转变。它填补了市场空白,并依靠独具竞争力的优质内容,稳固了一批忠实观众。并且它没有止步于综艺节目本身,而是在芒果 TV 平台的托举之下,不断自我突破,一步步高质量拓展自己的衍生内容,成为绝对 IP,进一步形成明侦 IP 宇宙矩阵。

值得一提的是,《明星大侦探》IP 的成功背后有一群对内容有要求、对创新有想法、对尝试不排斥的年轻人。而这群年轻人也同明侦 IP 宇宙一同成长,在内容创作上形成不可复制的创作理念及协作流程。如今,各个垂直品类的优质内容令人目不暇接,但想要跟明侦 IP 宇宙在推理悬疑领域中抢夺一席之地,还需要新入局者付出更多的诚意和创意。

经过六季发展的《明星大侦探》也曾经历过口碑的滑坡,一些所谓“老观众”对节目“卖情怀”“梗用烂了”“逻辑性太差”等的批评声音也一度甚嚣尘上。但抛开这些节目的正常杂音,将其作为一个整体性的 IP 来看,它毫无疑问是非常成功的 IP。一方面,相比其他种类 IP,《明星大侦探》定位于垂直内容市场,且逐渐拥有高黏性粉丝群体,可以在 IP 运营上走得更远,为其进行 IP 拓展奠定了基础;另一方面,可以看出《明星大侦探》试图对 IP 进行多方面延展。无论是线上的内容衍生运营还是线下的跨界产品打造,它都紧紧围绕原 IP 本身和粉丝群体的需求,在进行全产业链运作尝试的同时,致力于为粉丝群体提供更新奇的体验。

在芒果 TV 的带领下,在运营团队的不断努力下,我们有理由相信《明星大侦探》IP 会走得更远、更好。

(撰稿:肖菲)

第四节 《潮流合伙人》:以一档综艺完成 IP 的孵化与变现

潮流文化市场正值井喷式发展期,以年轻人为主要目标受众的内容创作者更是闻声而动。各大平台纷纷赶“潮”，打造出一系列潮流娱乐节目，助力潮流文化火爆出圈。原创潮流经营体验节目《潮流合伙人》，是爱奇艺在内容领域对潮流文化影响力的全新表达，通过多样玩法探索出潮流 IP 更多的商业空间，以一档综艺节目就完成了 IP 的孵化和变现，迅速抢占潮流文化这一新赛道。

一、国内外潮流类节目：从内容到商业的变迁

潮流文化是时尚文化的分支之一。“时尚”是指某一时间段内能够流行并引领时代潮流的各种议题、元素和信息。作为最能体现人们生活活力的靓丽风景，潮流自然成为电视节目制作的全新方向。这类节目不仅能反映社会风气和审美方向的变化，也能潜移默化地影响社会审美意识。

（一）国外潮流类节目：题材多样、引领前卫、融合生活

国外的潮流节目可谓百花齐放，包括选秀、设计、时装、美妆等，题材丰富多样。欧美方面，《天桥骄子》《化妆界明日之星》《一剪成衣》《粉雄救兵》等节目一直广受好评，这与欧美较为前卫的潮流感和时尚感有关。超模养成类和选秀类节目最突出，如《全美超模大赛》《我要做超模》。模特作为一种艺术形象，能够引领时尚潮流，影响受众的视觉习惯和审美观念，而且模特是一个与商业联系较紧密的职业，能为产品代言，创造更多价值。此外，服饰也是最能体现时尚潮流的载体。相应地，以服装设计和穿搭为内容的节目也备受关注。《时尚的未来》是一档设计师比拼的时尚竞赛类真人秀，邀请全球各地的设计师展开比拼，并与零售商合作推出系列服装。该节目的最大特点是削弱竞技环节，采用组队作战方式，展现 peace and love（和平与爱）的氛围，让观众聚焦服饰设计本身，学到一些实用的穿搭技巧。时尚的多元化、经济化和全球化使得欧美潮流类节目能够超越地域和时空界限，始终走在时尚前沿，火遍全球。

日韩同样是时尚前沿国度。近年来，它们在潮流综艺上持续突破，不拘泥于演播室录制这种单一形式，更强调对现实生活的沉淀与体验。由宋茜、金素恩主持的时尚推介类节目 *Glitter*，通过主持人前往时尚场所亲身体验，向年轻女性介绍时尚、美食、美容和生活小贴士，让观众在愉快氛围中感受时尚文化。2019 年韩国推出网络综艺《高中生带货王》，邀请了来自韩国各地平均 18 岁的高中生参加服装穿搭比赛，最终冠军可获得创立个人品牌的机会。选手们风格各异，全方位展示个人穿搭风格，仿佛一本本行走的时尚杂志。2020 年上映的《麻浦帅小伙》刚开播两期，豆瓣评分就飙升至 9.6 分，节目以情景演绎的方式打开明星衣橱，在搞笑中透露时尚哲学，为时尚综艺提供了新思路。美妆是时尚潮流的重要元素，长期以来美妆类节目以分享和科普为主，而富士电视台的《直击流言现场 女性篇》走出了演播室，结合当下社会中流行且敏感

的美妆话题进行调研。比如调查“通过干细胞疗法重返 20 岁”这一话题时,实景拍摄 57 岁运动员的手术过程,极具冲击力和说服感。综合来看,日韩的潮流类节目切入点不同,但强调时尚与生活的融合,创新地将时尚内容延伸到生活场景之中,打造出潮流文化的新玩法。

(二)国内潮流类节目:注重实用、文化传播、带货属性

国内的潮流节目兴起较晚,但也有十余年时间。从 2006 年开始,时尚类节目陆续播出,以资讯、推介和科普等实用信息为主,较为知名的有北京电视台《时尚装苑》《魅力前线》、旅游卫视《美丽俏佳人》以及凤凰卫视《完全时尚手册》等。这些节目在传播资讯的同时,引导女性观众的消费和审美潮流,但整体同质化现象较突出。2014 年东方卫视推出明星跨界时尚真人秀《女神的新衣》,让女神级明星就某一主题进行创意设计,将服装设计与制作的每道工序以及 T 台秀一并进行展示。节目通过评比来争取大品牌买家的订单,实现了时尚内容进阶消费市场的一大进步。2018 年,《时尚大师》和《口红王子》开播,开启了国内潮流类节目的全新模式。腾讯出品的《口红王子》关注小而美的女性美妆,由何炅带领一众男明星组成“化心男团”,带领观众走进女性的化妆台,窥探女性嘉宾在妆容上的“小心机”,为观众安利了很多实用化妆品。同时,男女嘉宾还围绕两性审美、价值观和生活方式进行讨论,引导大众对于内外审美的升级。央视的《时尚大师》是一档时尚文化竞技类节目,走高大上的全球时尚路线,邀请 32 名全球新锐设计师围绕“东方元素 中国意象”完成不同主题的创意设计和演绎,包括水墨丹青、敦煌、故宫等,重在展现东方时尚与文化底蕴。

2019 年国内的时尚节目开始走向真人秀化,并提炼出“潮流”这一关键词,如爱奇艺《潮流合伙人》、优酷《720 潮流主理人》和腾讯视频《潮玩人类在哪里》等,布局潮流综艺成为各视频平台对商业模式的全新探索。这几档综艺通过开店、挑战、考验等任务将时尚潮流故事化,迅速形成一股“国潮”风向,很对年轻受众的胃口,口碑和关注度都不错。《潮流合伙人》主打“潮流经营体验”;《720 潮流主理人》让明星和潮流主理人在 720 小时内完成潮品设计、落地生产、策展 SHOWROOM 的限时挑战,实现由潮流 icon 到明星主理人的蜕变之旅;《潮玩人类在哪里》召集最会创造的潮玩人,组建三大厂牌。三大综艺“带货”属性突出,基于潮流 IP 构建、营销、衍生品等打造综艺新模式,成为引领潮流消费的一股新浪潮。

结合国内外潮流类节目的发展变迁可以看出,欧美和日韩的潮流节目强调前卫感、引领性和生活化,国内的潮流节目则经历了信息传递、文化传播到商业升级的探索路径。近几年,国内综艺逐渐将国潮文化作为垂直类、圈层化内容市场的开发重点,探索内容引领文化和消费的全新节目模式。

二、爱奇艺抢占潮流赛道,《潮流合伙人》创新赶"潮"

随着国际潮流文化的传播,国内的潮流市场实现了从无到有的迅猛增长。《2019中国潮流消费发展白皮书》显示,潮流文化在全球范围内的关注度不断提升,全球潮流市场的成交规模在近两年保持两位数高速增长。而中国市场的潜力更是不可小觑,综合电商潮流市场的消费增速已达到了线上综合电商整体市场的两倍。[①] 这意味着,潮流文化在国内的快速崛起,将产生一个拥有巨大潜力的新兴消费市场。

潮流文化带有青年文化的基因,每个个体都是潮流的代表。从潮服潮鞋,到国潮美妆,再到盲盒文化,90后、95后、00后等新一代年轻人正成为大众娱乐和消费的主力军。与多年前相比,现在追求潮流的年轻人拥有独特的消费观念和判断力,他们追求个性生活品质,更向往独立自我的人格。对于他们而言,"潮流"不需要被定义,它不仅是玩具和服饰,更是自我情感与态度的一种表达方式。潮流文化也因此成为内容领域的"新宠",各平台纷纷投身潮流文化内容,持续突破传统模式,推出一系列不同风格和理念的节目。

爱奇艺始终保持着对青年文化的关注,敏锐捕捉到年轻人的潮流需求,并在内容布局上抢先发力。从《中国新说唱》《乐队的夏天》《热血街舞团》《夏日冲浪店》到《潮流合伙人》,爱奇艺不断将能激发年轻人兴趣的说唱、乐队、街舞、冲浪、潮流等多种青年文化呈现给观众,引导潮流文化实现从"小众"向"大众"圈层的突破。2020年爱奇艺官宣了自己的青年文化独立厂牌 BKStore(不可施道),这是一个以年轻艺术家群体为核心构建的持续传播青年文化的综合厂牌,让爱奇艺关于"潮流"和"青春"的核心价值愈发聚焦。

《潮流合伙人》是爱奇艺尝试的第一个原创潮流经营体验节目,已播出两季。节目表现一路走高,第二季在自开播到收官的近三个月时间里登上全网热搜榜近七百次,多次进入骨朵、云合等权威榜单前列。节目以"潮流"为核心,聚集"潮人"和"潮品",用真人秀的方式经营潮店,吸引了 vivo、安利纽崔莱等近十个品牌合作,授权合作近四十家品牌。从前期宣发到播出,自有品牌在 FOURTRY 小程序、天猫店等线上销量不断突破。可以说,爱奇艺打造的《潮流合伙人》不仅带来了内容流量,更积聚了消费势能。

三、用心打造"内容—品牌—消费"的 IP 产业链

《潮流合伙人》以潮流 IP 为核心,形成了一条以内容、商家、消费者为主体的商业

① 犀牛娱乐编辑部.爱优腾综艺赶"潮",新掘金沃土可期[EB/OL].(2020-07-15)[2022-04-28]. https://mp.weixin.qq.com/s/dcnry52si0XhAeRobSrdNg.

路径,打通了一条“内容—品牌—消费”的 IP 开发链路,以一档综艺节目就实现了潮流内容和潮流消费的升级。

(一)内容:以“潮流感”为核心,又有人间烟火气

“潮流感”是节目的底色,店铺设计、潮品设计、镜头呈现等都散发着新潮的魅力。合伙人们都是潮流个性的先锋者和引领者,每次出场都让人眼前一亮。节目第二季邀请陈伟霆为主理人,欧阳娜娜、范丞丞、刘雨昕、周扬青为合伙人。陈伟霆和周扬青都拥有个人品牌,本身是潮流代表;范丞丞、欧阳娜娜和刘雨昕代表年轻人和大流量,在节目中不断输出潮流观点,他们各有担当,既有综艺感又不乏潮流前沿的敏锐度。

《潮流合伙人 2》的线下店从日本东京搬到了“天府之国”成都。相较于第一季“国潮出海”主题,第二季的主题“人间烟火,时刻潮流”更具生活气息。从出海到回国,节目更聚焦国潮的本土挖掘。节目总制片人车澈表示,“选择成都是因为看重这座城市的烟火气,它把时尚、潮流与生活中的烟火气混搭在一起,这个质感很奇妙”。线下店铺 FOURTRY SPACE 本身是复古与新潮的碰撞。一层是现代玻璃建筑,二层是古色古香的楼台,从整体风格到局部布置,展现出中国风与现代感的融合。

节目一直想传递的是,潮流不止于服装,更是潮流态度和“潮生活”方式。店内除了个性潮服,还设置了很多潮生活空间。比如“麻辣”咖啡空间、DIY 区、潮玩区,这些与成都气质和节目调性非常符合。节目还展现了嘉宾和成都人的很多生活化镜头,如吃火锅和打麻将的场景、成都的繁华街景、成都人喝茶的慢镜头等,用具有胶片感的画幅和色调进行呈现,使带有潮流感的人间烟火气呼之欲出。成都的人文底色和新潮范被一并展现,这都是成都人的“潮生活”。

(二)品牌:孵化 FOURTRY 原创品牌,“真经营”释放品牌影响力

《潮流合伙人》最大的特点是孵化出 FOURTRY 这一品牌,它是整个潮流生活的代表。第一季中的 FOURTRY 是独立设计的潮流品牌。第二季时,FOURTRY 已扩充成一个产品矩阵,包含三个系列:第一个系列为 FOURTRY by X,主打 FOURTRY 货品自身,迄今为止已经与 15 个设计品牌和潮流品牌达成合作;第二个系列为 FOURTRY Crossover,主要是流行潮牌的联名款,如与回力的联名款;第三个系列为 FOURTRY Selected,主要是集合了买手店、原创设计的逻辑布局。作为潮流空间品牌,FOURTRY 除了服饰,也向潮玩和艺术领域延伸。比如与美国潮流艺术家 Daniel Arsham(丹尼尔·阿尔轩)以品牌联名形式进行合作,还有很多国产原创潮玩货品、当代艺术合作潮玩货品等。据统计,FOURTRY 与服饰、电子产品、手表等二十个品类近五十个品牌达成了 IP 授权合作,使潮流的定义更广泛、更多元,实现了从内容品牌

到生活消费，从单一品牌到多矩阵、多赛道品牌的不断拓展。

《潮流合伙人》不同于此前潮流节目惯有的“先有节目 IP，再有 IP 授权”模式，而是采取了 IP 先行的模式。《潮流合伙人》将 FOURTRY 打造成“潮流 IP”，在节目开发前就和十几个原创潮流品牌进行了联名款开发，完成授权、联名、合作、生产、运输、仓储等系列流程。节目前期准备完成后，已经有上百个品牌、六千多件货品进入仓库，以供合伙人进行后期选品和搭配。

节目将“真经营”理念贯穿始终，展现出 FOURTRY 品牌的影响力。一间可容纳上万件潮流单品的储能仓库，为店铺提供了充足货源。处在城市潮流圈的店铺，货品琳琅满目，陈列布置新奇。几位合伙人从选货、布设、运营到售卖全部亲力亲为。尤其是主理人陈伟霆，他对各类潮牌的文化背景和创作理念了解透彻，在选品、搭配和销售上很有个性和态度。节目采用线上售卖、线下体验的经营模式。货品销售主要靠线上小程序，并设有 1,000 万的目标销售额；线下店以不同主题进行表达，邀请不同人群到店进行沉浸式体验。“真经营”不是虚设，“潮人”“潮品”和“潮店”营造出了最真实的经营氛围。从本质上讲，《潮流合伙人》的节目内容就是 FOURTRY 的品牌广告。

（三）消费：打通 TO C 渠道，构建内容到消费的闭环营销

《潮流合伙人》在构建“从内容到消费”的营销闭环上做了很多工作。以往综艺节目的商业模式基本上是以 TO B 广告为主，通过冠名、植入、贴片等方式进行合作。在移动化、数字化和智能化的背景下，如何实现平台与 C 端消费者的连接，成为内容 IP 运营和营销的新方向。如果内容无法与消费有效连接，那么内容带来的热度和流量就不能完全转化为商业价值。因此综艺 IP 的长效运营关键在于打通消费链路，通过场景和渠道等方式让消费者的需求得到精准满足。

爱奇艺在 2019 年推出新消费价值网解决方案，旨在系统整合全平台资源，以更多元的营销服务创收并提升自身商业价值。这一理念首先在《潮流合伙人》中得到运用。节目率先考虑到用户对潮流消费的需求，将内容、用户、IP 衍生品、电商等组合成价值网并前置，将营销变现提前埋入节目设计中，解决了内容、品牌与营销的断裂，有效打通了平台 TO C 渠道。

节目制片人车澈表示：“我们将潮牌运营跟《潮流合伙人 2》节目真正结合在一起，完成了从节目到 FOURTRY 品牌，再到落地的商业体 FOURTRY SPACE 的营销闭环，用综艺内容实现品牌赋能。这是爱奇艺一直在探索的综艺节目发展模式。”①

① 爱奇艺行业速递.爱奇艺《潮流合伙人 2》即将上线　“FOURTRY”再度展现年轻人的潮流文化消费场景[EB/OL].(2020-11-18) [2022-04-28]. https://mp.weixin.qq.com/s/0qCHLpz-sCa81hYx2Rr2tA.

四、线上线下联动,深度布局潮流 IP 生态

《潮流合伙人》本身具有商业性,为了建立具有品牌核心竞争力的产业生态,其开辟了多种场景和渠道来打通线上线下,赋能潮流 IP,尽可能完成商业转化。在这一过程中,技术发挥了关键作用。爱奇艺一向以内容和科技为双驱动,在《潮流合伙人》中更是完成了很多科技探索,推出 VR、AI、框内互动等新玩法。比如观众在看节目时被种草,通过 AI 识别便可快速进入商城搜同款下单;还可以通过 VR 全景在线探店;“框内互动”技术帮助用户实现“边看边聊”的实时互动。这些技术增强了用户的体验感和互动感,创造了一种全新的内容娱乐体验。

线上的节目内容和互动玩法吸引关注,线下的活动和场景进一步助力,二者互联互动,展现出潮流消费的活力。节目对线上线下进行了分区,线上主推销售,线下负责传递潮流文化和品牌体验。线下店铺以不同主题进行布置,如麻辣、Girl's Power、素人改造,每期到店体验的有美妆博主、自媒体达人、时尚设计师等。通过各种推广和设计,线下实体店完成了由单纯买卖向体验消费的转型。为了扩大线下体验空间和人群,节目组织了线下艺术展“潮流的自定义”和各种快闪店,为潮流人士开辟更加便捷的体验场所,这也是为促进消费打造的全新场景。

为了最大化释放 FOURTRY 品牌影响力,除了与知名品牌的授权合作和跨界联名,节目还推出很多衍生产品,如《下班啦! 合伙人》衍生节目,围绕合伙人的互动视频,以虚拟偶像 Bro 为主角打造的手办等创意产品和漫画、潮流类小游戏等。这些都是爱奇艺围绕潮流 IP 进行的生态开发,形成了多分支的 IP 产业链,增加了 IP 延展价值,也是节目对商业模式的深度探索。

线上线下一体化运营,潮流消费的多元场景,以 IP 为核心的多元衍生产品,是《潮流合伙人》保持与潮流人群沟通和联系的重要方式,既能有效促进潮流价值观的持续输出,又能有效促进品牌价值转化。

综艺节目的全链路 IP 开发成为内容市场的流行趋势。围绕“潮流”这一新兴领域,爱奇艺的《潮流合伙人》无疑进行了深度探索。节目以潮流 IP 为中心进行内容开发,通过全平台、多渠道、多场景向外延展,打造了一条完整的 IP 产业链,进而实现多种商业模式。从线上内容到线下推广,从内容、品牌到商业,以一档综艺节目就完成了 IP 的孵化和变现,既有综艺节目的内容流量,又有潮流消费的价值势能。无论是优质 IP 创作,还是 IP 价值延展,抑或 IP 商业变现,爱奇艺力争抢占先机,率先布局。

(撰稿:张悦)

第五节　从粗放走向精细，艺人 IP 开发还要如何做？

在文化内容领域，IP 原是指文化作品的知识产权，进而又将其延伸为版权作品。近年来，随着流量经济的不断发展，偶像产业的不断进化，明星艺人也成为一类 IP。这也意味着，明星艺人不光要依靠作品说话，还需要有强大流量的加持。这种流量来源于明星艺人不断在媒体场域的曝光，以及这种曝光所吸引的粉丝支持。明星的品牌效应被提升到一个前所未有的高度。

一档档偶像选秀类节目的热播、明星直播热潮的掀起、偶像产业逐渐走向成熟……这些都是艺人 IP 场域火爆的缩影。与此同时，流量造假、粉丝群体影响到明星艺人形象、逐渐走向畸形的粉丝打榜应援等局面对网络舆论生态、艺人市场的良性发展等都造成了负面影响。这让我们不禁发问，究竟什么样的艺人 IP 才是好 IP？要经营好一个艺人 IP，可以从哪些方面入手？

在国外，名人研究（Celebrity Study）已经形成一个专业研究领域，但在我国，明星艺人 IP 开发、运营和维护是一项做得多、说得少，操作得多、总结得少的工作。

一、艺人 IP 的界定

艺人 IP，是将明星艺人作为一个知识产权来看待。对明星而言，不仅其作品具有商业价值，其公众形象、名誉、品牌度等也共同将明星艺人塑造成一个流量经济中的作品，艺人凭借其自身的实力和品牌获得更高的商业价值和市场认可度。在此，笔者将尝试对艺人 IP 进行界定。

（一）艺人 IP 是人设吗？

学霸人设、好男人人设、小仙女人设……这些是当前艺人经常使用的、面对公众时予以自己的人设，其本质上是给自己的公众形象贴上标签，让受众、广告商、剧方等在提到他（她）时就能想到某个特征。这不仅能够和其他人做出区分，更能让自己在竞争激烈的艺人市场中获得注意力。所以，人设是一种符号和标签，能够通过营销就让人产生相关联想，留下某种印象。

而对于艺人 IP 的开发而言，形成一个好的公众形象是艺人 IP 开发的第一步。所谓的"好"，并非对其所设立的形象进行是非对错的绝对判断，而是要看其能否充分激发出关注该艺人受众的某种情感。从营销的角度来讲，形象与情感是营销世界的力量源泉，了解顾客的需要，满足他们的要求，以此来建立一个战略性的产品模型，这是情感源泉。① 当然，一个正面的形象更有可能激发出受众正面的情感，进而更有助于其形成健康的 IP，提升商业价值。

（二）艺人 IP 是艺人经纪吗？

随着偶像市场和流量经济的发展，流量明星的出现展现出与传统歌手、演员不一样的发展路径。在传统意义上，经纪人其实应该被称为文化经纪人，主要是帮助明星艺人进行演出、影视、娱乐等事项的对接和洽谈工作。显然，艺人 IP 开发的工作不是艺人经纪事务的简单叠加，也不是只需要进行一些商务洽谈就能完成的。

当前，IP 产业链和 IP 经济已经具有了相对明晰的定义和标志。“IP 粉丝经济是一种混杂式的粉丝经济，以头部 IP 为创意来源，以明星为粉丝经济的核心，以平台的偏向和资本的形塑为隐性的推手。”②按此逻辑，艺人 IP 的开发就是一项需要明星、粉丝、平台和资本共同参与完成的工作，超越传统经纪代理的模式。从横向上看，艺人 IP 开发是在确认艺人 IP 关键内核后，将艺人的影视、品牌等资源重新进行布局和链接。例如，一位具有某项运动推广大使身份的艺人，参加一档该运动的综艺节目，并成为该节目赞助商的代言人，这样的模式就在传播效果和商业价值上形成 1＋1＋1＞3 的效果；从纵向上看，艺人 IP 的孵化也需要形成产业链，包括选拔和培养不同特色、个人能力优秀的全新艺人并孵化个人 IP，开发符合其自身特点的发展路线，提升其作为艺人的整体素质等内容。在一定程度上而言，横向更多针对的是传统歌手、演员等艺人在面临 IP 时代时所需要的转型，而以养成形式培养出的艺人则更属于纵向类型。当然，他们并非完全孤立、不可兼容的。例如，一位经过专业训练的艺人通过一档养成选拔节目成功吸引了大批粉丝，甚至“出圈”获得全民关注，那他就走到了产业链的中下游阶段，这时就需要考虑如何布局和规划其下一步发展以及各类资源如何取舍等问题，即纵向层面的问题。同样，目前，由于偶像选拔类节目的热播，原本计划走传统表演、唱歌路线的年轻艺人也可以参与其中，从偶像做起以获得更多粉丝的关注。

因此，艺人 IP 开发和艺人经纪属于不同维度、不同层面的概念，不能将其同等看待。

---

① 费格.市场营销——攻心为上[M].王国新，译.上海：上海人民出版社，1999：16.

② 朱丽丽.混杂式粉丝经济：网络 IP、明星与粉丝社群[J].媒介批评，2019(9)：49-63.

二、艺人 IP 的形成实质

(一)艺人 IP 产生的背景:"粉丝—明星—经纪"的权力变化

艺人 IP 的兴起和发展具有深刻的时代背景和技术背景。粉丝现象并非现在才有的产物,欧美贵族早期会通过供养文学家、艺术家的方式表达崇拜、欣赏之情;中国在封建时期也有戏曲演员被王公贵族、平民百姓追捧,以至于形成票友的现象。2005 年《超级女声》热播,为选秀明星投票的方式改变了以往"票友式"的明星崇拜,粉丝的参与和介入能够选拔出符合粉丝审美、喜好的明星。此后,随着网络技术的不断发展,从论坛到社交媒体的跨越,让每个个体都能在网络空间表达自己的喜好,也能在网络空间中找到志同道合的人。因此,一个个粉丝群体就此形成,并逐渐塑造出各具特色的圈层文化。

在粉丝不断追逐不同明星的同时,以日韩为主导的偶像生产产业也在不断促进准娱乐人才的国际流动,并成为我国偶像生产产业的学习对象。工业流水线般生产明星偶像的偶像产业发源于日本,此后在韩国获得迅猛发展,韩国经纪公司也会到中国来发掘年轻人并带回韩国接受职业化培训。此外,一些国内偶像经纪公司也会将一些有志于从事这一行业的年轻人送至韩国成为练习生接受严苛的培训,并需要突破层层关卡才可能回国出道。2018 年起,随着《偶像练习生》《创造 101》《青春有你》《创造营》等偶像养成选秀节目的热播,沉浸于偶像"养成"工业体系中的粉丝相比以往表现出更加明显的狂热与身份代入,一大批年轻的偶像艺人也获得关注,走向市场。

日韩的这种偶像培养模式也培养出了大批忠实的粉丝,其深谙这种偶像培养模式和选秀节目规则,熟悉艺人发展的流程,不仅是典型的"文本盗猎者"①,形成以创作为导向的文化形式,探索粉丝关心的问题,而且成为粉丝流量经济的积极参与者,还采用"同侪生产"的形式,通过制造数据等方式,让粉丝成为产业链条上的"劳工"。但这些自称"数据女工"的粉丝并非简单地对当前娱乐产业和流量产业持妥协、逆来顺受的态度,当对经纪公司、商业平台有所不满时,他们会明确提出诉求。在粉丝的逻辑中,他们为偶像花了钱,高度参与到偶像的商业价值积累和事业规划中,甚至当对经纪人不满意时,他们还能批评经纪人,赶其下台。这说明,传统的"粉丝—明星—经纪"的权力结构发生了变化,在艺人 IP 的塑造过程中,粉丝具有较大的话语权。有了粉丝支持的艺人有了更大自主权和议价权,这些都为艺人 IP 的开发和运作提供了可能,而这也导

---

① 詹金斯.文本盗猎者:电视粉丝与参与式文化[M].郑熙青,译.北京:北京大学出版社,2016.

致艺人 IP 从其产生和本源上就需要依靠粉丝的强力支持。

(二)艺人 IP 产业的本质:情感经济与礼物经济

对经营粉丝经济的企业而言,“粉丝经济以情绪资本为核心,以粉丝社区为营销手段增值情绪资本。粉丝经济以消费者为主角,由消费者主导营销手段,从消费者的情感出发,企业借力使力,达到为品牌与偶像增值情绪资本的目的”①。

情感成为粉丝经济的内核和驱动力。笔者曾对一些粉丝进行访谈,在他们看来,很多时候都想要放弃追星,但是一想到如果因为自己的退出影响到自己“爱豆”的发展,想到自己对偶像的感情,他们便又继续坚持。但是,粉丝们难道没有看出商业力量的影响吗?答案并非如此。事实上,粉丝消费者具有极强的主动性和能动性。在流量经济和激烈的市场竞争环境中,工业流水线生产出的偶像艺人本质是一种媒介商品,粉丝是在认清了流量经济的逻辑和市场规则后,才清醒地意识到,要让自家“爱豆”脱颖而出,就必须付出时间和金钱,也正因为如此他们才会抵抗经纪团队,批评商业平台。所以粉丝一面批评将艺人物化和商品化的过程,认为这种做法难以展现出他们对偶像的情感;另一面又积极地适应和利用规则,为偶像打榜做数据,将自己对偶像艺人的喜爱之情商品化,将情感转化为资本。因此,当讨论艺人 IP 的开发工作时,这种情感经济不可回避,甚至在一定程度上看,情感经济成为艺人 IP 开发的基础。除了要考虑资本和经济因素,艺人 IP 也一定是能为粉丝所接受和理解,并且愿意为之付出情感劳动,进行情感消费的。进一步说,从情感消费的视角出发,未来艺人 IP 的开发也不应当局限在打榜、刷数据,或者是一些被认为“割韭菜”的经济行为中。如何充分认识和了解情感经济,并且结合 IP 来进行开发,可谓任重道远。

礼物经济是“一个道德经济内的冗余性交易体系,它会使得社会关系的广泛再生产得以可能”②,和商品经济不一样,礼物经济并不一定以获取最大利润为目的。作为一种“道德经济”,交易双方因共同的生活方式而彼此信任,并履行各自承担的义务,从而认可和维系了社会关系。从礼物经济的视角来看,艺人 IP 主要有几种开发方向:一种是基于艺人粉丝的大量文化实践产品,诸如围绕艺人创作的小说、视频等,这类文化生产的初衷和目的并非盈利;一种是进行同侪分享、自我表达,获得圈层、群体内部的认可和尊重;还有一种是明星使用过的物品等,对非粉丝可能一文不值,但对粉丝却是无价之宝。随着粉丝文化的不断发展,礼物经济和市场经济之间也并非绝对隔绝。例如,一些粉丝写作的优秀经典的同人小说同样能够成为热门网络小说,并以此盈利;又如,一些企业或粉丝围绕艺人 IP 开发出周边产品,包括电

---

① 张嫱.粉丝力量大[M].北京:中国人民大学出版社,2010:97.

② CHEAL D.Gift economy[M].London:Routledge,1988:12-19.

子刊、帽子、文化衫等。这些都是将礼物经济与市场经济相结合的做法。只是,这些做法背后,同样还会存在版权纠纷、争议的可能。举个例子,一部同人小说的出版,不仅可能对原粉丝的情感造成伤害,同样也会涉及对原有小说版权的侵害。因此,如何做好两者之间的平衡成为未来可探讨的内容。

(三)艺人IP的核心:提供一种供解读的符号

约翰·菲斯克认为,粉丝在带有符号指征的文化产业中寻找到与自身所处现实社会情境、内心情感需求等贴合的特定文化产品,如偶像明星、体育活动等,并将普适性的符号转化为可在粉丝社群圈层内部传播的特殊文化符号,以此为核心形成具有界定性和区隔性的文本生产形式并同时完成内部高度参与的文化样态构建。① 因此,偶像明星在文化产业和偶像产业的逻辑中,是一种既能契合粉丝的情感需求,又符合其社会情境的一种符号。

事实上,粉丝对艺人的情感具有多个层次。一是对艺人具有崇拜、喜爱等情感,并将自己代入为女友、妈妈等身份。由新浪微博和艾漫数据发布的《2019明星白皮书》显示,超过50%的粉丝认为自己是老婆粉/女友粉,以及妈妈粉/姐姐粉。二是将自身对事业的追求寄托透射于明星身上,将自己的情感与明星事业发展、前途命运绑定,进而获得成就感。《2019明星白皮书》显示,和2018年相比,2019年事业粉的增幅最大,从27.1%增加到43.9%,增幅达16.8%。为偶像打榜应援成为粉丝的重要实践。三是会因为艺人参演的剧集,或因为艺人与其他明星的合作、互动,引发粉丝的想象。将艺人与其他明星配对,即"组CP",并通过修图、视频剪辑等方式将两人的互动放大,以强化两者间的暧昧关系。

从本质上来讲,无论属于哪一种类型,粉丝对艺人的建构都属于符号性建构。粉丝文化属于一种参与式文化,他们会对明星进行自己的阐释和解读。这种符号解读背后还有更复杂的深层机制——"粉丝文化是由迷恋和不满混合而成的——如果作品没有激起强烈的兴趣,就不会产生粉丝圈,但如果它们完全满足了粉丝的愿望,就不需要创作"②。在这样的文化机制下,艺人本质上所要提供的不再是作品或者是人格魅力,而是要提供被粉丝解读的文本。这也就解释了为什么一些艺人在选秀节目中,明明在唱歌、跳舞方面都表现不够出色,却能够获得更多人的关注、青睐和投票,打败表现更好的选手,其原因就在于这类艺人能够提供更多让粉丝解读的空间和文本。

---

① 费斯克.粉都的文化经济[M]//陶东风.粉丝文化读本.北京:北京大学出版社,2009:4.

② 陈璐.专访亨利·詹金斯:粉丝的权利与边界在哪?[EB/OL].(2020-03-20)[2022-05-03].https://mp.weixin.qq.com/s/jfXOxx39O8crBoY4HBGfwA.

三、艺人 IP 的形成路径

在上文中已经提到,艺人 IP 开发的思路主要有两种,一种是从横向层面,围绕艺人 IP 的定位,开展以艺人 IP 为核心的各类资源整合与开发;一种是从纵向层面,将艺人 IP 的发掘和开发工作有效嵌套和贯穿于偶像艺人生产环节。在此,笔者将系统梳理当前艺人 IP 开发在这两个维度中的主要做法。需要申明的是,由于艺人 IP 开发仍是处于不断发展和变化过程中,在此仅能抓主要矛盾,关注相对成功的案例和做法,以作初步分析。

(一)艺人 IP 的纵向开发

重视明星艺人商业价值的挖掘并非新鲜事物,20 世纪八九十年代,影视歌三栖主要是当时明星展现其价值的主要方式,登上杂志封面、海报等也是当时粉丝的追星方式。但由于时空、成本等的限制,仅有极少数粉丝可以长期追随,其难以做到长期忠诚。早期偶像是由星探挖掘并对其包装之后推出的;而随着"电视选秀"节目在 21 世纪以来的爆发,素人能通过节目设置吸引和积累人气,再由经纪公司签约并系统经营。如今随着社交媒体的兴起,粉丝群体不断形成网络自组织,并且其影响力不断提升,艺人的开发模式也发生了变化。"从原有的经纪公司运营逐渐转向互联网养成,视频平台造星产业链呈体系化、规模化发展。"①可以说,明星偶像是在粉丝的见证和参与下逐渐养成的。

《2019 明星白皮书》的数据显示,在 2019 下半年明星商业价值的排行榜中,易烊千玺登上榜首,他在上半年商业价值排行中也排名第 3;而同一组合的王俊凯在上半年商业价值排行中位列第 2,王源也在榜单前 10 位中。这说明 TFBOYS 作为养成系偶像的代表获得了商业上的成功。因此,从这一组合的养成和兴起出发,能总结出艺人 IP 纵向开发的流程。

TFBOYS 是由北京时代峻峰文化艺术发展有限公司于 2013 年 8 月 6 日正式推出的男子组合。彼时,14 岁的王俊凯、13 岁的王源和 13 岁的易烊千玺经过 5 年的筛选、训练和人气考核后组合出道。TFBOYS 所尝试的是日本杰尼斯事务所成功创造的偶像养成模式,即招收 10 岁至 14 岁的男孩,利用业余时间进行培训,发现潜质好的苗子,再培训几年后,打包成一个组合正式出道。因此,他们在诸多论坛和网站都贴出了对练习生的招募需求:"年龄 8—12 周岁的男生;外形阳光,身材匀称,身体协调能力

---

① 吴献举,杨燕玉.新媒体时代粉丝经济的模式变迁及影响研究:以国内偶像产业为例[J].广西科技师范学院学报,2019,34(6):32-36.

好；对声音、街舞等艺术感兴趣；有志向艺术或明星领域发展。”具体来讲，这种艺人IP的养成主要具有四大特点。

一是紧扣互联网流量经济特征，根据网络数据和用户反馈决定艺人IP的取舍与定位。经纪公司大浪淘沙般筛选偶像人才，选择标准主要是每位成员在网络上的受欢迎程度。公司会将所有成员的训练视频、艺术照和定妆照发布在微博、论坛、贴吧，供网友们浏览、讨论、下载，并有专人负责记录数据、收集评论意见，这些数据将成为哪些练习生能出道的重要依据。因此，当前练习生模式主要以团队形式出道，一个团队中能尽量包容和囊括不同类型艺人，以吸引更多粉丝对团队的关注。

二是紧扣“养成”模式，从IP孵化初期就注重与粉丝的互动。练习生上课、训练、休息、日常生活等都会被记录并发布到网上，并注重与粉丝在社交媒体上的互动。桑德沃斯认为，粉丝会对偶像产生单方面、想象的人际关系所带来的亲密感，进而粉丝对偶像的崇拜和维护成为由内生动力所驱使的、蕴含粉丝个体情感的自愿行为。[①] 养成模式，就是将互联网、社交媒体作为粉丝和偶像之间的媒介，粉丝通过这些媒介对偶像形成越来越强烈的亲密感和心理依赖感，进而就能成为最忠诚的粉丝。

三是注重制造网络事件和网络话题，强化粉丝互动性。对于粉丝而言，自己所追的明星偶像能否获得更多人的关注，会影响到自己的荣誉感和尊严感，成为是否继续追星的动力；对经纪公司而言，不断制造网络事件和网络话题，才能让艺人IP获得更多注意力，其价值才能不断被放大，才有可能实现“出圈”。例如，练习生王俊凯和王源的翻唱歌曲在微博上被原唱转发后，公司立刻做出回应，因此就能够在正式出道以前获得一定人气。

四是借助多渠道、多途径、多方式实现“出圈”，增强艺人IP的持续影响力。从一定程度上讲，艺人的出道就是艺人IP的正式确立，并要走向市场。从手段上讲，艺人会通过演出、参加节目、出演影视剧等方式增强知名度、提升影响力。而这其中，能够成为主流媒体的报道对象，或者参与到主流媒体制作的节目、晚会中，便成为艺人IP是否真的为大众所接受的一个参考。对粉丝而言，自己偶像登上一些国家级的表演舞台，也成为他们引以为傲的事情。因此，当艺人频繁走向大众媒体时，就意味着艺人IP的影响力不断增强。

(二)艺人IP的横向整合

当一位明星艺人形成IP后，其价值和影响力的扩充需要在纵向层面进行深度挖掘，尤其是商业价值的凸显更依赖于IP的变现能力。艺人所处的影视行业和娱乐行业属于高度的注意力经济产业。明星艺人在籍籍无名时没有太多关注，但一朝成名，

① 胡岑岑.网络社区、狂热消费与免费劳动：近期粉丝文化研究的趋势[J].中国青年研究，2018(6)：5-12.

便有影视、演出、代言、商务、时尚等一系列资源向其聚集。而明星的 IP 价值也在不同活动叠加累积所形成的规模效应中,不断得到凸显。

从一定程度上来讲,艺人 IP 的横向整合就是要让艺人的 IP 影响力突破原有的范围和领域,也就是业界俗称的“破圈”。随着社交媒体的发展,各大平台、机构纷纷推出各类与艺人相关的榜单,且不论其存在的合理性、科学性、合法性,这些榜单在一定程度上会成为丈量明星商业价值的标尺。正因如此,产生了一种榜单式 IP。这种形式尤为获得粉丝们的热捧,粉丝为此还专门成立了各类数据组、打榜团队,来专门定时、定量完成数据打榜任务,就是为了让“爱豆”能够登上榜单。伴随社交媒体时代的到来,明星艺人的影响力、号召力被外化为数据量,但对广告商、品牌方而言,明星艺人的数据仅仅是其中一部分参考,尤其是面对一些“注水”数据,随着网络打投“黑箱”逐渐被揭露,品牌方对网络数据也更为理性。特别是当一些粉丝的购买能力不强时,就产生了新媒体影响力与购买变现能力不相对应的情况。这也是目前粉丝疯狂为“爱豆”代言的快消产品买单的重要原因。

近年来,不同明星艺人试图探索不同的发展路径,很多歌手、爱豆也尝试向演员方向转型发展,但并非每一位都能转型成功。这是 IP 在横向发展中会遇到的常见的、不可避免的,同时也是很难去克服的问题。在一定程度上讲,IP 的横向开发意味着艺人需要将其触角伸至更多领域,但这也要求艺人在相应领域具备承受和应对能力。以目前明星艺人的整体专业水平、综合水平来看,还难以达到这样的要求。满足这样的发展需求,客观上也说明了当前艺人市场和艺人 IP 开发专业领域的不足。

四、艺人 IP 的未来探索

艺人运营和艺人 IP 开发是一件高度市场化和商业化的工作,但同时由于明星艺人所具备的影响力,以及文化事业与文化产业的特殊属性,都使得艺人 IP 的开发首先将意识形态属性作为重要基础。因此,艺人 IP 的开发和其他类型 IP 相比,未来的探索道路更需要做到公共性与商业性“两条腿”同时走路。在此,我们仅提出艺人 IP 在未来探索过程中,需要注重的几大点。

首先,艺人需要加强自身能力的建设。艺人 IP 开发的核心还是艺人,艺人能够在纵向和横向上具有多大的 IP 开发空间,具备多大的 IP 开发潜力,与艺人自身的实力和能量密不可分。在一定程度上来讲,IP 开发的方式在面对艺人时仅仅是技术、技巧或者手段。如果艺人自身与经纪团队的配合意愿不强,或者其能力难以和 IP 开发相匹配,那么艺人的 IP 开发就很难正式运作,更难以谈及成功。因此,伴随着艺人 IP 开发的不断扩展和深化,对艺人的要求就越来越高。这种要求既表现在专业领域方面,要求艺人在各类表演形式上的专业呈现;也表现在综合素质方面,艺人能够应对各类台前幕后的状况，并能清晰找准自身的发展定位与属性。

其次，艺人 IP 需要有更为精准的考量标准与精细化的定位。当前，在剧集 IP 开发、综艺 IP 开发不断数据化、精细化时，艺人 IP 开发还稍显粗放，甚至一些相关从业人员都还没有将艺人作为 IP 开发的意识。将艺人作为 IP 就是将艺人的媒介形象、艺人的公开活动，甚至艺人自身的特质作为商品进行开发，那么就需要更为清晰地理解和知晓艺人的目标群体的特质、属性，对粉丝群体有精准画像，对艺人自身也有清晰的自身定位与画像，这样才能更有针对性地进行产品的开发。但是，把握清楚粉丝群体的画像并不意味着艺人的经纪团队要采用“媚粉”等方式，而是在对市场有精准理解和把握后，展开更加积极主动的策略性传播。当然，由于粉丝刷量、水军刷榜等情况长期存在，导致艺人 IP 的评价体系难以客观、有效地完成，一些经纪团队也并未具备数据意识和 IP 开发的意识，最终难以谈到 IP 开发。

再次，艺人 IP 的开发应当具备系统性与可持续性。IP 开发、形象和属性定位的稳固是需要消耗一定时间积累的。但目前艺人经纪团队的频繁更换、赚快钱的想法等都让艺人 IP 开发工作难以长久有效地开展，且在当前相对浮躁的媒体环境和娱乐环境中长期存在，这让艺人 IP 开发的市场逻辑和市场形态处于粗放、失序的状态，难以形成一个健康有序的市场环境，最终就影响了艺人 IP 的开发与发展。因此，从长期来看，艺人 IP 的市场环境需要得到保障，才能保证艺人 IP 的开发是持续性的。

最后，同时也是开发中最根本的一点，艺人 IP 的开发需要注重商业性与公共性的平衡。在 IP 开发过程中，纪经团队不仅需要把握法律的红线，还需要把握有关政策和纪律的红线。艺人 IP 的媒体影响力乃至社会影响力巨大，一旦出现负面舆情事件，势必带来巨大的负面影响，这对艺人 IP 开发就是致命的伤害。

因此，艺人 IP 的开发从粗放走向精细是必然趋势，但真正走完这一过程，还需要时间和市场的迭代升级。

（撰稿：樊攀）

第六节　从盲盒经济看 IP 开发运营

——以泡泡玛特为例

潮流玩具最早出现于日本，随后迅速传播至欧美等地，受到众人追捧。作为潮流玩具的一种销售形式，盲盒最早出现于日本。当时的 Dreams 公司将“Sonny Angel”玩偶的 Mini Figure（迷你手办）装进纸盒中，并以此形式销售，盲盒自此开始流行。

盲盒的具体形式为同一系列中的不同潮流玩具被装入相同纸盒，在不给予过多信息的前提下，由买家根据自己的判断进行选购。其外部纸盒以系列划分，同一系列纸盒造型相同,且不在外包装上透露过多信息;而纸盒内的潮流玩具则是设计师根据个人理念进行艺术创作的作品,其中既包括设计师原创作品,也包括已有虚拟 IP 的衍生产品。伴随着国内盲盒销售模式和盲盒经济的崛起,潮流玩具实现了从小众到大众的过渡过程①。

近年来,潮流玩具逐步走入大众视野,聚焦于虚拟 IP 开发的潮玩企业也迎来了快速发展,其中专注盲盒经济的泡泡玛特更是以近年来耀眼的市场表现成为潮玩领域的头部企业。通过对泡泡玛特虚拟 IP 设计与产销形势的研究,我们可以更好地理解盲盒经济中虚拟 IP 的开发模式。

一、潮流玩具与盲盒

(一)潮流玩具

潮流玩具也叫艺术家玩具,大多是由艺术家、设计师、雕塑师等设计创作的,风格各异,取材也多种多样,受众主要是成年人。区别于背靠成熟影视作品或动漫作品的手办(例如火影忍者手办),早期的潮流玩具往往没有完整的故事背景,更多以个性化的外观特征吸引大众,视觉效果取决于艺术家的创作理念与个人风格,具有鲜明的个人特点。

潮流玩具发展史不长,早期大致可以分为三个阶段:在日本起源、于中国香港成功商业化、在欧美走向流行②。在这期间,先后有日本的奈良美智、中国香港的 Michael Lau、美国的 Brian Donnelly(又名 KWAS)等艺术家走入大众视野,失眠夜娃娃(Sleepless Night Sitting)、KWAS、The Monsters 等知名潮流玩具也受到广大潮玩爱好者的追捧。此后,潮流玩具开始走向全球。

随着我国对外开放政策的实施和社会经济的快速发展,潮流玩具的浪潮也快速影响到中国大陆地区。一方面,大陆潮流玩具设计师与潮玩企业不断涌现,增强了大陆潮玩市场的原创力量;另一方面,潮流玩具的消费者越来越多,潮流玩具市场日益成熟。其中,泡泡玛特凭借 Molly、Pucky、Labubu 等 IP 矩阵优势和盲盒的销售形式快速崛起,成为行业中的佼佼者。也正是在这段时期,潮流玩具由小众走向流行,越来越多的影视、动漫大 IP 开始与之"携手同行"。目前,潮流玩具已形成相对完整的产业链,一个潜力巨大的消费市场正快速发展。

---

① 卢玉环.亚文化视角下"盲盒热"的消费心理与投资心理研究[J].商场现代化,2020(8):17-18.

② 陈伟生.中国艺术玩具产业发展策略分析:以国内某知名潮流百货零售品牌 PM 为例[J].改革与开放,2020(10):14-18.

(二)盲盒的兴起

1.盲盒发展历程

盲盒是随时代发展而诞生的一种潮流玩具销售形式,其一定程度上参考了曾经风靡日本的福袋、扭蛋以及国内小当家方便面等品牌的“集卡式营销”。[①] 资料显示,盲盒最早出现于日本。当时的 Dreams 公司在推出“Sonny Angel”玩偶并获得成功后,第二年就创造性地将玩偶设计为 Mini Figure(迷你手办),并将其装进盒子中,以盲盒的形式进行销售。[②] 自此,盲盒这种销售形式开始走向流行。

盲盒进入国内的时间则相对较晚。21 世纪后,潮流玩具逐步进入国人视野并开始流行,这也为盲盒在国内的发展提前培育了潜在消费群体。2016 年,中国香港知名新生代插画师王信明(Kenny Wong)独家授权泡泡玛特在中国大陆地区开发和销售以 Molly 为形象的艺术玩具系列。尽管当时 Molly 的影响力尚不强大,但泡泡玛特依然紧扣 IP 挖掘开发与运作这一核心业务,2016 年联合王信明(Kenny Wong)推出了 Molly 第一代星座系列盲盒,上线 4 秒钟 200 套预售就被抢购一空。自此,盲盒开始成为中国潮玩市场备受追捧的销售形式,盲盒经济也在大陆地区迅速崛起。图 2-3 为 2019 年 STS(上海国际潮流玩具展)。

图 2-3　2019 年 STS(上海国际潮流玩具展)[③]

---

① 苏沐晖.盲盒遇上 IP 消费:双向赋能或引爆千亿市场[J].新产经,2019(10):66-69.

② 卢玉环.亚文化视角下“盲盒热”的消费心理与投资心理研究[J].商场现代化,2020(8):17-18.

③ 潮流玩具简史[EB/OL].(2020-07-02)[2022-05-03]. https://zhuanlan.zhihu.com/p/1532917 15? utm_source=wechat_session&utm_medium=social&utm_oi=12566498193908 53120& utm_content=sec&s_s_i = 6HzqAEoZ2DKcc% 2F% 2BgGxeDHPb2DuQS5AIeLVuBGLzE4 YA% 3D&s _ r = 0&from = groupmessage&isappinstalled=0&wechat Share=1.

2.盲盒经济现状

随着盲盒经济的快速发展,泡泡玛特、IP 小站等专注于盲盒的公司迅速崛起,并成为该行业的重要力量。与此同时,传统玩具行业的迪士尼,非玩具行业的芒果 TV、小米等也纷纷融入这场潮流之中。天猫 2019 年发布的《95 后玩家剁手力榜单》显示,潮玩手办已成为 95 后消费榜单中排名第一的商品。在 2019 年淘宝商城(天猫)双十一购物狂欢节上,泡泡玛特天猫旗舰店销售额一举突破 8,200 万元,成为天猫玩具类销售冠军。同时,每年有近 20 万消费者在天猫上花费 2 万余元收集盲盒①。可以说,盲盒已然引爆了整个市场。

根据泡泡玛特向港交所递交的招股书,截至 2019 年年底,泡泡玛特拥有 114 家直营零售店、825 家机器人商店以及其他批发和线上渠道,覆盖了中国 57 个城市,并入驻韩国、日本、新加坡及美国等 21 个海外国家及地区。另外,截至 2019 年 12 月 31 日,泡泡玛特共拥有 320 万名注册会员。2019 年泡泡玛特注册会员的整体复购率达 58%②。此外,泡泡玛特还开发出潮流玩具社交平台——葩趣,将其打造为潮玩聚集地。泡泡玛特官网介绍,目前该平台已覆盖了约 540 个潮玩品牌,并吸引许多潮玩设计师入驻开栏。③

泡泡玛特在 IP 占有和开发方面的表现亦十分突出。目前,泡泡玛特共运营 85 个 IP,包括 12 个自有 IP、22 个独家 IP 及 51 个非独家 IP。其中自有 IP 主要包括 Molly、Dimoo、Bobo&Coco 等。2019 年,泡泡玛特基于自有 IP 的自主开发产品的所得收益为 6.27 亿元。

掌握较为完备的 IP 矩阵和营销体系后,泡泡玛特的营收也迅速增长。招股书显示,2019 年,泡泡玛特营收为 16.83 亿元,较前一年增长 227.2%。而泡泡玛特当年的净利润为 4.51 亿元,也实现了高速增长。目前,泡泡玛特已然发展为一家集 IP 开发运营、艺术家发掘、潮玩销售推广于一体的综合性平台。④

二、盲盒经济中 IP 的开发与运营

据泡泡玛特的招股书,IP 是其业务的核心元素。截至 2019 年,借助艺术家、IP 提供商和公司内部设计团队的力量,泡泡玛特逐步集纳了 85 个 IP。在此基础上,加之 IP 运营、消费者触达以及潮流玩具文化推广三个环节,泡泡玛特形成了 IP 开发与运

① 苏沐晖.盲盒遇上 IP 消费:双向赋能或引爆千亿市场[J].新产经,2019(10):66-69。

② 泡泡玛特招股书[EB/OL].(2020-06-02) [2022-05-06] https://www.doc88.com/p-28739706382495.html.

③ 泡泡玛特品牌介绍[EB/OL].(2020-06-02)[2022-05-06].https://www.popmart.com/home/about.

④ 泡泡玛特招股书[EB/OL].(2020-06-02) [2022-05-06]. https://www.doc88.com/p-287397 06382495.html.

营的完整产业链。[1]（如图 2-4）

图 2-4　泡泡玛特完整产业链

(一)盲盒中 IP 的来源与开发

据泡泡玛特招股书介绍，该公司已同国内外多个一线潮流玩具品牌签约，相应地也成了这些一线潮流玩具品牌在全球范围内的独家生产与经销商。目前，泡泡玛特运营的 85 个 IP 包括自有 IP、独家 IP 以及非独家 IP，三类 IP 分别有着不同的来源与开发模式。[2]

1.泡泡玛特持有的 IP 类型

(1)自有 IP

据了解，Molly 是泡泡玛特最早获得的自有 IP。2016 年，泡泡玛特同中国香港的设计师 Kenny 建立合作，将其创作的 IP——Molly 签入旗下，成为公司的第一个签约 IP。

目前，泡泡玛特公司的自有 IP 主要包括以 Molly、Dimoo 为代表的收购 IP 和以 Yuki、Bobo&Coco 为代表的内部设计团队开发的 IP，共 12 个。针对这部分 IP，公司

①② 泡泡玛特招股书[EB/OL].(2020-06-02)［2022-05-06］. https://www.doc88.com/p-287397 06382495.html.

通过与艺术家达成协议,享有该类 IP 的完全知识产权,可以享有其开发、销售以及授权他人使用等权利。根据泡泡玛特的招股书,该公司基于自有 IP 自主开发的产品所得收益,在 2019 年的自主开发产品所得总收益中占 45.3%。[①]

(2)独家 IP

除享有完全知识产权的自有 IP 外,泡泡玛特公司还开拓了与艺术家合作的另一种方式,即与选定艺术家签订授权协议。这类艺术家向泡泡玛特公司提供在指定区域开发和销售这类 IP 的潮流玩具产品的独家权利。此外,泡泡玛特还享有对大多数独家 IP 在指定地区再授权,从而获得变现的机会。

目前,泡泡玛特公司共拥有 22 个独家 IP,其中主要包括 Pucky、The Monsters 和 Satyr Rory。根据泡泡玛特的招股书,该公司基于独家 IP 自主开发的产品所得收益,在 2019 年的自主开发产品所得总收益中占43.2%,占比增长速度较快。

(3)非独家 IP

除与艺术家合作和公司内部设计团队开发两种途径之外,泡泡玛特还积极寻求与市场上知名的 IP 提供商合作,与其形成稳定的授权关系,对知名 IP 进行开发创作。

例如,目前泡泡玛特与迪士尼、环球影业等知名公司达成了合作关系,获得了在中国和其他指定地区,基于米老鼠、哈利·波特、Despicable Me 以及 Hello Kitty 等市场欢迎度极高的 IP,开发和销售潮流玩具产品的权利。

目前泡泡玛特共拥有 51 个非独家 IP,根据泡泡玛特的招股书,该公司基于非独家 IP 自主开发的产品所得收益,占自主开发产品所得总收益的 11.5%。

(4)小结

综上,泡泡玛特现有的 IP 主要源于合作艺术家、成熟的 IP 提供商以及公司内部的设计团队。

泡泡玛特公司资料显示,该公司的合作艺术家是其 IP 的主要创作者,目前共有 350 名艺术家与公司有密切联系。其中 25 名艺术家通过授权或合作的方式,长期为泡泡玛特公司提供优质 IP。与此同时,公司仍在继续挖掘有合作价值与意向的艺术家,为公司进一步发展提供动力。

资料显示,泡泡玛特公司还将选择适合潮流玩具的 IP,与 IP 提供商签订非独家授权协议。目前,该公司已与成熟的 IP 提供商签订了 11 份协议。

此外,泡泡玛特公司还拥有一支由 91 名设计师组成的内部创意设计团队。一方面,这支团队将与艺术家和 IP 提供商合作,共同创作新 IP;另一方面,这支团队也参与自有 IP 创作。目前,泡泡玛特内部创意设计团队已成功打造 9 个自有 IP。

2.泡泡玛特的 IP 开发

作为一家一体化平台,在拥有数量可观的 IP 后,泡泡玛特会对其进行再创作,开

---

① 泡泡玛特招股书[EB/OL].(2020-06-02)[2022-05-06]. https://www.doc88.com/p-287397 06382495.html.

发系列有趣的潮流玩具产品,从而实现其商业价值。以运营 IP 为分类基准,该公司的 IP 设计与开发模式可大致分为两类。

(1)自有 IP 和独家 IP 开发设计

就自有 IP 和独家 IP 而言,其开发潮流玩具产品的流程大致如下。首先,合作艺术家提供二维草图,公司内部创意设计团队根据所掌握的市场信息进行分析与反馈;其次,内部创意设计团队与艺术家合作,从商业和技术角度对作品进行再创作;最后,公司内部工业设计团队对作品再次进行加工,此后便可以实现量产与发布。

(2)非独家 IP 开发设计

区别于其他两种 IP 的开发模式,这类 IP 本身具有较高的市场认知度和欢迎度,因此在开发与设计过程中,泡泡玛特的创意设计团队与工业设计团队会将其进行“本土化设计”,即将公司的设计理念与风格融入其中,以迎合泡泡玛特产品的粉丝群体。

综合来看,针对自家持有的各类 IP,泡泡玛特已经形成了各具特色的开发设计方式,实现了 IP 从虚拟概念到具像化潮流玩具的转变。这为后期的包装与营销提供了丰富而稳定的内容输出。

(二)盲盒产品的包装与销售

根据泡泡玛特的公开资料,该公司已经建立了一个涵盖整个 IP 运营价值链的一体化平台,依托优秀的产品设计及开发能力,不断提高持有 IP 的商业价值及 IP 的品牌知名度和变现能力。

1.盲盒产品的包装形式

根据前文梳理,盲盒产品发源于日本,一定程度上参考了福袋或扭蛋的销售模式。2016 年,泡泡玛特在中国大陆地区推出了 Molly 第一代星座系列盲盒,获得了极大成功。

目前泡泡玛特依托持有 IP 所开发的潮流玩具产品主要包括盲盒、手办、BJD 及其他衍生品。其中盲盒系列是其最为成功的产品之一,并已形成了相对稳定的包装规律。

综合目前泡泡玛特的销售规律,该公司每年会基于持有 IP 及市场反馈开发众多系列的盲盒产品,通常维持在 1 至 7 个系列。各系列在主题、设计风格上有所区别,同系列内的产品数量多为 12 个,包含 11 个常见的款式和 1 个“隐藏款”。

盲盒本身具有不可预见性,即消费者在进行购买时可以选择喜欢的 IP 系列,但无法精准选择系列中的某一个款式,这也提升了购买的趣味性。与此同时,同一系列中的“隐藏款”往往经过特殊设计,出现率比普通款低,不少消费者会为收藏一个完整的系列或钟情“隐藏款”而多次购买,无形间也提高了盲盒产品的趣味性和复购率。

由此可见,盲盒的形式以IP本身的吸引力作为基础,通过新颖的包装方式增加购买的不可预见性和趣味性,让公司充分从IP中开发出商业价值,实现IP的经济增值。

2.盲盒产品的销售方式

作为新型的文化产品,盲盒产品的成功离不开成功的宣传与营销。通过梳理不难发现,近年来,通过潮玩社区、潮玩展会以及IP授权和跨界合作等形式,泡泡玛特不断推广潮流玩具文化,其IP及盲盒产品的品牌知名度得以大幅度提升。

同时,泡泡玛特通过多年实践,逐步将销售渠道拓展,开辟了以线下直营门店、机器人商店等为代表的线下销售渠道和以网购平台、微信小程序等为代表的线上销售模式,迅速开拓了市场。

(1)盲盒产品的推广

通过多年实践,泡泡玛特在以盲盒为代表的潮玩产品推广方面形成了一些经验。其中,葩趣App、潮玩展会、跨界合作等方式在潮玩圈内产生了较大影响,一定程度上推广和宣传了潮玩文化,实现了破圈传播。

◇ 潮流玩具社交平台——葩趣。据泡泡玛特官方网站,葩趣是一款由泡泡玛特自主开发的潮流玩具社交平台。在此平台上,潮玩爱好者可以结交同好、了解或发布相关资讯、开展潮玩交易,甚至还可以和入驻的潮玩设计师交流。目前,该平台已经集纳了近540个潮玩品牌,形成了潮玩爱好者自有的聚集地。

◇ 国际潮流玩具展。据泡泡玛特工作人员介绍,自2017年起,泡泡玛特分别在上海和北京举办国际潮流玩具展,每届展会可吸引10万余名观众。展会是包括泡泡玛特自身在内的潮玩设计和生产者的展示平台,也是消费者购入潮玩、了解潮玩文化的聚会,更是国外潮玩品牌、关注中国市场的窗口。

客观而言,潮流玩具展为泡泡玛特"引荐"了不少优秀潮玩设计师和潮玩陈品,也让潮玩产品和潮玩文化为更多人所熟知、所喜爱,提升了潮玩的影响力。

◇ IP授权和跨界合作

近年来,随着以盲盒为代表的潮玩产品逐渐走入大众视野,并受到市场与消费者的喜爱,越来越多的知名IP开始向泡泡玛特等头部潮玩公司授权,联名开发盲盒等潮玩产品。目前,泡泡玛特与迪士尼、环球影业、漫威等全球知名IP达成合作,推出了系列盲盒产品。借助此类大IP的影响力和粉丝群体,泡泡玛特成功出圈,进一步拓宽受众群体,实现了与合作方的"双赢"局面。

除了与大IP合作,泡泡玛特还不断在跨界合作上实现突破。例如,2020年8月,泡泡玛特与美妆品牌YSL合作,推出Space Molly周年限定礼盒,并独家设计了追梦时光限定Molly公仔。该产品于2020年8月17日在泡泡玛特天猫旗舰店发售,3分钟便销售一空。[①] 无论是商业品牌、博物馆或者知名媒体，泡泡玛特都通过一次次跨界合作打破圈层，将粉丝群体不断推展，实现了自运营 IP 和他人 IP 双向赋能的良好效果。

(2)盲盒产品的销售

目前，泡泡玛特开辟了线下直营门店、机器人商店等线下销售渠道和网购平台、微信小程序等线上销售模式，其中以零售店和线上渠道为主要销售路径。

泡泡玛特招股书显示，截至 2019 年 12 月 31 日，其线下直营门店已经突破了 114 家，拥有超过 825 家机器人商店，深度覆盖了全国 57 个城市。其中，西安、北京、苏州、成都等城市还设有以城市特色为主题的体验店。

2019 年，该公司的主要销售途径分别为：零售店、线上渠道、机器人商店、批发（含经销商和批量采购）和展会。其中，零售店收益占 43.9％，线上渠道收益占 32％，机器人商店收益占 14.8％，批发收益占 6.6％，展会收益占 2.7％[②]。此外，泡泡玛特也开拓了部分海外市场，根据其官网资料，公司已入驻韩国、日本、新加坡及美国等 21 个海外国家及地区，并有望进入欧洲市场[③]。

在用户方面，据泡泡玛特的工作人员介绍，截至 2019 年 12 月 31 日，泡泡玛特的微信会员注册数量大约为 320 万人，其中 58％的人会有复购行为，而产品的消费者则以 18 岁至 35 岁的用户群体为主。

三、盲盒经济中的虚拟 IP 发展前瞻

自 2010 年公司成立以来，泡泡玛特在潮流玩具与潮流文化领域深耕十几年，目前已成长为相关领域及市场中较有影响力的一股力量。泡泡玛特所发扬光大的“盲盒模式”也在某种程度上成了其代名词，深受广大消费者，特别是年轻消费者的追捧。然而近年来，对于泡泡玛特和盲盒销售模式的质疑之声从未断绝，“精神赌博”“泡沫”等负面评价引发了人们的思考。

目前，泡泡玛特公司已掌握了数量可观的艺术家与虚拟 IP，并在国内外培育了较大的市场体量。未来，公司应继续利用 IP 资源优势，深度挖掘 IP 潜力，巩固现有优势。同时泡泡玛特也将参考迪士尼、环球影业等全球领军企业经验，延伸 IP 开发模式，减少对盲盒在内的现有变现模式的依赖，形成稳健而全面的发展模式。

---

① 跨界联名不断 泡泡玛特 IP 商业价值不断凸显[EB/OL]，(2020-08-18) [2022-05-07]. https://baijiahao.baidu.com/s? id=1675347323749181073&wfr=spider&for=pc.

② 泡泡玛特招股书[EB/OL].(2020-06-02) [2022-05-06]. https://www.doc88.com/p-287397 06382495.html

③ 泡泡玛特品牌介绍[EB/OL].(2020-01-06)[2022-05-06].https://www.popmart.com/home/about.

(一)强化虚拟IP开发力度,巩固核心竞争力

毋庸置疑,盲盒是虚拟IP产品转化的一种成功实践,目前在国内大受欢迎,甚至引发了“万物皆可盲盒”的讨论。然而盲盒毕竟只是一种包装和营销模式,其内核仍然是产品所依托的虚拟IP。泡泡玛特的成功,亦离不开其所掌握运营的85个IP。

纵观当前泡泡玛特IP的运营情况,不难发现,尽管该公司已在IP的开发运营上取得一定成功,但对于核心设计师与核心IP的依赖程度较高。例如其头部IP Molly的相关产品在2019年售出4.5亿余元,占全部IP产品的27.1%。尽管这一比例较往年已有所下降,但仍占据绝对优势。因此,就目前而言,该公司仍可以做强现有IP,挖掘优秀的设计师和新IP,强化公司的核心竞争力。详细而言,可从以下两点发力。

1.发掘培育新的、优秀的设计师团队

目前,泡泡玛特与350余名艺术家有密切联系。其中,25名艺术家通过授权或合作的方式,长期为泡泡玛特公司提供优质IP。此外,泡泡玛特还拥有一支由91名设计师组成的内部创意设计团队,成功开发出以Yuki、Bobo&Coco为代表的9个自有IP,这些IP在市场上已有不错的表现,也凸显出公司内部团队的实力与潜力。

为巩固核心实力、提高市场竞争力,公司应当做好人才升级,在内扩充队伍,提升实力,丰盈自有IP储备,有效增强公司的话语权和主动性;在外“招兵买马”,广招人才,大力吸引更多、更优秀的设计师为己所用,与内部设计团队形成良好互动,输出更多优秀的IP和潮玩产品。

2.扩充IP种类,触达更多用户群体

潮流玩具进入大陆消费者视野时间尚短,泡泡玛特销售盲盒产品的时间也不足10年。在这个由小众走向大众的过程中,潮流玩具的消费者群体依然相对固化。

近年来,泡泡玛特在原有的85个IP的基础上,新拓展了“钢铁潮玩”“国潮潮玩”等系列,将产品风格延伸进新的垂直领域,一定程度上改变了“女孩才买泡泡玛特”的刻板印象,不失为成功的实践经验。未来,公司可针对不同文化圈层和性别群体,在“男生向”“本土化”和年长人群中继续探索、“查漏补缺”,让泡泡玛特触达更多用户群体。

(二)创新运营模式,形成虚拟IP开发矩阵

以持有IP为核心竞争力,以盲盒为销售之道,泡泡玛特已经探索出一条独具特色的虚拟IP开发之路。然而相较于迪士尼、环球影业等“传统大户”,泡泡玛特的开发路径仍相对局限。

不同于以往通过故事来塑造的IP(如迪士尼的公主系列、漫威的超级英雄系列),

泡泡玛特为代表的潮玩企业所运营的 IP 多数没有故事背景，仅依靠静态的外在形象打动用户，由用户自己对产品赋予感情。然而，这种特性让相关 IP 目前的开发仅停留于玩具产品层面，未能形成影视作品等深层次作品，其生命力和未来发展空间也受到一定质疑。

以泡泡玛特为代表的潮玩公司可以借鉴迪士尼等传统大企业的经验，在保持现有潮玩产品优势的前提下，进一步延长 IP 开发链条，扩充 IP 产品矩阵，尝试在电影、电视甚至主题公园等方面进行布局，为公司持有 IP 注入更丰富的内涵与活力。同时，结合当前市场特征和用户需求，开发具有自身特色的产品形式，确保企业与 IP 的竞争力和生命力。

(三)稳定产品质量，巩固并拓展消费群体

近年来，泡泡玛特完善了“线上＋线下”的销售模式，有效提升了产品销量，拓宽了消费群体，但客观而言，其仍有较大的发展空间，潜在消费者也有待进一步挖掘。

与此同时，由于盲盒模式门槛相对较低，盈利甚高，潮玩市场一度陷入良莠不齐的困境，盲盒产品的质量、营销模式也引发了一些质疑。针对这些情况，相关潮玩企业可以在稳定产品质量、共同维护良好市场氛围的基础上，进一步挖掘潜在的销售渠道和消费者。

1.加强版权保护，助力营造良好市场氛围

近年来，随着“盲盒”的大热，“万物皆可盲盒”的逻辑受到一些市场主体的追捧。但“成也萧何、败也萧何”。短时间内，这个门槛较低、起步稍晚却收益较高的营销方式为一些市场主体所利用，屡屡有“抄袭”“质量不合格”“过度营销”等“爆雷事件”发生，有关部门也开始介入。这些都给头部的、专业的潮玩企业带来不小影响。

由此可见，潮玩市场虽未来可期，但仍有待相应的市场规范出台。作为从业者，泡泡玛特可以利用法律等武器，保护自身知识产权，形成良性竞争的市场氛围；同时严抓质量关，杜绝过度营销，助力潮玩市场稳步发展。

2.全方位拓展销售渠道，提高消费者触达率

目前，泡泡玛特开辟了线下直营门店、机器人商店等线下销售渠道和网购平台、微信小程序等线上销售模式，其中以线上渠道为主要销售路径。此外，泡泡玛特潮玩产品的消费群体正逐步扩大。

从市场环境来看，2020 年受疫情影响，不少企业都将销售渠转移至线上，网络消费进一步拓展和普及。潮玩产品和潮玩文化本身具有社交属性，且相较于服饰等对线下体验需求较强的其他产品，对于互联网销售的适应能力更强。

2019 年，泡泡玛特的线上渠道收益占总体收益的 32％。结合目前的销售情况，泡

泡玛特已在多个渠道,特别是互联网渠道探索出销售经验,未来可以继续抓住互联网销售渠道的优势和机遇,利用网络的通达性推广产品;同时还可依托新型技术与社交方式,将销售渠道融入更多链条中,让潮玩产品触达更多的消费者。

四、结语

潮流玩具起源于国外,本属于小众喜爱的亚文化。近年来,凭借盲盒的销售形势,潮流玩具从小众走向大众,迎来了黄金发展期。而以泡泡玛特为首的企业,以广纳IP为根本,孵化运作IP为方式,凭借盲盒等开发形式,打通多重销售渠道,最终让一个个“小玩具”成长为“大产业”。

未来,以泡泡玛特为代表的潮流文化公司应继续把握好IP这一核心竞争力,提升开发能力,拓展开发途径,形成更为完整的虚拟IP开发矩阵和更为稳健的多元发展模式,实现公司的长远发展和市场的有序进步。

(撰稿人:田晨旭)

第三章

交流·全球视野下的IP开发

第一节　从神话人物动画电影看传统文化 IP 的叙事创新路径

——以《哪吒之魔童降世》为例

2019 年夏天,取材自传统神话故事的电影《哪吒之魔童降世》一经上映便好评如潮。这部历时 5 年筹备、3 年制作的动画电影,上映 1 小时 29 分便票房破亿。[①] 据报道,票房补录后,《哪吒之魔童降世》票房终破 50 亿,位列中国影史票房榜第二名,该片也是票房最高的中国动画[②]。目前,影片在豆瓣电影评分 8.5 分,好于 87%的动画片,好于 96%的喜剧片[③]。

这部被称为"国漫之光"的影片,不仅给国产动画注入了一针强心剂,也让具有 IP 开发属性的传统文化受到了启发与重视。在泛 IP 时代,瑰丽的中国传统文化可谓 IP 产业开发的宝藏。不同于以往对于神话故事的影视化,《哪吒之魔童降世》的成功在于:它在原有故事的基础上进行了创新甚至颠覆性改编。从形象、故事到价值观,《哪吒之魔童降世》从外到内对传统神话故事进行了革新。正因如此,《哪吒之魔童降世》给传统文化题材的 IP 项目开发提供了借鉴与启示。本文选取了以哪吒故事改编的三部动画电影《哪吒之魔童降世》《大闹天宫》和《哪吒闹海》为案例,以《哪吒之魔童降世》为重点,从角色塑造、故事情节和主题思想三方面探讨以神话故事为题材的传统文化 IP 叙事的创新路径。

一、传统文化 IP 电影叙事创新的基础

中国作为世界四大文明古国之一,孕育了世界上最伟大的文明。中华文化博大精深,延绵至今。神话作为中国文化的一部分,通过口耳相传或书面文字记载等形式流传在寓言、小说、宗教、舞蹈、戏曲中,是中华文化与历史的瑰宝。在泛 IP 时代,以神话故事为代表的中国传统文化正成为 IP 产业开发的蓝海。

(一)想象空间大

神话故事是一种民间文学,是远古时代人民的集体口头创作,包括神鬼的故事和

---

① 毛翊君.《哪吒之魔童降世》:爆款国漫诞生记[J].中国新闻周刊,2019(28):58-63。

② 《哪吒之魔童降世》票房补录后终破 50 亿 位列中国影史票房榜第二[EB/OL].(2019-12-28) [2020-08-22].http://news.mtime.com/2019/12/28/1600191.html.

③ 数据来源:豆瓣电影网站数据。

神(鬼)化的英雄传说。“昔者初民,见天地万物,变异不常,其诸现象,又出于人力所能之上,则自造众说以解释之,凡所解释,今谓之神话。”①中国神话作为中国文化的一部分,资源丰富,想象空间大,易于改编、加工、创新,是文化 IP 开发不容忽视的富矿。

“任何神话都是人民通过幻想,用一种不自觉的艺术方式加工过的自然和社会形式本身。”②神话故事诞生于人们的想象,又丰富了人们的想象。神话故事在流传的过程中,又经过后人的改编和加工,发展演变成多个版本,为文学、影视创作提供了丰富的素材。例如,地理著作《山海经》是中国记载神话最多的书籍,它保存了包括“夸父逐日”“精卫填海”“大禹治水”等在内的人们耳熟能详的远古神话传说和寓言故事。中国四大名著之一《西游记》中的许多人物和故事情节也源于神话故事,如嫦娥、哪吒等。

(二)形象生命周期长

相较于历史形象的确定性,神话形象可以根据需要进行不同的演绎。因此,神话故事中的形象生命周期比较长。同一个人物,可以在不同的时期创作出不同的形象,并通过新的故事演绎传达新的价值,例如“哪吒”。

哪吒是中国古代神话中具有代表性的人物,其源于元代宗教神话典籍《三教搜神大全》,活跃于明代神魔系列小说《封神演义》《西游记》《南游记》等多部古典文学作品。关于哪吒的传说,主要有“闹海屠龙”“降妖伏魔”“割肉还母、剔骨还父”等。哪吒的形象主要定型于“闹海屠龙”以及“降魔伏妖再成仙成圣”等故事内容。基于这些故事,各种版本的动画、影视剧和电影衍生开来,数不胜数。如果把《三教搜神大全》视为第一部有哪吒的文学作品,那么迄今为止哪吒的人物形象时间跨度已达 700 余年,且“哪吒”这一文化人物 IP 仍热度不减。

(三)后期技术加持效果呈现

将神话故事在银幕上演绎,需要技术的加持。神话故事的魅力在于天马行空的想象,不管是动画作品还是影视作品,将神话故事影视化,特效的实现至关重要。在胶片时代,特效技术大多是通过化妆、搭景、烟火特效、模型制作、特技摄影、光学合成等传统手段完成的,且主要完成于拍摄阶段和洗印过程中。这不仅拍摄难度大,而且后期呈现效果也较粗糙。

随着技术的发展,在数字时代,影视特效技术主要通过后期电脑制作完成,即 CG 特效。CG 特效几乎可以实现所有人类能想象出来的效果。特效技术的发展为神话故事的改编与演绎增加了更多的可能性。

---

① 鲁迅.中国小说史略[M].上海:上海古籍出版社,2006:6.

② 中共中央马克思恩格斯列宁斯大林著作编译局.马克思恩格斯选集:第 2 卷[M].北京:人民出版社,1995:29.

二、神话故事IP电影叙事创新的路径

近年来,以中国神话故事为题材的影视作品愈加丰富。孙悟空、宝莲灯、白娘子等耳熟能详的神话故事被影视化,经过形象再造和故事改编成为新的IP电影。哪吒的神话故事也是备受人们喜爱的题材之一。

对哪吒的最早记载源自中亚佛教:"忽若忿怒哪吒,现三头六臂。忽若日面月面,放普摄慈光。"而哪吒的故事源于唐昭宗时期的宰相郑綮写的《开天传信记》,定型于元代的《三教源流搜神大全》,成型于明代的《封神演义》。《开天传信记》中记载,佛教高僧道宣大师夜里行路不慎掉下台阶,快要坠地的时候得到一位少年神祇的帮助。这位少年说他自己是"毗沙门天王哪吒太子也"。《三教源流搜神大全》中写道:"哪吒本是玉皇驾下大罗仙,身长六丈,首带金轮,三头九眼八臂,口吐青云,足踏盘石,手持法律,大喊一声,云降雨从,乾坤烁动。因世界多魔王,玉帝命降凡,以故托胎于托塔天王李靖。"这是第一次将哪吒收录为道教神祇,并且给了哪吒一个有血有肉的人物生平。《封神演义》则进一步丰满了哪吒的形象和故事,用三个独立篇章《陈塘关哪吒出世》《太乙真人收石矶》《哪吒现莲花化身》描写了哪吒从出生到再生的过程,并进行了适当的改编。至此,关于哪吒的故事最终成型,后人的创作大多以此为基础。

"经典的存在方式应当是与时俱进的动态过程,伴随着历史的行进和人类认识的深化,其具体作品中确实已被印证的受制于产生条件的那些僵化的形式和内容,是可以被改编乃至被解构的。"[①]作为一个人们耳熟能详的IP,对于哪吒故事的演绎与改编数不胜数。从《大闹天宫》到《哪吒之魔童降世》,创新的力度不断加大,从改编逐步走向解构。这种变化不仅体现在具体的角色塑造和故事演绎中,更深刻地体现在影片的内在价值观中。

(一)人物角色再造

"无论在何种情况下,对于一个成立的故事而言,人物都是其中的关键。如果人物不能成立,光有故事和主题是不足以吸引观众和读者的。"[②]神话故事中的人物,根据时代的不同,可以创作出相貌不同、性格迥异的形象。即便是同一个人物,不同时代的形象也是千差万别的。神话人物哪吒是最有代表性的案例。在后人创作的有关哪吒的作品中,各个时期的哪吒的人物形象不尽相同。《大闹天宫》中基本还原了文学记载的哪吒——胖娃娃,《哪吒闹海》则将哪吒塑造成正气凛然的美少年,而《哪吒之魔童降

① 仲呈祥,等.论经典作品的电视剧改编之道[J].文艺研究,2005(4):5-12.

② 西格.创造难忘的人物[M].高远,译.北京:文化发展出版社,2017:6.

世》的丑哪吒则颠覆了观众对哪吒的既有印象。

《大闹天宫》是由上海电影制片厂于1961年至1964年制作，万籁鸣、唐澄导演的彩色动画长片。《大闹天宫》讲述了孙悟空不满天庭招安，与天兵天将在花果山大战的故事。哪吒作为天庭派出的天神出现，与猴王孙悟空斗法。虽然是配角，但却是哪吒第一次在大银幕上出现。该片诞生于电影和“中国动画学派”兴盛的时期(1949～1966年)，是中国动画黄金年代的集大成者、中国动画史上的丰碑，影响了几代人。

在《大闹天宫》中，创作者结合中国年画和戏曲元素，将哪吒塑造成拥有三头六臂、身穿肚兜、头扎双发髻、脚踏风火轮、手持火尖枪、臂挽混天绫，法力高强的胖娃娃的形象。而《封神演义》中记载，“哪吒出世，肉球里跳出一个眉清目秀的小孩儿，面如傅粉唇若涂脂，眼运精光白白胖胖，手套金镯腹围红绫，遍体红光金光射目，满地上走”。可见，《大闹天宫》基本再现了之前文学记载的哪吒的形象，也奠定了此后哪吒的银幕形象。在《大闹天宫》中，主角是孙悟空，为了衬托孙悟空，哪吒被塑造成天庭忠诚的斗士形象。因为是配角且角色较为反面，影片所展现的哪吒人物形象性格单一，甚至看着有些阴狠，但却符合故事中天庭强权的人物设定。影片中哪吒在颇有京剧韵味的打戏中出场亮相，白脸吊眼的设计突出了哪吒争强好胜又刚愎自用的性格特点。此外，他五官紧凑，留着古代儿童常见的双髻，与孙悟空瘦长的形象相比，由圆形组合而成的他，显得蠢萌、笨拙，肥硕。四肢上套着乾坤圈，脚踩着风火轮，在父亲李靖身边毕恭毕敬，在打斗中又漏洞百出，充满喜剧效果。此后，哪吒基本被塑造成穿肚兜、光脚丫、光屁股、扎丸子头、包子脸、莲花衣，手拿火尖枪、乾坤圈，身披混天绫，脚踩风火轮的胖娃娃形象。

哪吒第二次被搬上大银幕是在1979年的《哪吒闹海》，由严定宪、王树忱、徐景达导演，上海电影制片厂制作，是我国第一部大型彩色宽银幕动画长片。该片讲述了陈塘关李靖之子哪吒与东海龙宫之间的恩怨情仇。

这部影片中，哪吒依旧有着丸子头，但不再是年画中穿肚兜、光脚丫、光屁股的胖娃娃，而是被塑造成身着灰白色长上衣、素褐色长裤，剑眉星目、正气凛然的美少年。配合飘扬的红色混天绫，手持乾坤圈，哪吒成为一个十足的小英雄。随着故事的发展，影片中哪吒的形象经历了三种变化：从出世时的红色肚兜造型、自刎时的白色长衫造型到重生后的莲花装扮造型。影片的造型设计符合哪吒的成长过程，也基本遵循了《封神演义》中哪吒借藕化身重生的情节。此后，不论是动画还是影视，哪吒英雄美少年的形象都被延续了下来。

2019年，时隔40年以哪吒为主角的动画电影再次被改编并登上大银幕。这部由饺子担任导演兼编剧的动画电影，讲述了哪吒虽“生而为魔”却“逆天而行斗到底”的成长经历。影片取名《哪吒之魔童降世》，哪吒自然也就不再是传统认知里的那个人物。这一次，创作团队对哪吒的形象塑造可谓“颠覆”，深入人心的美少年哪吒不见了，取而代之的是有着儿童身形、双发髻、黑眼圈、血盆大口,穿红肚兜和萝卜裤,双手插口袋的叛逆少年。影片中,丑哪吒说着充满现代感的台词,一幅玩世不恭的表情姿态,配合颓丧的语调和恶作剧行为,都贴合"魔"和"恶"的特点。除了外形的改变,人物性格也丰满立体了许多。在哪吒身上,无法判定他是单纯地好或坏,而是呈现出一种复杂的矛盾感,更像生活中的人。因此,虽然哪吒少了一些神性,但却多了一丝人性。

(二)故事情节的重新演绎

在影视作品中,"故事是将行动具体化为一连串发生在一段时间、一定空间及有着时序和因果关系的事件"①。以传统神话故事为题材进行创作,一般有三种方式:一是还原既定的故事情节,原封不动地重现故事;二是在原有的故事情节基础之上,对故事或人物进行适当地改编;三是依托故事背景或人物,对故事或人物进行再创作,讲述新的故事。

《大闹天宫》以《西游记》为故事蓝本,哪吒不是主角,仅有一场戏,基本遵循了《西游记》中的相关记载。

《哪吒闹海》以哪吒出生、哪吒闹海和化莲重生为蓝本,以哪吒为主角,讲述了哪吒"出世""闹海""自刎""再生""复仇"五个故事。影片中,陈塘关天干地旱,东海龙王非但滴水不降,还命夜叉去海边强抢童男童女,哪吒因此大闹东海。哪吒见义勇为杀了夜叉和龙太子敖丙,东海龙王为报复哪吒,与兄弟龙王水淹陈塘关,并要李靖交出哪吒。哪吒为了百姓安危,愤而自刎。太乙真人借莲花与鲜藕为身躯,使哪吒还魂再世。复生后的哪吒大闹龙宫,战胜龙王,为民除害。与原版哪吒的故事相比,此版哪吒被塑造成了见义勇为、为民除害的少年英雄形象。

而《哪吒之魔童降世》则是对故事和人物的再创作,虽然仍是哪吒的故事,但人物形象大变,内容也是一个全新的故事:天地灵气孕育出一颗能量巨大的混元珠,元始天尊将混元珠提炼成灵珠和魔丸,灵珠投胎为人,助周伐纣时可堪大用;而魔丸则会诞出魔王,为祸人间。元始天尊启动天劫咒语,三年之后天雷将会降临,摧毁魔丸。太乙真人受命将灵珠托生于陈塘关李靖家的儿子哪吒身上。然而阴差阳错,灵珠和魔丸被申公豹调包,本应是灵珠英雄的哪吒却成了混世大魔王。调皮捣蛋、顽劣不堪的哪吒徒有一颗做英雄的心,然而面对众人对魔丸的误解,哪吒索性堕落,大开杀戒。在天雷即将降临之时,哪吒"逆天而行斗到底",与敖丙等一同抵抗天雷,保护了陈塘关的百姓。影片最后,哪吒完成救赎,得到百姓认可。虽然人物名称没变,但人物形象、性格和故事情节、发展则完全颠覆了人们心中以往的认知。

---

① 波德维尔.电影叙事:剧情片中的叙述活动[M].李显立,等译.台北:台湾源流出版公司,1999:121.

(三)主题思想关切时代价值

习近平总书记提出:“文艺是时代前进的号角,最能代表一个时代的风貌,最能引领一个时代的风气。”[①]马克思认为,艺术是一种社会现象,是一定的社会上层建筑。生活在具体时代的艺术家总是不可能完全超越现实,脱离时代,他必然要在自己的艺术作品里展现现实生活,反映时代特色。时代精神和旋律是创作者借助人物形象与故事情节表达出来的。每一次的创作改编,人物与故事的更新是显而易见的,但隐藏在作品背后更深层次的主题,才是创作者真正要传达给受众的。可以说,人物形象与故事情节是为主题服务的。“主题不是在想法中表达,而是在故事中表达。”[②]

在传统神话故事中,“哪吒”是叛逆者的形象,其所代表的精神核心是“反叛精神”。在《三教搜神大全》和《封神演义》中,哪吒在“割肉还母、削骨还父”之后还有“托梦扰母”和“弑父”的故事情节。现在看来如此离经叛道的故事,但在封建社会却是具有时代意义和价值的。袁行霈在《中国文学史》中高度评价哪吒弑父的段落,认为这是反封建礼教的大胆之举。

在后来的影视化作品中,哪吒的故事不再展现“托梦扰母”和“弑父”的情节,因为这些内容与传统文化和新的时代精神相悖。但是,不论哪一个版本的哪吒,原版故事所要传达的“反叛精神”这一核心没有改变,改变的是哪吒所反抗的具体对象,即通过不同的反抗对象所代表的所指来表达影片的内涵。具体地说,“哪吒”的所指是“反抗者”,“李靖”等“被反抗者”的所指是“父权”“阶级”等,“反叛精神”这一内核则是哪吒故事的意指。

《哪吒闹海》作为献礼中华人民共和国成立30周年的影片之一,哪吒被塑造成反黑恶势力的正义形象。影片的核心思想依旧是表达反叛思想,但是反叛的对象则由以李父为代表的“父权”和“封建礼教”的所指变成了以东海龙王为代表的“黑恶势力”的所指。当时正值中越边境自卫还击战,人们需要英雄来寄托保家卫国、热血牺牲的精神和大无畏的英雄主义。因此,哪吒就被塑造为保卫家园、舍生取义、见义勇为的英雄。影片通过人物和故事的改编让哪吒的反叛精神合理化、正当化。一是东海龙王被改编成反派角色,给予哪吒大闹龙宫的正当理由;二是减少原著中哪吒作恶的段落,增加哪吒正义的善举,将哪吒从恶童塑造为正气凛然的正面形象;三是将“削骨还父”的桥段改编为“拔剑自刎”,以程式化的自杀动作,加之悲壮的配乐,表现了哪吒对抗的决心和内心的绝望感。影片为观众塑造了一个令人向往的英雄,也间接回应了社会关切。

---

① 习近平.在文艺工作座谈会上的讲话[N].人民日报,2014-10-15.

② 沃尔特.剧本[M].杨劲桦,译.天津:天津人民出版社,2017:67.

《哪吒之魔童降世》则是对哪吒这一传统神话故事的彻底改编。影片表达的侧重点发生偏移,“剔骨还父、割肉还母”的故事情节被删除,取而代之的是对个人命运的自我掌握与把控。创作团队将哪吒“自杀”改编为哪吒“撕命符”;将哪吒对抗的对象由之前李父、东海龙王等所代表的“父权”“恶”“封建礼教”等,改编为抽象的“成见”“命运”和“自我”。新的故事以哪吒成功对抗天劫、改变命运结尾,自然而然地表达出全新的故事中所蕴含的全新理念——“我命由我不由天”。“反叛精神”的核心没有变,但却比原版故事更具有时代意义。

《哪吒之魔童降世》所要表达的主题正是当下时代发展的写照,即个人主义的兴起与伦理关系的重构。我国自古就奉行集体主义,强调个人要服从集体、民族和国家的利益,例如孔子所推崇的“仁”。在革命年代,集体主义更是被推崇的道德追求;在和平年代,随着外国文化思想的涌入,个人主义逐渐兴起。个人主义强调个人自由、个人利益,是一种强调自我支配的政治、伦理学说和社会哲学。“其特点在于价值观的终极指向是个人,可能是个人的生活整体,也可能是个人生活的某一个方面,如利益、德性和享乐等。”①例如哪吒的自嘲“我是小妖怪,逍遥又自在”,而“我命由我不由天,是魔是仙,我说了算”则显示哪吒通过个人努力与命运做斗争,证明了个人可以改变命运。

但是,在传统观念里,个人与集体又不是完全相对的。个人不能独立于集体而存在。于是,影片在彰显个人主义的同时也不忘表达集体主义对个人主义的影响。例如影片通过太乙真人对哪吒的谆谆教导、李靖夫妇对哪吒的不离不弃和龙太子敖丙对哪吒的认同与帮助,表达出“家庭”和“友谊”的主题。

《哪吒之魔童降世》之所以成功,在于影片借哪吒之口喊出的“我命由我不由天”,发出了现代人的情感心声。“天”这个能指可以被任何人解读成任何事物,如“压力”“成见”“规范”等,进而意指基于“我命”的自我询问——“我”究竟是“灵珠”还是“魔珠”?“我”究竟要什么样的人生?“我”将如何打破禁锢自我的藩篱?社会偏见、孤独成长等这些源自现实生活的困境,足以让观众产生带入感,产生共鸣。看完影片,再回看日常生活中每一个人,人人都是影片中生活在陈塘关的百姓,而具有共情能力的你我皆是那个抗争的“哪吒”。

三、传统文化 IP 创新的启示

从 IP 产业的视角看,电影产业可以作为 IP 产业链中的一部分,依托 IP 的长尾效应,延展传统电影产业的生命周期和盈利性。同时,也是对以神话故事为代表的传统文化 IP 的创新与发展。在泛 IP 时代,如何经营经典文化 IP,是当下以传统文化为题

① 江畅.西方价值观检视[J].武汉科技大学学报(社会科学版),2020(4):413-423.

材对传统文化进行开发的影视产业乃至文化创意产业亟须思考的问题。

（一）对传统文化的坚守与创新

传统文化是 IP 产业发展的重要源头与内容。传统文化中的故事与人物，是影视创作的基础。文化母体的人群共识度，往往决定了作品的大众化边界。正如导演饺子所言，他之所以选择对传统神话人物进行创新，就是因为“如果要直接造一个新的 IP，风险实在太大了”。可见，以传统神话故事为蓝本，不失为创作者的一条捷径。

以传统文化为题材的创作，要在坚守的基础上创新。所谓坚守，就是传承传统文化的精神内核，如“仁、义、礼、智、孝”，追求“真、善、美”。不论作品怎样改编与颠覆，传统文化的内核是不能触碰的底线。所谓创新，就是借鉴其他文化圈层的有益部分，打破不同圈层的界限，让作品成为名副其实的大众文化。兼收并蓄、博采众长，既是对作品创作的要求，也是对中华文化发展的要求。

（二）反映时代精神与价值

“人物必须能打动观众。他们的行为能在观众那里引发一种认同感，一种内心的关注以及能有所获的一种愿望。这种情感上的感受，观众会认为是合情合理的。”①时代精神与时代价值是观众与影片的连接点，不同的时期会有不同的关注点。艺术创作脱离不了现实生活而独立存在。优秀的影视作品，能让观众感受到时代特有的精神与价值。

“价值观、人生的是非曲直，是艺术的灵魂。”②作品主题可能与时代精神相符，也可能相悖。《哪吒之魔童降世》的成功则表明，只有反映当下时代发展和社会精神面貌的主题，才会受到观众的欢迎和认可。

（三）重视 IP 产业开发

传统文化 IP 的发展需要重视 IP 产业开发。在泛 IP 时代，IP 产业发展愈发成熟，影视化只是 IP 产业链中的一环，相关的衍生品才是其生命周期的延续。将传统文化 IP 化，应该注重后续的开发与保护，在延长 IP 生命力的同时，保护 IP 版权。

国内 IP 衍生品开发的决定权在于票房的高低。票房与衍生品息息相关但又充满矛盾。票房可以保证衍生品开发的资金投入，但市场热度往往等不及开发的进度。以《哪吒之魔童降世》为例，影片于 2019 年 7 月 26 日上映，衍生品开发在 8 月 7 日开始众筹。首批轻周边于上映三个月后发货，手办更是于 2020 年 4 月上线。此外，在正品

---

① 汉森.编剧：步步为营[M].郝哲，柳青，译.北京：北京联合出版公司，2016：45.

② 麦基.故事[M].周铁东，译.天津：天津人民出版社，2014：338.

衍生品开卖之前,盗版的衍生品早已收割了大批红利。在正品开发进度缓慢、盗版商品满天飞的双重夹击下,《哪吒之魔童降世》票房的成功也无法掩饰其 IP 衍生品的窘境。

历时 4 年打磨的"神话三部曲"之一《姜子牙》于 2020 年 10 月 1 日上映。中国神话故事越来越受到影视创作者的重视,越来越成为文化 IP 的宝矿。植根于中国传统文化,并大胆进行原创性改编的中国神话系列动漫,正慢慢形成类似于"漫威电影宇宙"的"中国神话宇宙"。《哪吒之魔童降世》不仅开启了国产动画蓬勃发展的新纪元,从另一个层面看,《哪吒之魔童降世》的成功对取材于中国传统文化的 IP 产业发展,甚至中国文化走出去,都有着重要的意义。

(撰稿:王亚鹏)

第二节 《唐人街探案》:中国风"IP 宇宙"的建立

《唐人街探案》作为本土企业开发的 IP,一方面基于唐人街元素进行了一系列的产业化开发,另一方面也促进了中华文化输出。《唐人街探案》是由陈思诚执导,刘昊然、王宝强等主演的侦探主题系列电影。从 2015 年上映的《唐人街探案 1》,到 2021 年贺岁档上映的《唐人街探案 3》以及《唐人街探案》网剧的推出,《唐人街探案》IP 已经被充分打造成了基于唐人街元素的系列影视作品,所谓的"唐探宇宙"已经基本形成。

《唐人街探案》IP 在产业化开发的过程中,所有内容的生产均依据唐人街这一具有中华特色的元素,在传播传统文化的过程中为 IP 商业化提供了极大的发挥空间。通过内容上的扩展、产业链的延伸,在保证 IP 开发质量的前提下,《唐人街探案》这一 IP 创造了一定的经济效益,增强了《唐人街探案》IP 的影响力,从而反过来促进了中华文化的输出。

一、展现异域风情中的中华文化

"唐人街探案"系列电影均基于"唐人街"这一元素,而各国的唐人街都是华人聚集区,是中华文化重要的输出地。"唐人街探案"系列电影将唐人街作为故事发生的背景,通过中华文化与外国文化的碰撞展现中华文化的魅力,同时也将中华文化放入国际化的语境之中,增强了电影的冲突点和表现效果。

第一部电影背景设定在泰国,展现了泰国的泰拳、人妖表演等;第二部电影背景则设定在美国,展现了纽约的城市文化;第三部电影背景则转移到日本,展现了日本的武士道精神和相扑文化,并呈现了亚洲最大的唐人街——横滨中华街的人物风情。该系列电影在各个国家的独特文化中植入中华文化的元素，让观众在异域风情中寻求中华文化的踪迹，有利于树立文化自信。三部电影展现出了三种不同的文化背景下的唐人街，让传统文化在异域风情中得以诠释。

唐人街作为中华文化在海外传播最重要的符号之一，是外国人认识中国的窗口。“唐人街探案”系列电影选择了这一符号作为故事展开的窗口，充分吸引了国内外观众。除了唐人街元素，电影中还展示了许多中华优秀传统文化元素，如《唐人街探案2》中的“五行”元素，唐仁展示的风水画符、寻龙尺等，以及道家的“道生一，一生二，二生三，三生万物”阴阳调和论。虽然影片对这些元素进行了近乎神化的展现，但不可否认的是，该系列电影的确成为展示中华文化的窗口。

二、基于 IP 可延展性的产业化开发

“唐人街探案”系列电影保持生命力、获得持续开发的重要原因是 IP 的可延展性。唐人街这一中华元素在世界各国均有分布，以这一元素展开创作，可以与各个国家的文化相结合，产生新的故事。唐人街这一元素不仅可以用于电影的开发，基于唐人街形成的“唐探宇宙”还可以在人物角色上充分扩展、不断增加新的内容形式，进行矩阵化、产业化的开发，最终形成完整的“唐探宇宙”产业链。

（一）内容上的扩展

从选题上讲，“喜剧＋推理”的元素有广大的受众群，“唐人街探案”系列电影混合了悬疑推理电影叙事节奏快的特点，并在其中加入喜剧恶搞元素，可发挥的笑点很多，每个人的人物形象都十分丰富，也给剧情提供了充分的反转内容，使电影达到了很好的吸睛效果。另外，唐人街元素包容性很强，可以不断地进行内容剧情、人物角色上的扩充。首先从情节上来讲，第一部电影主要是唐仁、秦风两人的探案过程；而在第二部电影中就引入了侦探排行榜以及一些新侦探的加入，整个 IP 在空间维度上进行了扩展；第三部电影更是扩展到整个“侦探群体”，形成矩阵式的内容，在一步一步设置悬念、解除悬念的过程中吸引观众为系列电影买单。在悬念设置和解除的过程中，唐探宇宙也不断扩大。而在电视剧的开发中，主角则彻底脱离唐仁、秦风，在只保留唐人街背景的情况下展开新的探案故事。

经过近六年的发展，“唐人街探案”系列电影已经拥有了稳定的受众群体，这一 IP 的可延展性也使其在未来依然拥有很大的开发空间，值得进一步在内容上跨界开发。“唐人街探案”系列推出三部系列电影之后又推出一部电视剧，这些都属于影视行业的延展。根据对万达影视曾茂军的采访，“唐探宇宙”未来还有可能进行跨界 IP 开发，推出包括动漫番剧、图书等在内的一系列作品，不断丰富“唐探宇宙”的内涵。

“唐探宇宙”内容不断丰富,而由王宝强和刘昊然饰演的角色唐仁和秦风一直没变,两人以侦探的角色串联起几部电影,成为整个“唐探宇宙”的核心。沿用主创团队让影片在主题、风格方面保持了基本统一,避免了系列电影由于更换演员产生内容断裂、粉丝流失的问题。最后,唐探系列还引入了流行元素,例如在《唐人街探案3》中借鉴了 cosplay 文化,电影角色扮演葫芦娃兄弟、圣斗士星矢、樱桃小丸子等,获得了青年群体的认同。

(二)产业链开发

除了内容开发,“唐探宇宙”还将不断进行产业链延伸。导演陈思诚表示,《唐人街探案》目前已经授权给线下密室,由最专业的密室团队进行开发,实现线上线下的 IP 联动。未来他还期望“唐探宇宙”在内容上逐步完善之后实现游戏开发,形成更加完整的产业链。

在衍生品开发方面,“唐探宇宙”主要采用联名的方式,与城市的时尚产品进行结合。例如“唐人街探案”系列中刘昊然饰演的秦风,其标志性风衣可以与生产相关产品的企业进行联名,在成本较低的情况下实现 IP 衍生品的开发。同时与专业公司合作也有利于充分发挥各自的优势,提升 IP 价值,从而获得极高的商业利益。

(三)保证 IP 开发质量

“唐人街探案”系列电影能够获得观众的广泛认可,其中一个重要的原因就是在商业开发的过程中充分考量每一个 IP 的定位,找到最佳的开发时机。同时在技术加持之下保持 IP 生命力,从而进行长时间、大规模的长线运营,实现商业价值的最大化。

首先需要确定好 IP 开发的定位,根据每个 IP 不同的特点进行内容组织以及一系列衍生品开发。针对唐人街探案 IP,其电影虽然以探案为主线,但是出品方对其定位是合家欢大电影,因此在探案元素上增加了很多笑点,架构在探案之上的轻松喜剧也使得这部电影的受众更加广泛。出品方选择在春节档上映三部电影,符合“合家欢”的定位。另外,在进行网络剧、电影开发时,也针对网络剧、电影的不同特点对 IP 进行创作。网络剧创作与电影不同,剧本反转相对较少,在人物角色设计和场景的选择上也更加具有“网感”。这样开发出来的网络剧与电影有很大区别。根据不同形式填充不同内容,会充分吸引两种类型作品所面向的不同受众,实现经济效益的提高。

IP 改编的时机也是出品方需要重视的。《唐人街探案》IP 在开发过程中并不是一次性创作所有可以延展的 IP 形式,而是把握好时机,一步步进行开发。三部电影的创作经历了六年时间,其间穿插着网络剧的生产,在衍生品开发时,也并没有因为商业利益,而不顾衍生品的质量。万达影业曾茂军在采访中提到,虽然迪士尼成功做了“IP+

主题乐园”的形式，但他们并不盲目跟风，而是等积攒好足够的 IP，IP 内容逐步完整成熟时再考虑进一步的深度开发。

同时，在 IP 开发过程中，大数据的技术支持也为把握 IP 开发方向和质量提供了重要支撑。曾茂军表示，万达目前成立了大数据部门，专门进行大数据的研究。针对《唐人街探案》IP 每周都有例会，大数据部门的人负责数据汇报，包括媒体指数增长以及与竞品的分析对比。另外还会对其各项数据走势进行对比，从中分析原因。客观数据的支持可以使《唐人街探案》IP 的营销更加精准，也对 IP 的进一步开发有了实际数据的引导。

在人才方面，陈思诚导演提到，IP 开发的过程中存在创新型人才缺失的问题，同时也提到在《唐人街探案》网络剧的拍摄过程中，由于采用单元式的叙事方式，每个单元是独立的部分，因此每部分选择了不同的导演来共同完成整部网络剧的拍摄，这样有利于充分发挥每位导演的特长，也有利于发掘更多的新人，利用好人才资源，提高生产质量。

三、《唐人街探案》IP 未来的开发方向

《唐人街探案》IP 经过几年的开发与发展，已经初具雏形，但是作为一个从商业电影发展而来的 IP，其内容质量已经出现了下降的趋势，在开发过程中也出现了一些问题，需要及时调整方向，才能更好地在注重社会效益的基础上实现更好的商业变现。

“唐人街探案”系列电影虽然在票房上取得了较好的成绩，第一部票房 8 亿元，第二部增长到 33 亿，第三部取得了 40 亿的票房。但是可以看到，电影的口碑在第三部时有所下降。因此未来针对这一 IP 的开发还应该注重内容质量，把握好商业性和趣味性，维持好“唐探宇宙”的口碑。

目前，在衍生品开发方面，《唐人街探案》IP 并没有形成完整的产业链，在“内容＋”的生产中还没有实现产业化。这也导致《唐人街探案》IP 目前只是停留在内容创作阶段，其产业链并没有实现延伸，因此没有实现商业价值的最大化。另外，一部商业电影也不能丢失其价值导向，电影中加入唐人街元素是文化输出的重要机会。从三部电影也可以看出，导演试图将更多的中国元素加入电影创作中，包括中国传统哲学与美学的内容，但这些更多的是一种碎片化的呈现，并没有与异域文化很好地融合，较为肤浅，思想深度不够，即没有找到传统文化在异域文化中精准的诠释方向，这也需要《唐人街探案》IP 在后续的开发中进一步调整。此外，唐人街元素作为一个国际化的元素，如何将具有当代特色的文旅产业与电影相结合，充分展示中国传统文化的魅力，也是需要进一步思考的。

（撰稿：吴鹏娟）

第三节　环球影城:国际化 IP 的在地化

北京环球影城是全球五大环球主题乐园之一,也是全球面积最大的环球主题乐园。2001 年,北京市政府与美国环球主题公园度假区集团签署合作意向书后,项目搁浅。2009 年项目在上报国务院之后未通过审批,国务院希望在项目中加入更多的中国元素,打造具有中国特色的环球影城。2014 年,北京环球影城拿到国家发改委获批文件之后开始正式对外启动建设工程。经过 20 年的筹备,近 7 年的修建,北京环球影城在 2020 年 12 月宣布一期核心工程全面完工,进入运营筹备阶段。2021 年 9 月 1 日,环球影城开始试运行,9 月 20 日盛大开业,迎来全国各地的游客。

北京环球影城作为美国 NBC 旗下的五家环球影城主题公园之一,选取了《哈利·波特》《变形金刚》《功夫熊猫》等 7 个 IP 作为一期的建设项目。这些知名 IP 粉丝众多,为环球影城提供了最基础的游客来源。同时,在主题公园建设过程中,北京环球影城特意选择了具有中国特色的"功夫熊猫"作为其独特 IP,并将在第二期与中国公司展开合作,引入中国著名 IP,本土化 IP 的加持使得环球影城在中国的认可度大大提高。除了丰富的内容开发之外,环球影城对 IP 产业的一体化深度开发也值得关注,环球影城的建设对于带动整个北京旅游业的发展具有重要作用。

一、国际化 IP 落地北京

(一)国际知名 IP 释放强大影响力

具有国际化特色的电影 IP 引入可以说是北京环球影城最具有吸引力的部分之一。其首批建设的七大主题景区包括哈利·波特的魔法世界、小黄人乐园、未来水世界、功夫熊猫盖世之地、变形金刚基地、侏罗纪世界努布拉岛以及好莱坞,吸引了广大电影粉丝前往打卡,这些电影粉丝是北京环球影城最基础的游客收入来源。《变形金刚》IP 伴随着许多 80 后成长,他们选择前往环球影城与童年记忆中的"大黄蜂""威震天"互动,圆童年时期的梦想;而小黄人乐园主题景区更多是家长带着孩子前往。哈利·波特的魔法世界作为最受游客欢迎的主题景区之一,更是从开园之初就拥有很高的热度。根据《财经》记者的报道,2021 年北京环球影城开园当天气温较低,且遇到大风黄色预警,但游客们的热情不减,许多人开园之后径直往哈利·波特的魔法世界主题景区奔跑[①]。好莱坞主题景区呈现了美国洛杉矶的好莱坞大道，让游客领略经典影视场景，体验好莱坞的拍摄之美。

由此可见，环球影城在具有全球化影响力的 IP 加持之下得以火爆。北京环球影城预售票开启之前，在大量线上、线下宣传中，这些 IP 受到了广大游客的关注。“十一”期间，北京环球影城更是出现了一票难求的现象，可以看出这些电影 IP 强大的粉丝效益和极强的变现能力。但同时，也有一些游客对电影并没有那么深的执念，北京环球影城作为一个设施完备的大型游乐场，其规模之大、项目之多十分吸引游客。由此可见，环球影城以优秀的硬件设施匹配高质量的 IP 内容，才打造出了在全球的品牌影响力。

北京环球影城 IP 产业化的建设，不仅在于具有全球影响力的 IP 内容，还重视在旅游服务上给游客们带来了极好的体验。首先是乐园提供的沉浸式服务。在北京环球影城园区内的城市大道设有主题商店，售卖各种纪念品，其中哈利·波特的魔法世界主题景区让游客还未入园便身临魔法世界，只要购买一根魔杖，在景区里寻找到神秘施咒点，就会有工作人员扮成魔法师与游客互动。景区内的工作人员还会将未穿魔法袍的游客称为“麻瓜”（电影中对不会魔法的人的称呼），这样沉浸式的体验极大增强了游客的体验感，同时也充分带动了景区内周边产品的售卖。

在多个主题景区，游客均可与工作人员扮成的电影角色进行互动。从北京环球影城开园以来，变形金刚基地的威震天就多次因为与游客的互动登上各个新媒体平台的热搜榜。威震天作为《变形金刚》动画片及其衍生系列电影中的反派人物，自 2013 年开始在全球各地的环球影城中营业，与游客合影。威震天将其碎嘴子的形象从电影带入现实，吸引游客们顶着大太阳排队几个小时，只为与其见一面并斗斗嘴。这样的沉浸式互动体验使环球影城吸引了众多游客来北京。

环球影城在电影 IP 内容开发的基础上，也进行了一系列衍生文创产品的开发。根据相关统计数据，一般在长假期间，北京环球影城人均消费超 1,300 元。除门票消费之外，有很大一部分是游客的二次消费，包括 IP 衍生品的消费和配套设施的消费。从哈利·波特的魔法袍、魔杖，到各类电影人物的玩偶、霍格沃茨校徽等创新的文创产品都吸引了大量游客前去购买。

除 IP 周边衍生品之外，北京环球影城为游客游览环球影城提供了吃住行游购娱的一体化配套设施。游客在游玩之余可以入住景区授权的度假酒店并享受一系列的优惠政策，还可以在景区内观赏各类演艺表演，在园区内配套的各类餐厅享受不同风味的美食等，这样“吃住行游购娱”一体化的服务使游客的体验感和沉浸感大大增强。

由此可以看出，北京环球影城在电影 IP 的商业变现过程中，对其所有的影视 IP

① 直击环球影城开园：游客直奔“哈利·波特”，“功夫熊猫”遇冷[EB/OL].(2021-09-20)[2022-05-17].https://mp.weixin.qq.com/s/nDWme3yhx-etjYS3mjJU6g.

进行了全面的挖掘和充分的开发,并进行了"吃住行游购娱"全产业链的开发,获得了极高的经济效益。

(二)建设具有本土特色的环球影城

北京环球影城能在北京通州区落地建成,其中一个重要的原因就是环球影城积极调整:不仅引入一些具有中国特色的 IP,而且在园区的服务、设施、配备等方面都增加了很多中国元素,从而在很大程度上吸引了广大游客前来游玩。

除了世界级知名 IP,北京环球影城还引入中国本土明星"功夫熊猫"阿宝。作为世界首个功夫熊猫主题景区,它采用中国风设计,呈现出独特的中国建筑风格,并通过极具中国特色的喜庆装饰、各种风味的美食和丰富精彩的演出,将中华文化传递给远道而来的游客。《功夫熊猫》IP 在这一世界级主题乐园中落地,为环球影城注入了中国血液,也为展示中华文化软实力、进行文化输出提供了重要途径。另外,好莱坞主题区还呈现了由著名导演张艺谋与史蒂文·斯皮尔伯格合作的电影特效表演,将东西方文化融会贯通,展现出中国荧幕思想与好莱坞魅力的交汇,也体现了环球影城落地北京的本土化过程。

2022 年北京环球度假区与腾讯互娱联动开展季节性活动,在特殊节日引入中国本土 IP 及一系列的主题餐饮及纪念品。北京环球度假区还计划引入广受中国游客认可的《西游记》等传统 IP,让中国本土游客有更多的归属感。

除 IP 本土化之外,北京环球影城在配套设施上也试图更加迎合中国游客的喜好。度假区内有中西各式风格的餐厅:不仅有港式手工点心,还有中国本土杭帮菜餐厅"外婆家"打造的"穿越主题"门店——穿越·外婆家旗舰店;北京老字号全聚德和东来顺也以崭新的形象入驻北京环球度假区,并在菜式上进行了一系列的创新,使游客们在众多西方美食的包围中也可以尝到丰富的本土味道。

在居住环境上,北京环球度假区除了拥有全球首家环球主题的"环球影城大酒店",还有中国古典园林建筑风格的"诺金度假酒店",具有独特的中国韵味。在西方的 IP 中引入中国传统饮食、建筑,给中国本土游客在游览中提供了更多的归属感。同时,北京环球影城作为接纳全球游客的大型主题乐园,这些中式的建筑、饮食等也成为展示中华传统文化的窗口,吸引更多外国游客参与和体验,增强中华文化的国际影响力。

二、文旅产业聚落式发展的北京样板

北京环球影城的正式建成开园吸引了世界各地的关注,在给广大游客提供"吃住行游购娱"一站式服务的同时,也对带动整个通州区的经济发展、提升北京市城市形象、促进京津冀协同发展、促进中国国际形象的改善具有重要的作用。在 2020 年(第七届)中国主题公园和度假区峰会上,北京环球度假区总裁兼总经理苗乐文介绍,“研究表明,主题公园会带来很大的溢出效应,而像北京环球度假区这样的项目,能产生的辐射效应是景区本身收入的 10～15 倍,将对整个地区的经济发展起到非常明显的拉动作用”[①]。

首先,它将促进北京市交通网的完善建设。为保障北京环球主题公园项目的顺利运营,早在 2015 年,北京市就规划开工了两条配套地铁线:七号线东延和八通线南延,这两条线路在 2019 年年底顺利开通。在环球主题公园站,还设计了地铁七号线东延和八通线南延的双平行换乘站,车站采用双岛四线、“多点进展、进出分离”的模式,设置南北两个站前广场,游客从地铁站出来后可以直接到公园内。除配套地铁线外,还改造了长达 23 公里的地下综合管廊和园区内 57 条道路建设。这些基础设施项目建设在开园前已全部实现完工。对于交通基础设施的建设不仅服务于前往环球度假区的游客,也使通州区和整个北京市的交通网更加完善。

其次,它将充分拉动就业。根据《人物》杂志记者的采访,北京环球影城提供了 14,000 个就业岗位。其中一部分岗位是定向录用,北京环球影城与通州的 4 所职业学校签订了合作意向,这些学校后续可能会开设针对北京环球影城的相关课程,为其输送员工,也解决学生的就业问题。另外一部分岗位则需要进行社会招聘[②]。北京环球影城很多员工都来自通州本地,环球度假区内建设了 14 栋员工公寓楼,可以为 9,000 多名员工提供住宿。这些公寓楼附近还配备了洗衣间、咖啡厅、食堂、快递收发室以及健身房。员工宿舍采用有偿方式,每人每月 600 元,单人单间,宿舍公共区域配备冰箱、微波炉等,还提供定期保洁,员工可以通过园区提供的巴士和摆渡车上下班。在北京环球度假区工作的员工虽然工资不高,且很辛苦,但具有较好的员工福利,社会保障也较好,吸引了很多通州本地人入职,这就极大地解决了周边村镇人员的就业问题。另外,环球度假区的一体化深度开发吸引了很多餐厅入驻,周边的民宿开发也如火如荼,环球影城附近也从原本的一片荒地逐渐繁华起来。

因此,可以看出,环球影城的建设不仅带动了北京市通州区基础设施的建设,也为通州区乃至北京市提供了更多的就业岗位,拉动北京市 GDP 的增长。主题乐园的入驻,形成了一定的集群效应,吸引了全国乃至全世界各地的游客前来游玩,带动了周边产业的发展,也拉动了整个北京市旅游产业的发展。如今的环球影城已经成为北京新的文化地标,成为展示北京形象、展示中国发展成就的重要窗口。

---

① 北京环球影城开业,再掀文旅 IP 热潮[EB/OL].(2021-09-26)[2022-05-17]. https://mp.weixin.qq.com/s/mV0TzZjJ1PPziId34Rem3g.

② 北京环球影城终于开园了,而我却选择了离职[EB/OL].(2021-09-20)[2022-05-17]. https://mp.weixin.qq.com/s/Wy9YAOjjpPWBKwcQLbzF7g.

作为国家的重大产业项目,北京环球影城受到了国家相关部门的保驾护航。从北京环球影城建设之初,北京市通州区市场监管局就与项目运营机构建立了对接合作机制:2019年出台了《北京环球度假区建设服务保障工作方案》,提前介入项目建设初期知识产权保护、特种设备等工作;2020年与环球影城项目组签署了联合工作机制方案,在知识产权、广告宣传、消费者权益保护、登记注册等九个领域全面固化战略合作机制。相关部门也对商标侵权案展开广泛的监管排查,北京的一家亚朵酒店加盟店就因在未授权的情况下将酒店命名为“北京通州环球影城亚朵酒店”,受到了相关部门的调查,这是北京首起“环球影城”商标侵权案。

三、对未来环球影城IP建设的思考

(一)警惕西方消费主义的入侵

正如上文中提到的,北京环球影城是由环球影城根据知名电影IP打造的主题式乐园,拥有大量的粉丝受众。但是,从环球影城与北京市政府签署协议,到正式启动建设,中间经历了13年的时间,2009年环球影城的建设项目上报至国务院之后还经历了审批未通过的状况。其中一个很重要的原因就是环球影城的电影IP虽然在国际上知名度非常高,但是这些美国的商业电影包含很多西方价值观的内容,而这些内容如果我们不加思考地全盘接纳,则会对中国倡导的核心价值观产生很大的影响。而且去环球影城的游客大多数为年轻人,甚至是未成年人,容易受到不良文化的冲击。因此,政府需要认识到环球影城在带动城市经济发展的同时也有可能带来的不良影响,并采取措施进行预防和规避。

(二)生产真正具有本土化特色的IP

针对北京环球影城在落地过程中产生的价值观冲突问题,环球影城引入了功夫熊猫这一中国式的英雄形象,同时计划在第二期、第三期的建设中继续引入中国本土IP。但是,在开业四个月之后,“功夫熊猫盖世之地”却没有获得想象中的关注度,虽然这一IP是基于中国的文化,也选取了中国国宝大熊猫的形象,但是其本质上还是西方电影工业的产物,国内观众对其认可度并不高。在入驻环球影城之后,功夫熊猫主题景区虽然在布景上尽力展现出了中式建筑的风貌,但仍存在水土不服的问题,甚至有游客吐槽园区内的“阴间”打光等现象。可以看出,广大游客对这一所谓“本土明星”并不“买账”,承载西方价值观的熊猫阿宝并没有在入驻中国的时候展现出中华文化的灵魂,这也是功夫熊猫没有获得想象中热度的一个重要因素。

同时，针对未来即将引入中国本土 IP 的问题，更需要注意以下两点。首先，在本土 IP 的引入过程中摆脱西方文化的影响，展现出中华文化的内核；其次，在进行本土 IP 引入的过程中要注意取舍和调整，在展示中国本土文化内核的过程中充分增强趣味性，避免出现类似《功夫熊猫》IP 遇冷的问题，这也是环球影城在未来的发展中需要注意的。

环球影城在落地北京的过程中，也为北京本土 IP 的建设提供了更多的参考。目前，北京还没有一个能像环球影城这样形成规模化开发的矩阵化 IP，这就需要北京市利用好其拥有的影视人才资源，进行高质量的内容生产，推出真正的本土化 IP，打造属于自己的“主题乐园”。而在进行本土 IP 开发的过程中，也需要北京文旅部门更多地介入，对 IP 的质量和产业化开发进行政策支持和内容把关，从而实现项目的顺利推进。

(三)借鉴上海迪士尼乐园的发展经验

上海迪士尼乐园于 2016 年正式开园，相对于刚刚落地北京的环球影城，它已经形成了相对完善的公共服务保障体系，虽然与环球影城在 IP 风格上差异很大，但是它依然可以对北京环球影城的开发和管理，以及 IP 的运营提供更多的参考。

上海迪士尼乐园作为上海国际旅游度假区的核心项目，政府为了保障其顺利运营，在公共设施配套上对交通线路进行了规划和完善，提供了一系列公用设施；在公共服务上推进“互联网＋智慧度假”，形成高效投诉处理机制，完善医疗和气象服务保障，为游客提供高标准的公共服务；针对节假日大客流应急管理方面，多次展开客流承载力研究，制定科学管理依据，并建立完善的应急保障体系；在公共管理和执法上对公安、城管等各类专业性管理队伍进行统筹安排等，努力为游客提供全方位精致化的服务，促进园区安全和谐氛围的形成。

2021 年 9 月，已开园 5 年多的上海迪士尼乐园再次迎来了客流的高峰，吸引游客前来的是一只名叫玲娜贝儿的粉色狐狸。作为达菲家族的新成员，玲娜贝儿凭借灵动可爱的形象，一出道便收获了大批粉丝，与迪士尼经典 IP 米老鼠、白雪公主的话题声量持平，官方毛绒玩具不仅被炒到高达 1,200 元，还催生了不少山寨产业。玲娜贝儿的火爆也给北京环球影城 IP 的运营提供了可借鉴的思路。首先，玲娜贝儿拥有立体化、个性化的人物形象。玲娜贝儿性格有趣，跳起舞来元气满满，在与游客互动的过程中会通过各种肢体动作表达出吃醋、爱美、古灵精怪等人物特征，增强粉丝黏性。其次，在人物形象设计上，其采用生理学上的“婴儿图式”概念。玲娜贝儿拥有圆脑袋、大脑门、大眼睛、小嘴巴，这些人物特征会激发人的保护欲，进而吸引粉丝的喜爱。在节日期间，玲娜贝儿还会换装，增强粉丝的新鲜感和打卡欲。再次，玲娜贝儿符合年轻人的审美，年轻人通过与其互动，在视觉和心理上获得双重治愈，品牌进而获利。最后，玲娜贝儿的人物形象通过社交媒体的二次创作,吸引高频流量。粉丝们对玲娜贝儿进行表情包、肢体动作语言的二次创作,并在小红书、B站、抖音等社交平台进行传播,实现破圈,吸引更多粉丝的关注。此外,网友通过给玲娜贝儿起“川沙妲己”“四字爱豆”等充满网络感的昵称,吸引了更多流量,提升了品牌的知名度。以玲娜贝儿、星黛露等为代表的迪士尼IP开发了迪士尼IP变现的新路径:不靠内容带动IP,通过可爱的人设和积极的营销,实现低成本和高回报的共赢。

上海迪士尼乐园对于人物形象IP的成功运营为北京环球影城提供了可借鉴的路径。对于环球影城来说,打造个性化IP,并针对IP进行立体化人设打造,满足年轻人的精神和物质需求,并借助社交媒体平台进行推广,是北京环球影城在IP运营上可以参考的路径和方向。2021年9月开园以来,北京环球影城的威震天因为“毒舌”的人设受到了粉丝的喜爱,如何将该IP进一步拓展,同时打造更多特色人物IP是北京环球影城需要进一步思考的问题。

(撰稿:孙雨新)

第四节　韩国影视IP产业

一、韩国影视IP模式分析

(一)韩国文化产业发展概况

根据联合国教科文组织的界定,文化产业是指按照工业标准生产、再生产、储存及分配文化产品和服务的一系列活动。韩国文化产业的范围涉及了电影、电视、录像、光盘、游戏、出版、期刊、广告、动画、互联网等。在发展过程中,韩国的“文化立国”战略逐渐落实为“文化产业立国”战略。

在韩国,传统的文化产业指的是出版、印刷、影视、广播等。同时,文化产业的内涵随着科技的进步而不断扩大。随着信息技术的发展,多媒体也被纳入文化产业的范畴。韩国文化产业发展势头迅猛,其内涵不断扩展,形成了自己的特色,主要体现在以下几方面:

第一,及时应用和普及新技术。韩国不断将新技术应用到文化产业领域,以推动该领域的快速发展。在韩国,超高速互联网的家庭普及率已超过70%,互联网用户已超过全国人口数量的58%。

第二,地方政府与企业齐心协力开发文化产业。除国家层面外,韩国地方政府也非常重视发展文化产业。例如,忠清道为加强文化产业专业人才的培养,创办了传统文化学校,设有文化遗产、文物管理等相关专业。此外,忠清道还在本地建立韩国历史剧的外景拍摄基地。时至今日,忠清道文化产业已取得明显的成效,成为韩国重要的文化旅游胜地。

第三,注重文化产业信息的收集与管理。为了加强对文化产业的信息收集与管理,韩国政府建立了一个完整的政府机构体系对此负责,韩国文化观光部负责文化产业统计的工作,具体数据收集则有专门机构专项负责。

除此之外,还有韩国国家统计局负责文化产业分类工作,韩国国家银行负责文化产业投入产出表的研制工作,等等。另外,一些行业协会也会开展数据的收集工作。韩国文化观光部每年会将所有数据进行汇总并对外发布《文化产业白皮书》,报告涉及韩国文化产业各方面的数据及分析。

韩国政府之所以如此重视文化产业的引导和扶持,原因在于文化产业在韩国发展过程中起到了积极的作用:第一,活跃了韩国文化市场,促进韩国经济发展;第二,文化产业发展带动相关产业发展;第三,文化产品的输出有利于提升韩国国家形象;第四,文化产业发展将促进韩国地方经济的发展。

(二)韩国综艺IP产业

2013年,韩国IP热潮进入了一个以质为本的阶段,也是各个领域试水IP打造的阶段。作为一档真人秀综艺节目,《爸爸,我们去哪儿》对于IP的打造一直在业界领先,第一季播放完便开始了IP的打造,其电影、动画、游戏、图书等IP产品广受好评,也在社交平台上不断掀起讨论热潮。

对综艺来说,打造优质的基础内容是IP开发运营的重中之重。《爸爸,我们去哪儿》从开播就备受好评,收视率、观众满意度和话题热度都有一定的影响力。首先,它有明确能够引导热度的IP符号。《爸爸,我们去哪儿》作为真人秀综艺节目,其中有很多可以制造热点的话题,有很多可以进行持续开发的IP符号。其次,在深度挖掘IP价值的同时,节目应注意适度创新。《爸爸,我们去哪儿》在电影、动画、图书、旅游产品等各个领域都有所涉及,虽然取得了一定的经济效益,但整体缺乏创新。再次,在挖掘IP价值时应找准不同平台的不同语境,作为MBC电视台的亲子类真人秀节目,《爸爸,我们去哪儿》需要按照播出标准和真人秀蓝本进行策划和拍摄;但是如果把它作为原有IP在其他平台进行开发的时候,应注意不同平台的不同语境。最后,应注意了解网友的收视习惯。有数据显示,《爸爸,我们去哪儿》的受众人群中女性占比超过80%,其中80后、90后占比较高,了解他们的收视习惯格外重要。

(三)韩国影视 IP 产业

IP 意为“知识产权”,就 IP 电影而言,其衍生产权大体包括“电影版权和形象权”。前者主要包括“基于电影作品而带来的复制权、发行权、出租权、放映权、改编权等财产权”;后者又称“商品化权”,它是一种新型权力,目前对它还没有一个准确的界定,但因形象因素大多与创造性活动有关,特别是虚构角色,它满足了知识产品的构成要件,且已经具备知识产权的基本特征,因此许多学者将其列入知识产权的领域。从 IP 资源价值链角度分析,IP 电影还牵涉原生 IP 的知识产权和商业体系,如网络小说、网络音乐、原创视听、新闻作品的生产和交易等。上述 IP 资源一旦形成影响力,就可以被商业资本以“知识产权交易”的形式购买,并用于电影的生产、发行、放映以及后续衍生品开发。韩国 IP 电影在打通 IP 资源上下游产业链、营造 IP 资源持续开发的价值网络和生态环境上,都有值得中国借鉴之处。比如其健全的电影版权保护制度、完善的电影文化资产数字化管理系统(由韩国文化体育观光部、韩国电影振兴委员会和韩国电影资料馆等参与建立)、电影企业横向联合与垂直化经营合璧的运营体系等。

《釜山行》等韩国恐怖电影以 IP 资源的可持续开发和叙事能力的“反哺”“再生”为重点,借鉴和吸收日本、好莱坞恐怖电影的创作经验,同时融入韩国电影本土化的“静美”特点、舒缓节奏及一流的情感叙事能力,再加上韩国电影成熟的商业生产体系和发行模式,使其成为具有极大市场辨识度和号召力的优秀文化品牌。韩国恐怖电影不仅在本国占一席之地,而且在海外也具有较大的市场影响力。

IP 资源在改编与开发中,创建品牌的首要环节在于 IP 品牌的精准定位。在分析目标观众和竞争对手品牌特点的基础上,韩国 IP 电影在设计品牌定位时大体遵循三个原则:一要满足目标群体的观影需求和情感想象;二是有区别于竞争对手的产品内容;三是要有承载社会责任的品牌使命感。比如韩国经典 IP 电影文本《女高怪谈 I:死亡教室》,自 1998 年以迥异于传统恐怖电影的视听风格博得观众好评后,它就一直拥有稳定的受众群体和市场号召力。它以打造“韩国校园恐怖故事”为核心的内容开发理念和品牌运营定位,将该系列电影的矛头直指韩国残酷的教育体制,在故事中传达着韩国社会希望学校教育环境得到持续改善的真诚愿望。20 世纪 90 年代《传说的故乡》热播,为该 IP 资源进一步扩大了影响力。

另外,差异化的产品地位也使“女高怪谈”系列拥有了持续生命力。该系列专注于韩国校园恐怖故事的讲述和开发,题材聚焦,内容集中。悬疑元素的加入、诗意化的影像表达以及女性作为对抗韩国教育体制的英雄形象设计,使“女高怪谈”系列 IP 电影的艺术风格,在一定程度上突破了韩国传统恐怖片平铺直叙的风格,在为观众带来耳目一新感觉的同时,也对韩国公众思考和改善本国学校教育环境起到了促进作用。

IP 资源的品牌定位确立后,内容文本的再生产和视觉识别系统的构建,成了 IP

品牌持续开发的关键。以《釜山行》的文本内容和视觉识别系统构建为例，导演在《首尔站》《釜山行》与《釜山行 2：半岛》中，通过内容生产和视觉体系设计，集中诠释了该 IP 品牌“韩国丧尸片”的市场和审美定位。《釜山行》IP 文本在影片命名、主题构建、人物形象塑造以及视听风格创作上，也于融合、创新中，革新了韩国民族电影的文化传统。

IP 电影品牌要素除了影片文本，还包括导演、制片人以及电影公司等元素的 IP 化过程。“釜山行”系列采用电影节获奖、新闻公关等宣传策略，为创作者、制片人及电影公司搭建起 IP 化平台和通道。

在 IP 资源的品牌维护方面，需要引导受众正向反馈。要进行精准化、社交化营销；长期化、系列化开发；线上线下互动，培育 IP 文本的粉丝基础；要进行衍生品开发，持续培养粉丝对 IP 文本的忠诚度。

（四）韩国影视 IP 与旅游业的结合

随着影视文化产业的发展，影视 IP 应运而生，成功带动了自身周边产业变现，同时影视取景场地的开发也促进了当地旅游业的发展。借助影视行业的良好发展势头，将旅游业的开发、运营与影视 IP 相结合，已经成为当下城市文旅开发不可忽视的一种方式。如风靡世界的迪士尼主题乐园，便是运用电影 IP 与文旅成功融合的经典案例。

在影视 IP 与旅游业结合的过程中，核心要素在于利用影视 IP 创作时的特定环境氛围，以影视的符号阐释当地文化内涵。这样既利用影视 IP 成功开发了当地的旅游资源，又促进了当地影视产业发展，提供了大量新的就业机会。

二、韩国文化产业相关法律与政策

（一）以法律形式确保电影市场的开放和自由

近年来，韩国在建设知识产权强国的战略背景下，影视文化产业的增长取得了举世瞩目的成绩。韩国与中国相似，影视产业发展也经历了由政治主导向市场主导的转变之路，当然市场主导的背后是法律制度的完善和保障。

从韩国有关影视文化产业的最新立法动向来看，2011 年 4 月韩国国会通过并实施了新的《知识产权基本法》。该法与过去的立法相比，重点明确了韩国政府最新的知识产权建设方向，即知识产权创造、运用和保护三个方面，而且单从专利转化这一项，韩国预期将技术转让的国家研发预算比例由过去的 0.7%上调到 3%。该法还有一个重要突破点：韩国成立专门的知识产权委员会负责知识产权保护工作的统筹管理。为了不让它显得空洞和无执行力,该法制定了清晰的知识产权基本计划指导执行。至此,韩国知识产权保护最新的总体框架已基本达成,这也使得韩国影视文化产业知识产权立法保护水平又向前迈进了坚实的一步。

另外,韩国是世界上第一个制定文化产业促进法的国家,而我国在这方面立法还处于空白阶段。因此,韩国的《文化产业振兴基本法》对我国具有较强的借鉴和学习价值。研究该法,可以发现三个特点。第一,该法凸显了韩国的文化产业振兴思路"好高"但却"务实"。因为从韩国的战略目标来看,韩国立誓要挤进世界文化产业的前五强行列,并且要在游戏软件业 2010 年国际竞争力排名榜上挤进全球前五的行列。这些内容清楚地规定在法律当中,足以说明韩国十分重视文化产业在国家中的地位。"务实"体现在,韩国促进文化产业的思路上,以夯实产业基础为首要任务,逐步提高产业的竞争力。第二,求稳但不保守。从韩国的立法规律来看,不成熟的行业领域是不立法的,但是文化产业又急需一部完善的促进法来规范行业发展,所以放开原有规律而不一味地守成立法,给予文化产业充分的开放空间,从立法方面让法律能够适应新形势和新要求。第三,既注重规范也注重执行。该法中每个事项都必须做到明确无歧义,"执行"体现在体制的构筑上,每个部门或人员的具体职权、工作内容、处罚措施等都必须具体明确。

韩国在电影产业立法保护方面,施行的是电影配额制,以防止本国电影市场占有率的缩小。1996 年韩国颁布的《电影法》规定,电影院每年上映的国外影片不得超过国产影片放映量的 1/3。在放映时间天数上,必须保证电影院每年放映时间在 60 天至 90 天。为了更好地落实电影产业的扶持政策,韩国政府每年会拨出 500 万美元以上的补贴经费,用于支持该年内 20 部带有民族特色的电影去参加各个国际电影节。另外,韩国也兴办了釜山国际电影节,用于协助本国电影开拓海外电影市场。

在内容审查制度方面,韩国 1961 年就出台了《公演法》,专门成立公演伦理委员会,负责审核本国所有的影视节目、广告、唱片、网络游戏、舞台艺术等传播内容是否符合本国表演和播出要求,对不利于身心健康的内容以及破坏社会稳定的作品一律不准播放。可以说该法的实施不仅很好地维护了国家的公共秩序,也可以减少其对青少年心理健康的负面影响。此外,为了规范影视作品网络传播监管,韩国是最早设立互联网审查机制的国家,其采用的方法是利用网络实名制与网络黑名单双管齐下来震慑和处罚那些在互联网上传播违法内容的影视作品制造者和传播者。不仅如此,韩国为了支持这项制度顺利执行,于 2001 年就颁布了《互联网内容过滤法令》和《不当互联网站点鉴定标准》,不仅明确了内容过滤的合法性和内容分级制度,还强调了过滤软件必须在韩国所有网吧、学校、公共图书馆内安装使用。

(二)构建版权保护制度体系

根据相关数据统计,在韩国热播的综艺节目中有 72.45%被引进到中国,而韩国综艺在中国荧幕所占比例已高达43.27%,对韩国的综艺节目制作模式模仿复制或购买版权已经成为中国电视圈的新常态。早在2013年,韩国电视台仅靠综艺节目的版权输出所获得的收益就超过3亿美元。韩国每年9月的国际电影节,就是国内各路制作方大规模疯狂抢购综艺节目版权的机会,仅2014年一年其版权成交费用就突破了10亿美元。中国高速增长的经济成为韩国优化产业结构的契机。

目前在中国走红的电视综艺节目中,90%是从海外引进的版权。湖南卫视、江苏卫视、浙江卫视及央视引进海外综艺节目超过30档。大量引入海外综艺节目,既能给观众带来精彩纷呈的娱乐体验,也能够提升我国电视综艺节目的质量及加强对版权的重视。

据《江苏科技报》报道,2012年,韩国的知识产权使用费收入总额为34.4亿美元,韩国对于知识产权的重视对其经济发展起到了良好的促进作用。

韩国综艺节目的成功在很大程度上是因为综艺节目符合现代观众的心理。这就要求综艺节目展现出积极向上的精神。由此,韩国的综艺节目不仅有助于提升韩国经济,还有利于传播韩国主流价值观,而且这里的传播并不止步于韩国国内,还遍及世界各地。

韩国对于海外综艺节目版权的保护机制主要是借助其在各国设立的知识产权专门机构IP-DESK。韩国特许厅每年都会向IP-DESK派出知识产权派遣官,专门负责海外知识产权保护工作。此外,韩国每年都会对韩国企业在海外遭受知识产权侵权情况进行调查统计①。其具体操作方式是,当韩国自主研发的知识产权项目要进入另一个国家时,IP-DESK会先去该国根据当地法律申请专利、商标等知识产权保护,并在平时不断关注所驻国法律、技术等相关领域的动向,确保韩国的知识产权不被所驻国侵犯。韩国对其海外知识产权保护形成了综合的应对侵权系统,有效地防止了其国家的核心技术、著作版权的外流。

韩国对于电视综艺节目知识产权的海外保护,典型案例便是《花样姐姐》《花儿与少年》《奔跑吧兄弟》等的版权引进。对于韩国相关综艺节目的原创作者来说,正是因为创作得到了系统的知识产权保护,才使得他们乐于创新、勇于创新。他们的创新使得韩国经济在知识产权领域收益颇丰,这种收益又反过来促进国家对知识产权行业的扶持,刺激物化的社会中人们对于创新的向往与肯定,形成良性循环。

对于电视综艺节目这类需要创意的产业来说,它与歌曲专辑的情况一样,若希望综艺节目蓬勃发展,不仅要求节目本身是吸引人的,还需要政策、法律的扶持。我国可以借鉴韩国对于知识产权的双重保护,国内设知识产权保护政策协会,海外设IP-DESK,并为创作人提供创意被剽窃、被侵权的救济途径。

---

① 郝兴辉.韩国海外知识产权保护政策及其启示[J].中国发明与专利,2012(10):99.

在制度的推动下,韩国版权产业取得了世界瞩目的成就。由于版权制度与国际接轨后相对滞后,所以韩国遵循了先易后难的原则,创新版权机构建设。这首先表现在政府机构充分优化版权行政管理,并利用半官方机构。在韩国,不是所有的版权行政管理事务都由文化体育观光部管辖,而是采取下设半官方机构的方式将大量版权行政管理事务下放。著作权管理是靠韩国著作权委员会,软件著作权行政管理是靠韩国软件著作权委员会。

在一系列的尝试下,著作权集体管理组织建设取得进展。目前,韩国从立法、司法和执法三个方面打击国内版权侵权,取得了一定成效。在韩国,著作权案件也分亲告罪和非亲告罪两种情形。亲告罪必须由被害人起诉,才能提起公诉,被害人不起诉,就不能提起公诉。非亲告罪则可以由被害人以外的具有起诉权的第三者起诉,这意味着任何人都可以起诉侵犯著作权的罪犯。著作权诉讼中公诉范围的扩大,加强了对著作权人的保护。

韩国在打击版权侵权方面,通过中央政府各部门联动、中央政府和地方政府联动,明显加大了版权执法力度。警察和检察机关成主角,其他部门也被赋予版权执法职能。在知识产权执法方面,韩国破例将执法权力赋予多个与知识产权问题联系紧密的部门。打击版权侵权也是如此,韩国陆续赋予文化体育观光部、情报通信部和海关执法的权力。

随着韩国版权产业的迅猛发展,韩国版权产业已经不满足于占领国内市场,而是大量输出海外。海外市场中,美国、欧洲和日本的版权保护水平较高,韩国版权产业的合法权益可以得到保护,而在版权制度尚不完善的中国和东南亚,加大海外版权保护已经被韩国版权产业界提上了议事日程。

为此,韩国主要采取了两方面措施,首先表现为政府大力支持海外版权保护。2005 年,韩国著作权委员会设立了海外著作权振兴中心。该中心目前已在北京和曼谷设立了办事处,其职能主要是为韩国版权产业进入海外市场提供全方位服务。海外版权保护是其中一项重要服务,主要包括:建立韩国版权信息网,便于确认韩国版权在国外的登记情况;对韩国版权在国外的使用状况进行调查;介绍国外版权法律并提供法律服务;对国外版权政策进行研究。

其次表现为企业自发到海外市场维权。韩国版权产业中有一定规模和实力的企业,为了维护企业在海外市场的正当权益,往往自发专程赴海外市场维权。例如,韩国著名的卡通形象“流氓兔”在中国市场上存在大量盗版产品,“流氓兔”的韩国版权商曾专程来华进行维权活动。维权主要分三个方面进行:一是开展正版授权活动,例如,韩方已将“流氓兔”的正版图书授权给光明日报出版社;二是召开新闻发布会,让消费者了解“流氓兔”的知识产权归属;三是挑选典型企业提出诉讼,起到震慑作用。

(撰稿:谭丽丽)

第五节　美国电影发行知识产权管理

在工业时代，电影版权包括文字、照片、声音、商标等信息；在数字时代，因传播技术和方式的改变，对电影版权保护的指认扩大到电子媒介。不同时代下对于版权保护边界地再图绘，有利于分辨电影版权在发展过程中与技术现实的关系究竟是一种建构性存在还是一种反应式存在。本文将从历史的维度聚焦美国电影发行的知识产权管理。

一、文字符号到视觉图像：版权对现实的反应与构建

15 世纪德国人古登堡(Gutenberg)推出的金属活字印刷术助力了历史上第一次真正意义的版权保护，也催生了新的贸易形态。诞生于这个时期的书商们通过对现实市场“畅销”推广的观察，以大量复制他人作品实现盈利，走向了现代意义上的版权(复制权)道路。随着工业革命的介入和印刷技术转移到英国，英国女王玛丽一世授予书商们符合自身利益需求的版权保护特权，借此来维护英国王室自身的统治。

约翰·弥尔顿(John Milton)在《论出版自由》中说，“思想不是像我们绒面呢和羊毛衣那样进行标记和许可的商品”[①]。他抗议图书专印许可证是出版社和皇室的收益而不是作者的。面对皇室与出版商日益垄断版权的事实，学者约翰·洛克(John Locke)透过“劳动是价值的唯一源泉”发起了对保护主体的追问，并用“自然人应该享有生命和财产的天然权利”的论点来反驳托马斯·费尔默(Thomas Filmer)在《家长制》中阐述的帝王神权。“天赋人权”等思想试图废除专印许可证以使作者享有法律保护。同时极速扩张区别于前期出版商创造的发行作品市场，印刷出版商对于利润的追求逐渐失控因而求助于法律。恰逢英国当时一批学者意识到“知识的伟大力量”，他们于 1708 年向英国国会提出用知识产权来鼓励创作。该提案最终被采纳并在第二年颁布了世界上第一部关于版权的法律——《安娜法》，在具体的条款中出现了保护对象由出版者向版权作者的转变。因此，该法案是版权发展史上的一个里程碑。

18 世纪美国建国后，美国延续的知识产权条款中就明确包含了“为促进科学和艺术的进步，通过赋予作者和发明者对其各自的作品和发明有限时间的专有权利”[②]。而真正作为第一部法律实施的是 1790 年颁布的《版权法》。从最初的文字作品到曝光

---

① 资料来源：约翰·弥尔顿.论出版自由(John Milton，Areopagitica：A speech for the Liberty of Unlicensed Printing)，29(1964)(H.B. Cotterill ed.1959)。

② 徐瑞鸿.我国网络环境下著作权之民法保护及其限制[D].北京：中国政法大学，2007.

的一张图片作品，再到活动的一组连续照片，影视越抓住技术这一引擎，版权保护的局限性越发暴露出来。版权制度修改的滞后性无法保证其全面性。

二、视觉符号到动态影像:好莱坞电影版权制度流变

(一)版权管理初探(1790—1950)

从《弗雷德·奥特打喷嚏》开始，电影可以转换成受到版权保护的对象——照片。通过注册照片、保存副本胶片，电影的原创性和版权保护的潮流得以联系起来。“爱迪生制造公司以及后来的爱迪生信托公司(电影专利公司)参与了 1912 年《汤森修正案》(Townsend Amendment)中具有里程碑意义的修正，该法案正式将电影添加到版权法中。”①至此，电影可以以纸质形式归档。但是由于将胶片注册为照片的做法令人不安，所以在 19 世纪 90 年代照片版权的地位并未完全确立。

早期胶片时代的电影里呈现的是对照片的保护。1865 年美国国会将照片添加到版权法中，以维护布雷迪(Matthew Brady)和其他摄影师建立的艺术照片这一增长的市场。可以这么认为，“电影照片”的版权保护离不开成熟技术的推动，未经授权复制是早期版权保护的主要内容，包括早期的书籍文字印刷、摄影和录制音乐，以及后来用于互联网的数字知识产权。“一个属于化学范畴，指的是光在某种物质上起的作用;另一个属于物理范畴，指的是通过光学设备成像”②。物质现实与介质的融合，完成了对原始材料的现实展示，电影也抓住了新媒介的传播属性。

爱迪生制造公司基于复制其他公司的电影而建立了自己的业务。复制乔治·梅里爱(Georges Merrill)《一个月球旅行记》(1902)便是践行这一现实的绝佳例证，公司从竞争对手公司的正片上创建自己的负片，然后开始印刷和出售胶片，就好像自己拥有所有权一样。正如电影历史学家乔治·萨布尔(George Zable)、杰伊·莱达(Jay ledda)、大卫·鲍德维尔(David baldwell)所表明的那样，“世界各地制片人都参与了一个快速、流畅的交流项目，欺骗只是复制文化范围中的一部分，也为全球电影艺术的快速增长做出了贡献”。一些公司为了“弥补”法律方面的局限，要将尚未注册为照片的电影复制到版权局，给予注册版权声明的电影以尊重。这种做法促使一些公司在尚未确定胶片注册为照片的情况下，根据模糊的界限凸显出这样一种立场，即在现有的版权法(已支配照片的复制和发行的法律)下，交易可以不受阻碍地进行。美国电影行业早期的领导者，也都从复制、欺骗业务中汲取了一定的教训。正如查尔斯·穆瑟

① 资料来源:约翰·弥尔顿.论出版自由(John Milton，Areopagitica:A speech for the Liberty of Unlicensed Printing)，29(1964)(H.B. Cotterill ed.1959)。

② 巴尔特.明室:摄影札记[M].赵克非，译.北京:中国人民大学出版社，2011:13.

(Charles Musser)所言:“在很大程度上,爱迪生与对手的竞争是围绕着速度,将新发行的欧洲故事电影带到美国进行欺诈和出售的速度。”[①]不管对于内容保护持有怎样的态度,电影都必须面对现实市场亟待解决的问题——保护电影内容。

在布芬顿(Buffington)看来,电影推动了摄影艺术的发展,而不是创造了一种新的媒介,由此电影和照片的版权保护实现了补充的效果。它抓住了电影在放映时可以创造出完整的体验,应该保护完整的体验而不是保护单个框架这点,“要求对众多无法区分的照片分别进行版权保护,按照法院的建议,实际上将要求对许多图片进行版权保护,以保护单张图片”。摄影机将一连串的物质材料置入影像时,看重的是它们可以内化为一个有意义的整体,正是这种对于心理关系的把握,帮助完善了电影保护的空间。从电影《弗雷德·奥特打喷嚏》开始,电影制片人就可以将整部电影注册为一张照片,体现出了对版权保护的扩展。

从爱迪生将胶片注册为照片的方法到恢复胶片制作,从电影《美国消防员的生活》到《杰克与魔豆》,再到《火车大劫案》,都细致地勾勒出了电影技术对照片构图的转变,但版权保护似乎还停留在单镜头全景影片上。直到1902年以后,电影转变为多镜头、叙事性电影。“是否应该注册每个镜头？还是可以将整部电影注册为一张照片,从而减少支出？还是从每个场景中只注册一个代表性的镜头即可满足要求?”“这提出了一些困难的法律问题,在采取行动之前应该认真考虑。”索尔伯格的无助回应阐释了应该如何理解电影盗版。于是,爱迪生的工作人员着手开发了一种用于复制未注册电影的系统,观众看到了在美国市场最具有商业潜力的欧洲电影。一般情况下律师事务所在查询电影版权注册与复制后,会将其发行给放映商。1907年电影《放映世界》被处以高额的罚款,让制片商对工业文明初期电影市场的丑陋与规矩有了一定的感知,但欺骗和非法复制依旧与电影发行如影随形。从人类历史看,复制是一个历史悠久且具有道德性的行为,使得文化能跨越时空而保留传承,是刺激人类文化发展的重要基础。但由于机械复制技术的发展以及人们对经济利益的追求,复制出现了未经许可侵权的行为。

小奥利弗·温德尔·霍尔姆斯(Oliver Wendell Holms Jr.)努力应对机械复制对知识产权造成的变革,提出技术改变了作者与读者之间的关系。他认为复制的结果是“可能在一千英里范围内受到侵犯,而其所有者从未意识到错误”[②]。他知道今天的流

① MUSSER C. Before the Nickelodeon: Edwin S. Porter and the Edison Mmanufacturing Company [M]. Berkeley: Uuniversity of California Press, 1991: 239.

② 保罗·戈德斯坦(Paul Goldstein)和希瓦·维迪亚那桑(Siva Vaidhyanathan)分别在美国版权法的历史中提出,霍尔姆斯的版权观在某种程度上是直接的、个人的和法学的。1899年,霍尔姆斯在最高法院败诉,案子涉及其父亲的著名故事《早餐桌的独裁者》。法院一致认为该故事已进入公共领域,因为其版权注册尚未续签。作为父亲的文学遗产的执行者,霍尔姆斯损失了所有未来的利润,这些利润来自出售故事以及授权翻译、戏剧化以及可能的电影改编。

行娱乐会构成明天的经典，正如霍尔姆斯在布莱斯坦(Bleistein)诉唐纳森(Donaldson)案中认为“某些作品与美术的联系并不少，因为原画吸引了很多观众”，还主张“法律的生命不是逻辑而是经验”，进而相信法律的延展性和经验性。霍尔姆斯将这种思考运用到电影版权当中，也选择了以此逻辑推进本·胡尔(Ben-Hur)案并说服法院：电影仅采用小说的思想而不是表达的论点，毕竟一个由文字组成、另一个由图像组成。他认为法律已经将行为作为语言加以保护，运动图像和语言也有着十分亲密的关系。他说：“戏剧可以通过行动也可以通过语言来实现，行动可以讲一个故事，显示人与人之间所有生动的关系，并描绘出各种人类情感，而无须借助任何语言。”[①]霍尔姆斯把运动图像理解为“镜子的比喻”，从而诗意地说道：“运动图像只比镜子的反射更加生动。”霍尔姆斯和法院对美国电影业商业模式的分析，使得制片人只有获得许可才能修改银幕上的作品。

布芬顿认为电影与摄影类似，都是将摄影转化为完整的图像状态。爱德华·汤森德(Edward Townsend)提出版权法的修正案《汤森德法》，由此限制电影制片人的改编权，当被发现擅自改编小说和戏剧时必须支付赔偿金。1909年国会一致通过该修正案，开始对版权法进行重大修改，逐渐撰写出《美国电影版权法》草案，借助《汤森德法》调整了对于文学作品的保护。到1912年，国会正式将电影作品添加到可申请版权保护的对象中，这使得一些电影作品的版权拥有者与那些因剧本被改编而寻求经济补偿的原著作者们之间的矛盾更加明显。随后爱迪生(Edison)、塞利格(Selig)、维塔(Vitagraph)等人开始购买杂志故事的版权，甚至鲁宾(Lubin)也屈服并开始购买改编剧本的权利，一些新兴独立公司借助协议开始建立联盟以获得小说所有权。例如，百老汇受欢迎的制片人大卫·贝拉斯科(David Belasco)与杰西·拉斯基(Jesse Lasky)故事片公司建立联盟，打造出了塞西尔·B. 戴米尔(Cecil B. DeMille)的第一部电影《异种婚姻》(1913)。Eclair(艾克莱尔)公司与环球影城(Universal Studios)结盟并向其授权了欧·亨利(O.Henry)的所有短篇小说。[②] 到1918年，每一位发行人都建立了由代理人组成的电影版权部门，发行商、剧院和电影制片厂之间变成了排他关系，随后出现了这种垂直整合后的特许经营、系列和授权改编的新电影市场。

1920年有声技术出现，这个时候的矛盾是人们通过有声电影寻求更大的权利，而这些技术却造成了对知识产权失去控制的状况。此时，市场的收益也把银行家这个角色带入舞台，并形成了以雷电华公司和华纳兄弟公司为首的两大电影巨头。这一时期的电影业由于有声的融入，在生产和放映上的资金需求量比较大，五大电影公司凭借拥有的版权作品的权利以及声音系统吸引了不少银行投资。

---

① 资料来源：卡莱姆(Kalem)诉哈珀兄弟(Harper Bros)案(1911)。

② DECHERNEY P. Hollywood's Copyright Wars：from Edison to the internet[M].New York：Columbia University Press，2012：77.

从“文字印刷”到《安妮法案》再到美国1790年版权法，文字符号的保护完成了创作主体和权利性质的表达。正是这种界定，让作者拥有了作品的专有权利，这也表示现代版权元素已深入现实生活中。但是在新技术时代下，电影的保护随之迎来了版权扩展与再图绘。

(二)成长成熟期(1950—1990)

不同于文字与图像的原始表达与保护，从1950年电视机出现至1990年电影产业数字化的普及，新媒介形态出现并逐渐对电影产品产生威胁。此时的版权保护不仅需要将后期处理介入前期，而且因为电影制片厂损失巨大，需要借助法律重塑电影市场的经济结构。比起文字、图像、音乐的介入，DSI(数字语音内插)技术的升级、独立盒式录像机(Betamax VCR)和VCD更具革命性颠覆。尤其是VCD，它以复制为目的，开拓出一片崭新的影像景观，并有目的、有需求地进行海外贸易扩张。美国版权学者曼恩(Mann)更是发现了数字技术对于电影版权本体的极大影响。在他看来，数字技术所具备的在极短时间内将电影视频从一个地方转送到另一个地方的实力，将版权问题拉到了政策竞技中央，“在这个广阔的公有领域里，没有什么会脱销或者不能被找到，人类文化的每一个碎片都被记录下来，无论其多么不起眼或是在商业上多么成功，现在都被提供给所有人”①。

在曼恩的演说背后，首先是传播介质的转变。在美国，从二战以后电视逐渐进入家庭到20世纪五六十年代电视基本普及，好莱坞最初的反应是通过版权留住产品，与此同时在技术和内容上都有所变化和创新，出现了立体声、大屏幕等新样式，内容上也开始分级，呈现出区别于电视内容的影院放映模式。注重成本回收的好莱坞发现，电视播放的版权效益竟然能带来更高利润，于是电影和电视达成了“和解”，合并的结果使好莱坞占据了版权市场70%的份额。② 这一现象持续到20世纪60年代有线电视业的崛起。

从20世纪60年代有线电视运营来看，DSI技术升级背后隐藏的是电影和电视版权商的节目收益相对减少。电影公司和广播平台不满当时有线电视以零成本运营节目，试图使自己的版权保护范围延伸到有线电影领域，于是分别向国会和法院提出诉讼。联邦最高法庭支持FCC(美国联邦通信委员会)的结果，不久又裁定有线电视节目只是一种“展示形式”而不在版权的考虑范围之内③。在反复混乱的局面中，国会给出了最终决定，出于对有线电视在转播中获利的考量，有线电视运营商须向节目版权

---

① MANN C C. The heavenly jukebox[J].Atlantic monthly,2000(9).

② BETTING R. Who owns prime time? industrial and institutional conflict over television programming and broadcast right[M]//MANDER M.Feaming friction. Urbana:University of Illinois,1999:125-160.

③ 资料来源:Fortnightly v. United Artists,1968。

拥有者支付转播费用。有了这样的先例,好莱坞那些版权所有者对于自己掌控的电影版权拥有绝对的权利,甚至在这些利益集团的游说下,版权保护的范围延伸至卫星和网络转播。

1975 年,由索尼公司研发上市的独立盒式录像机使得整个电影版权业面临着第二重压力。环球影业和迪士尼首先意识到,录像机进入市场可以达到侵权的目的,甚至由于快进和删除广告降低了它们商业广告的收益,因此将索尼告上了法庭,通过强调 VCR 的害处,试图在美国取消该设备的应用和销售。遗憾的是,州法院的判决是索尼胜出。但事情在 1981 年出现反转,之前的裁定结果被上诉法院推翻,就连 MPAA(美国电影协会)也出台了"录像带是侵权产品"的声明,用来保护电影会员拥有版权的完整性。此后不久,MPAA 在取消该声明的同时又附了一份交付版税的强制性说明,强调了缴付的版税会由电影版权所有者拥有。迪士尼看到录影带存在的巨额利润,悄悄退出了这场官司。1984 年,最高法庭判决索尼没有侵权。

到 20 世纪 80 年代,VCD 的普及使得盗版更加猖獗,美国之外的市场盗版行为比较明显。好莱坞每年在此问题上损失将近 10 亿美金,因此如何保护本国的智力产品成为首要问题。美国电影内容基本上由法律来管理,所以解决的办法是通过与别国建立打击盗版的国际公约来增强力度,涉及地区从西欧开始,后来转战中东和东南亚,最后又到了亚洲。20 世纪 90 年代初,美国利用多种方式,迫使多国出台版权法。为了赚取全世界的利润,在 MPAA 的促使下,美国国会开始出台法律,以强制性制裁的方式让多个国家拥有对好莱坞电影的进口权,主要包括韩国、日本、新加坡等。之后美国又促使中国在 1991 年出台了第一部版权法。但即使这样,也不能够完全有效地控制全球这个大市场,数字技术的提高让盗版更加泛滥,而且这一态势将会进一步激化。

总之,版权运营已经成为数字技术时代下创造再生价值的主要手段,它不再受人的主观意识影响,而是完全由版权价值来衡量。但在文字、图像的保护还处于上升时期时,版权制度因素的作用主要是潜在的和间接的。当内容生产力得到极大发展以后,版权制度带来的版权产业的经济和价值因素开始更为活跃,并成为主导因素。

(三)深化发展期(1990 年至今)

诞生于 20 世纪初的电影产业数字化技术似乎来得更为简单粗暴。就在人们还在为录像带盗版现象担忧时,DVD 开始在市场广泛流行。这对好莱坞每年的收益是严重的冲击,而美国将电影产业作为版权经济,在每一部电影向下释放的环节中都要保证利益最大化。这以后,2005 年电影版权的问题集中在网络上点对点的传播,甚至在电影正式发行前盗版者通过几个小时的非法下载将盗版电影在网络上广泛传播。盗版的来源有的是行业内部人员,当然也有电影院里的观众以及盗版公司,甚至还有一些从事专门转码加密 DVD 的专家。

此后，美国开始通过法律和技术等方式，减少全球光盘和网络盗版的侵权，包括：确保加强法律和贸易协议对版权的保护；通过加密技术和水印控制数字版权；加强起诉和警方搜捕；进入并扩大合法产品的市场[①]。与此同时，美国国会、美国电影协会从不同方面设立了打击盗版的法律法规。首先，美国国会通过了《禁止电子盗窃案法》和《数字千年版权法》，从立法上对在互联网随意散播正版作品的行为明确禁止。《数字千年版权法》强调了将解除加密和洗掉水印视为违法。为了从根本上消除非法作品和保护版权人权益，其还将供应商提供的检举义务，作为国会免除他们版权责任的途径，并进一步改变了因特网服务供应商的角色。紧接着，美国电影协会在 2005 年促使国会通过了《家庭娱乐和版权法》，确立了偷录电影为"联邦重罪"，并且和摄影机行业联合研发干扰技术，加强电影在发行前的处罚措施和技术防范。而作为好莱坞的电影集团，因为有了国家立法的保护以及版权管理体系的完善，电影大制片厂也开始通过上诉来保护其版权财产。诉讼的对象包括两方面，一个是作为提供网络平台的黑客网站，另一方面是网络盗版的使用者。比较讥讽的一个现象是，2005 年包括索尼、MGM、派拉蒙、福克斯在内的公司，可为用户提供下载电影服务。[②] 2006 年，提供电影下载的网站也都提高了自己的下载速度，诸如"电影在线"和"电影链接"这些网站也共同表达了提供电影下载服务的愿望。由于音像制品和下载都有保留权，版权依旧归版权所有者拥有。

在传统发行时代，电影包括两个基本组成部分：制片方和发行方。而在"数字时代"背后藏匿的是互联网与观众直接关联的基础信息，经过技术操作后，渠道才得以显现。在数字技术和版权的发展过程中，新的发行形式和复制方式也改变着立法，不同时期的立法在平衡不同利益主体之间的利益时促进文化繁荣。因此，通过直接捕捉大众的需要并将它放到产业转型发展重构的大视野中进行观察、对照，方能洞悉"版权为王"的资产管理本质，也就对好莱坞 CEO 们在面对版权融合衍生上不断发出"建立版权管理体系"的呼声不足为奇了。

（撰稿：张莹）

---

① BETTING R. Copyright and the commodificiation of culture[J].Media development，2003，45(1)：3-9.

② HANSELL S. Forget the bootleg，just download the movie legally[N].New York times，2005-07-04(Cl，C4).

第四章

特别关注·国际视野下中国儿童IP发展

第一节　儿童IP发展现状分析

儿童目前已成为移动互联网的重要消费群体,相应地,儿童数字内容也在呈现爆发式的增长。而随着经济全球化和知识经济的深入发展,版权成为重要的生产要素和财富资源,儿童IP在商业布局中也逐渐被重视:不仅原有的老牌儿童IP在新环境下持续转化与变现,更有大量的公司加入儿童IP打造与运营的赛道中。这背后的原因不复杂,儿童IP内容下蕴藏的巨大需求是关键,而且其未来巨大的增量空间也被市场所看中。

事实上,在正式提出IP概念之前,IP现象或类IP现象就已广泛存在,尤其是作为分支的儿童IP,在20世纪三四十年代就已经初现雏形。放眼全世界,美国、英国、日本等发达国家在儿童IP内容的创作、开发、传播、运营等全产业链上,已经有很长时间的发展经验。中国在这方面起步较晚,近几年增速领先,这一方面意味着中国的儿童IP产业发展与一些国家仍然存在明显差距,另一方面也意味着儿童IP产业在中国有广阔的发展空间。

一、儿童IP的界定

IP一词,最初来源于一个法律性质的词汇,即"Intellectual Property",直译就是"知识产权",在港台地区也被译为"智慧财产",其核心是作品著作权人对其智力劳动成果享有的财产权利。虽然这是一个舶来概念,但实际上这个词语在国内的使用频率远高于国外。

伴随着"泛娱乐时代"的到来,IP在我国本土实践中,已经不再停留在专利权和著作权这两个比较具象的权利上。它可以是消费者喜欢的人物、故事、音乐、理念等,即指所有无形的文化知识产权。

回归到IP的定义,行业内外对其解释不尽相同。奥飞娱乐罗晓星认为,各种对IP定义的解读都有道理,但总体可以用一句话来概括:只有拥有粉丝的内容才能称得上IP。根据罗晓星的观点,并不是任何一部文学作品或影视内容都能称为IP,"粉丝"是衡量普通内容和IP的重要标准,而"粉丝的数量和质量"则是区分普通IP和头部IP的重要参考依据;所有IP都具备授权的价值,但只有头部IP才拥有成规模、成体量的商业价值。

在内需消费市场中,儿童产业正成为一条新赛道。中研普华产业研究院的报告显示,2020年,中国儿童消费市场规模已接近4.5万亿元,其中儿童娱乐消费市场的规模突破 4,600 亿元。尽管儿童娱乐消费市场目前已经规模庞大，但其巨大能量还远未完全释放。庞大的儿童消费市场规模形成了儿童产业经济的基础，成为儿童市场发展的巨大动力，也显示出儿童市场的无限商机。

儿童 IP，广义上指有关儿童内容的 IP。儿童经常被人们等同于青少年、未成年人、少年儿童等概念，但作为特定的社会群体，儿童的概念不光是生理学层面的，也属于心理学范畴。联合国《儿童权利公约》第 1 条规定：“儿童系 18 岁以下的任何人，除非对其适用之法律规定成年年龄低于 18 岁。”除了这种单纯以年龄来划分的概念，儿童也可作为具有独特性质的群体，即那些符合儿童的审美需求，满足儿童的精神生活和物质生活，适合儿童心理特点和接受能力，有助于儿童成长的 IP 都属于儿童 IP。也就是说，儿童 IP 既包括那些特意为儿童打造、专业致力于儿童内容的 IP，也包括那些并非专门为儿童打造，但其价值观念、审美情趣、思维方式都能为孩子们理解、喜爱并接受的 IP。

近些年大热的《熊出没》《小猪佩奇》等影视剧的卡通形象，就是典型的儿童动漫 IP。再往前推，80 后、90 后也能脱口而出几个响当当的 IP，如葫芦兄弟、哪吒、美猴王等——虽然当时还没有 IP 的概念，但实际上它们也属于经典的儿童 IP。儿童 IP 的内容要为目标年龄层的受众量身定制，同时用儿童容易接受的方式呈现（如动漫等），并且用最有效的传播方式进行传播，吸引一定量的粉丝后，还要对这些粉丝进行维护，以保持粉丝热度以及良好的大众口碑，最终实现粉丝量级的提升，从而顺利地将好的内容转化升级为 IP。

二、儿童 IP 为何潜力巨大

（一）IP 大市场的成熟

随着网络技术的发展，“互联网＋”和移动互联网逐步完善，传统的“渠道为王”已经逐渐被“内容为王”所取代，以数字阅读、影视动漫、游戏直播等为代表的互联网产业迅速崛起，我国的文化产业进行了前所未有的升级和转型。在“人人都是自媒体”的泛娱乐大时代背景下，IP 内容的竞争已经上升到新的层次，融合了多元产业的 IP 生态产业链也日趋成熟。

从国家政策层面讲，国家对文化传媒产业的大力推进、支持以及对文化传媒行业的不断规范，对于泛娱乐产业的 IP 运营而言是利好消息。“优化媒体结构，规范传播秩序”“全面实施国家知识产权战略，以版权保护促进文化创新”等相关规定也使得 IP 受到广泛关注。我国儿童 IP 整体的产业链虽然有待健全和完善，但如今多元化的商业形态和变现渠道为儿童 IP 发展提供了更多契机。

(二)儿童市场的巨大需求

第七次全国人口普查公报数据表明,目前,中国 0—14 岁儿童人口总数超过 2.5 亿,在全国人口中占 17.95%,儿童用户规模十分可观。随着社会经济水平的不断提升以及精神娱乐需求的日益增加,儿童经济市场逐渐释放出巨大的消费潜力,儿童文化产业也焕发出前所未有的活力,并呈现出蓬勃发展的大好势头。易观发布的《中国儿童数字内容行业白皮书 2019》显示,近几年来,儿童数字内容的爆发增长,带动了产业交易规模的扩大,中国儿童数字内容核心产业产值早在 2018 年就突破两千亿,并保持持续增长趋势。

(三)儿童背后巨大的家长用户群

QuestMobile(北京贵士信息科技有限公司)发布的《2020 年儿童经济洞察报告》显示,0—12 岁儿童的父母是移动互联网主力人群,线上活跃人数在 3 亿左右,以 80 后、90 后正值年富力强之际的人群为主,中高消费能力用户占比超过六成。这些家长平时很忙,习惯甚至依赖使用在线教育、电商、在线视频平台等互联网服务来教育与培养孩子。

不仅如此,进入育龄期的泛 80 后新生代父母是在互联网时代成长起来的一代,更习惯依靠大数据育儿,同时还愿意通过网络共享育儿经验。由于他们的购买力较前几代有大幅度提升,又传承了"再苦也不能苦孩子"的理念,新生代父母在育儿上的投入可以说毫不含糊。因此,儿童产业遍布各行各业,发展潜力不容小觑。而如何孵化运营一个精品儿童 IP,如何在泛娱乐行业中规划性运作儿童 IP 的全产业链,便成为一个非常值得研究的问题。

三、儿童 IP 发展历程

IP 这一概念是在 2010 年进入中国后才备受国内文化娱乐市场关注的,经过十年时间的探索,中国 IP 开发进入 3.0 时代:IP 源头多样化,内容孵化机制日渐完善,对市场需求的把控能力不断提升,IP 顶层设计和生态圈建构也逐步成熟。比如迪士尼经典 IP 米奇早在 1928 年就诞生了。而放眼全世界,由于各国儿童 IP 产业的起步与发展都存在着不小的差距,因此很难从整体上把握儿童 IP 发展的历史脉络。但通过对世界各大知名儿童 IP 创作公司的发展历程进行分析,我们也能够总结出儿童 IP 产业及相关企业必经的几个阶段。

(一)带动主体业务发展

各国儿童 IP 产业的发展契机与其社会整体发展水平有着密切的联系。比如二战时期的美国诞生了一批代表着真善美的经典儿童 IP;又比如二战后的日本受美国影响动漫事业飞速发展,创作出许多至今人气不减的动画角色;再比如改革开放后的中国迎来了动画发展的黄金期,尽管彼时国内市场主体尚未形成 IP 意识,但在这个时期出现的《大头儿子小头爸爸》《蓝猫淘气 3000 问》等动画也已经具备成为 IP 的条件,如今,不少诞生于这一时期的动画 IP 被重新打造,打着情怀的旗号强势回归。

尽管各国儿童 IP 在发展时期上存在先后差距,但在发展的契机上却出奇相似。抛开迪士尼这类最初就是内容创作类的公司不论,目前世界上大部分知名儿童 IP 企业都是从玩具公司起家,制作和销售玩具是公司的主体业务。比如坐拥数个儿童 IP 的孩之宝就是一家游戏与玩具制作公司。1983 年,孩之宝制作了一种拥有各种色彩、可在上面涂鸦及梳理鬃毛的马型玩具,这就是小马宝莉的原型。这款玩具刚推出时销售一度陷入低谷,但是随着新一代玩具及其配套动画的播出,这款玩具便牢牢抓住了小女孩的心。2014 年小马玩具销售额超过 10 亿美元,一度超过芭比娃娃的销量。孩之宝旗下的另一 IP 变形金刚亦如此,变形金刚最初是孩之宝与日本玩具制作公司 TAKARA 合作推出的玩具产品系列。为了扩大玩具销路,孩之宝为之制作了相关漫画和卡通剧集,电视动画一经播出,很快成为当时美国收视率最高的动画片之一,就此为长达 30 多年的变形金刚传奇拉开了序幕。

作为目前中国最大且最具实力的娱乐文化产业集团之一,奥飞娱乐的 IP 意识觉醒也与玩具有关。1994 年,奥飞将仿制的四驱车玩具投放到市场,在取得不错反响后,又以 110 万美元的价格将包含奥飞所产玩具内容的日本动画片《四驱小子》引入中国,进一步带动了四驱车的销售增长。

由此可见,在儿童 IP 发展的最初阶段,内容创作更多是为公司的主体业务——玩具销售服务的。那些玩具制造商可能也没有想到,原本只是为了带动销量而被创作出来的漫画、动画片,居然能够产生长达数十年的深远影响。此外,这一阶段的发展也体现了中外儿童 IP 产业的差距,即与国外自主研发玩具和创作相关内容不同,中国的相关企业主要依靠仿制玩具和引入国外动画起家,相对而言缺乏自主创作的能力。

(二)深度挖掘核心 IP 价值

IP 的塑造是一个循序渐进的过程,当一个 IP 形象被创造出来后,如何扩大其影响力,延长其生命周期,关键在于创作出源源不断的精彩内容以丰满 IP 形象,使其后续发展有力;同时做好线上线下的相关推广,提高 IP 在受众面前的曝光度。因此,有人认为 IP 的本质就是营销,而各大企业也深谙此道,在建立起自身的代表性 IP 后,纷纷深耕衍生产品,投入大量资金来创作相关动画、电影,从而更好地传播 IP,力图最大化地发挥核心 IP 的价值。

以迪士尼公司为例,通过早期积累内容资源,它创作出米奇和他的朋友们、白雪公主、三只小猪等大量经典卡通形象,以这些动画形象为主角的电影和电视动画大受欢迎。在成功打造出顶级 IP 后,公司大力发展衍生品业务,1947 年以迪士尼人物为特色的产品给公司带来了 1 亿美元的商品收入。1955 年,迪士尼建立了第一个主题乐园,通过还原动画场景、设置动画人物等方式,让游客实现沉浸式体验。这一举动将迪士尼的 IP 粉丝自然迁移到乐园中,再通过乐园的运营对迪士尼的 IP 形象进行持续强化。

再如精灵宝可梦,作为 IP 营销管理的大师级典范,宝可梦首部游戏《精灵宝可梦:红/绿》并没有激起多大水花。为了游戏提高人气,公司推出了一部名为《精灵宝可梦欢乐祭》的漫画,以轻松搞笑的剧情带动了游戏的人气。几经宣传之后,游戏的销量爆发式增长,游戏与漫画的高人气引起了日本著名出版社小学馆的关注,并提议将宝可梦动画化。自此之后,宝可梦的人气有目共睹,开拓海外市场也是一帆风顺。宝可梦的成功不仅因为它推出了系列动画,还因为公司能够很好地联动各个领域的产品,比如将手游与动画剧情、电影票房进行联动。

(三)自制+收购,扩大 IP 版图

目前来看,各大企业之间的竞争说到底还是对 IP 资源的争夺,谁拥有更庞大的 IP 群、取得更多的 IP 授权,谁就能获得更大的收益。因此,当儿童 IP 企业发展到一定阶段,势必要通过自制、收购或者取得授权等手段来扩大自己的 IP 版图。

说到扩大 IP 版图,就不得不再次提到迪士尼。“阳光所及之处皆为吾之国土”,用这句《狮子王》里的台词来形容如今的迪士尼可谓再合适不过。2006 年开始,迪士尼先后收购皮克斯、漫威及卢卡斯影业。这三次收购使得迪士尼在动漫电影、超级动漫英雄系列、科幻电影类型中掌握领先优势,使其角色形象实现全年龄段覆盖、内容类型更丰富,将受众范围由原来的年轻妇女与儿童扩展到不同性别的各个年龄层人群。2019 年 3 月,迪士尼以 713 亿美元完成了对 21 世纪福克斯的收购,进一步扩充了自己的内容资源,加上已拥有的渠道资源,其世界娱乐巨头的地位毋庸置疑。

再如,孩之宝设立了自己的工作室来制作旗下流行的玩具 IP 的电视节目。除此之外,它与合作伙伴或各类平台在打造 IP 方面的合作方式也十分灵活:公司已与派拉蒙影业建立合作伙伴关系,与探索发现频道(Discovery Channel)成立合资企业 Discovery Family,与流媒体平台 Netflix 合作打造原创电视连续剧,还在爱尔兰成立动画工作室。以派拉蒙影业为例,早在 2015 年 12 月,孩之宝影视公司就已经提出与派拉

蒙影业合作，计划将《特种部队》《微星小超人》《魔幻骑士》《蒙面骑士》《宇宙骑士》等孩之宝品牌组合到一起，打造类似漫威电影宇宙的"孩之宝宇宙"。

在国内，奥飞娱乐也越来越重视构建自己的IP矩阵。自2006年创作出第一部拥有自主版权的动画片《火力少年王》后，奥飞又自主打造了许多面向K12受众群体的动漫明星IP，比如"巴啦啦小魔仙""铠甲勇士""巨神战击队""超级飞侠"和"萌鸡小队"等。2012年后，奥飞不断加快对国内外优秀IP的收购整合，包括收购国内知名IP"喜羊羊与灰太狼"、跨境收购整合韩国人气IP"贝肯熊"以及收购"有妖气原创漫画梦工厂"等。除此之外，奥飞还通过入股合作的方式获取优质IP资源，比如战略入股灵龙文化、掌阅科技等内容创作公司，为打造IP集群提供基础。

（四）以IP为核心，建立IP全产业链

"以IP为核心，IP连接一切。"目前，品牌和IP是企业的核心，经营品牌和IP的能力是行业核心的竞争力。通过IP谋求转型成为更加综合的娱乐公司是现阶段各大知名企业的发展目标，孩之宝为了转型直接收购了"小猪佩奇"的母公司eOne，乐高与潮玩公司Funko也和华纳一起合作拍电影。这些巨头早已在IP产业链上全线推进：在上游建立核心品牌、积极储备IP，以及与知名品牌合作；在中游淡化生产制造业务，着力进军影视动画制作、入股电视频道，为玩具产品导流；在下游的渠道及销售端，充分发挥上中游联动的优势，发挥大片效应，积极布局新兴市场。美国的两大玩具巨头孩之宝和美泰、日本的万代南宫梦、国内的奥飞娱乐等都在从最初的玩具或者游戏业务出发进行IP端的全产业链的布局。

全产业链发展并不意味着盲目开发衍生品。不同种类的IP，其盈利点自然不同。在全产业链战略之下，更重要的是提升对IP商业模式的把控能力，看准IP的价值点，选择合适的形式将IP价值放大。近年来，我国的儿童IP行业并非缺乏有创造力的IP形象，而是在商业化的运作上偏短线，商业运作不够成熟，因此我国儿童IP产业与美国、日本之间的差距依然存在。随着各大公司确立以IP为核心的商业模式，除了强化自主打造IP的能力，也要注重提升商业化和文化输出的能力，从而更好地实现IP变现。

四、儿童IP分类

儿童IP与成人IP最大的区别就在于它们所服务的群体不同，但在当下的泛娱乐时代，儿童IP和成人IP是一个互相渗透的关系。对于成人IP来讲，只要开发到一定程度，就可以渗入儿童市场，打造为儿童IP。事实上，所有成人IP都能转制为儿童IP，只要在开发运营的时候考虑到儿童的特质。每个人都是有童年的，与此相应，成人

IP 自然也可以有儿童版。成人 IP 是否能成功转制为儿童 IP,关键就看在内容转制上是否能满足儿童的需求,在娱乐的基础上兼顾教育和培养。而对于儿童 IP 来说,任何一个儿童 IP 都能升级为成人 IP,合理地运营儿童 IP,就可以实现儿童 IP 的全年龄层覆盖。《亲子商业志》调研认为,培育优质的儿童 IP,既需要持续不断地优质内容产出和运营曝光,也需要长线商业价值挖掘,包括 IP 授权、衍生品开发和与多场景结合的互动体验。

优质的儿童 IP 通常具有以下三个特点:一是从设计上带有儿童陪伴、儿童友好等理念,可以满足当代儿童的心理诉求,与之形成亲密的"伙伴关系",承担长期陪伴的角色;二是 IP 需要实现与家长的沟通,获得家长认同,其教育意义和价值观取向至关重要;三是不同年龄段的儿童需求迥异,儿童 IP 内容需要精细化分层来适应不同成长阶段的孩子,优质 IP 能够精准定位。

对于儿童 IP 的分类,有人从角色表现形式的不同角度,将儿童 IP 分为两大类:一类是动漫虚拟类,以非真实人物的形象为核心打造的 IP;另一类是真人类,类似于"凯叔讲故事"这个 IP,以真实的人物为核心打造的 IP。从"凯叔讲故事"IP 的探索来看,"虚实结合"也是可能实现的形式。它不只是大量原创的音频虚拟 IP,同时也会对四大名著、敦煌、故宫、隋唐这样的成熟 IP 再创作,传播经典,在虚拟 IP 基础上加载"凯叔"这样的真实人物形象。一些虚拟 IP 走到线下同样有了真实人物形象,比如不同年代的三国演义电视剧版本用真人来重塑经典 IP,最终又形成新 IP,三国 IP 自身不断进化,越来越丰富。

同时,更为普遍的分类方式是根据作品体裁的不同来划定。笔者结合当下儿童 IP 的资本与市场情况,将目前已经拥有相对成熟体系和机制的儿童 IP 分为五大主要类别:动画 IP、漫画 IP、游戏 IP、文学 IP、绘本 IP。基于当下绝大部分 IP 为多体裁经营方式的特点,这里的分类标准,更准确来说,指的是 IP 的来源体裁。

(一)儿童文学

顾名思义,儿童文学是指以少年儿童为目标受众,在内容上注重以善为美、引人向上。在泛娱乐时代下,儿童文学是儿童 IP 最主要的一种形式,往往承担着为整个儿童产业链输送内容和故事的重任。可以说,很多优质的儿童 IP 都是从儿童文学衍生出来的。

儿童文学和儿童 IP 看起来很像,甚至可能有些人会直接把儿童文学当成儿童 IP。儿童文学和儿童 IP 最大的差别就在于:儿童文学是具体的文学作品,儿童 IP 则是具体的版权和无形的情感寄托的多元经济形态,它打破了影视、文学、游戏、音乐等众多领域之间的壁垒。儿童文学只是儿童 IP 内容运营的源头之一,只有合理地运营,儿童文学才能成功转化为儿童 IP。

事实上，正如文学出版领域 IP 现象早就存在一样，儿童文学出版领域也早就存在 IP 现象，比如由儿童文学延伸而来的连环画、漫画、儿童剧、动画片等。只不过 IP 问题是 21 世纪以来进入泛娱乐时代才出现的概念，此前儿童文学的延伸出版并没有 IP 意识的观照。因此，在讨论儿童 IP 问题时，我们必须要明确一点：儿童 IP 不等于儿童文学，但儿童文学可以成为儿童 IP 的核心内容资源。

中国音像与数字出版协会发布了《2020 年度中国数字阅读报告》，报告显示：2020 年中国数字阅读产业规模达 351.6 亿，数字阅读用户规模达4.94亿，人均电子书阅读量达 9.1 本。随着“互联网＋”的飞速发展，数字阅读已经成为中国人获取知识、信息的主要方式。值得一提的是，儿童已成为阅读的重要用户，儿童数字阅读付费增长 56.5％，日均数字阅读时长 29 分钟，每晚 20—22 点是儿童数字阅读的高峰。儿童文学 IP 本身的发展前景是巨大的，由儿童文学 IP 延伸出来的其他内容形式在未来也将有更大的发展。

（二）儿童影视

以儿童为核心的电影和电视剧，都可以被称为儿童影视。中国具有代表性的儿童影视作品，如电影《城南旧事》、电视剧《家有儿女》等，都是影响一代少年儿童成长的代表性 IP。但遗憾的是，无论荧屏还是银幕，表现当今少年儿童成长历程的影视作品数量都相对稀缺。近年来很少见到这一题材的影视新作、力作，青春片、校园片表现的多是介乎于少年和成年人之间的青春时节，“童年”貌似不被影视产业青睐。

什么原因造成这种缺位？从作品角度看，现实题材的儿童影视作品或许因为没有抓住当代少年儿童最具代表性的生活、没有找准与他们对话的角度，所以未能赢得小观众的心，失去观众支持自然很难形成产业的良性循环。从文艺生态角度看，今天的网络时代有大量动漫产品、游戏产品和图书问世，少年儿童的文艺需求得以释放，这也在无形中降低了小观众对国产影视作品的需求，加大了儿童影视票房风险和收视压力。

从少年儿童的精神需求来说，当“成长之惑”在银幕中、荧屏上得到回应时，观众更容易产生积极面对生活的勇气和信心，影视作品中的同龄人将成为他们亲切又可靠的伙伴。所以，未来这方面的儿童 IP 亟须打造精品内容，找到一条更适合的产业发展道路。

（三）少儿动漫

少儿动漫是 IP 高度集聚的文化产业，其版权和衍生品的多链条行业特性以及青少年消费场景的多元特征吸引了大量企业和资本的进入。在国家政策的保驾护航下，我国动漫产业发展势头迅猛。《文化部"十三五"时期文化产业发展规划》中提到,到2020 年,动漫产业产值将达到 2,500 亿元左右。而在全网的动画流量分布中,云合数据 2021 年 4 月份的最新统计显示(如图 4-1),儿童动画占 62%的份额,说明儿童类的动画仍然有非常大的市场。

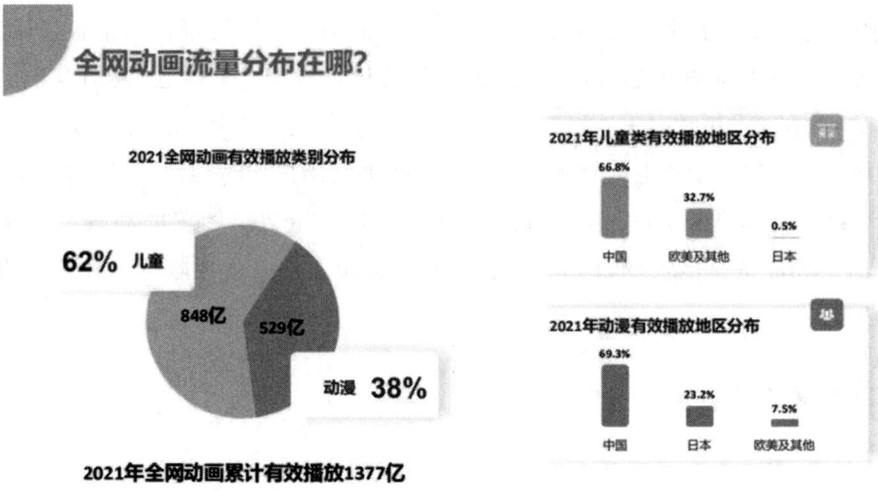

图 4-1 2021 全网动画有效播放类别分布①

当前,头部网络剧、网络大电影、网络综艺节目如雨后春笋般涌现,国产非低幼网络动画也借此东风出了几部爆款,然而自带"网生"基因又能比肩海尔兄弟、喜羊羊、熊出没等老一代动画 IP 的国民级作品至今仍未出现。动画领域仍活跃着 80 后、90 后熟知的《大头儿子小头爸爸》《喜羊羊与灰太狼》《葫芦娃》等动画片,另外许多作品来自日本以及欧美,如大热动画《小猪佩奇》《米老鼠和唐老鸭》《变形金刚》等。

但随着智能电视、iPad 等智能终端的普及,儿童逐渐成为视频网站争夺的用户,而且儿童用户的稳定性更高,国产儿童动画片日益受到视频网站的重视。在儿童内容这条赛道上,腾讯、爱奇艺和优酷三大视频平台都在加速布局少儿 IP 新生态。在儿童内容的布局中,三大视频平台都有清晰目标,而动画作品作为最直接、受众最全面的儿童视频内容,成为各大平台发力的重点。

(四)网络游戏

根据伽马数据发布的《2020-2021 移动游戏 IP 市场发展报告》,2020 年 IP 改编移

---

① 云合数据.2021 年动画网播市场观察[EB/OL].(2021-09-07)[2022-01-12]. https://www.enlightent.cn/sixiang/login? origin=report.

动游戏收入首次超过千亿元，现阶段移动游戏 IP 核心用户规模超过 1.5 亿、泛用户规模超过 1.8 亿，流水 TOP100 移动游戏中国内 IP 流水占比达 50.7%，海外 IP 占比达 49.3%。出色的数据再一次证明了 IP 仍然是支撑中国移动游戏市场增长的重要动力。

而随着互联网的普及，中国青少年/儿童游戏用户的体量已经不容小觑。中国社会科学院新闻与传播研究所、中国社会科学院大学与社会科学文献出版社共同发布的《青少年蓝皮书：中国未成年人互联网运用报告（2020）》显示，未成年人的互联网普及率已达 99.2%，未成年人首次触网年龄不断降低，10 岁及以下开始接触互联网的人数比例达到 78%。

全拓数据的调查显示，2020 年中国游戏市场实际销售收入 2,786.87 亿元。其中，移动游戏市场实际销售收入达到 2,096.76 亿元，同比增长32.61%，占 75.24%。中国游戏用户数量保持稳定增长，用户规模达 6.65 亿人，同比增长 3.7%。其中，青少年/儿童游戏用户的体量已经不容小觑，仍有持续增长的趋势。幼儿园（3—6 岁）的孩子手机接触率高达 91.8%，电脑接触率 80.6%。44.1%的青少年玩网游，类型遍及 QQ 农场、飞行棋等小游戏和《魔兽世界》这样的大型网游。

对于这块全世界最大的新兴游戏市场之一，中国厂商纷纷布局，抢占 00 后市场份额。腾讯游戏在 2010 年便推出《洛克王国》儿童网络社区，这一社区将“儿童社区＋泛娱乐品牌”作为战略定位，将“快乐童年”作为核心理念。仅两年半的时间，《洛克王国》儿童网络社区已拥有注册账户 1.5 亿，最高同时在线用户数超过 80 万人。中国厂商目前专门设置青少年/儿童游戏业务的只有腾讯、淘米、百田、乐堂动漫这几家，加上手游同质化状况难以改善，原创 IP 在内容市场上拥有极大的表现机会且竞争对手较少，生存环境相对宽松。

但应该注意的是，儿童游戏本身是个争议性比较大的议题，因而也极容易受到政策及管控的影响。例如在 2018 年为了加强儿童青少年近视防控，促进儿童青少年视力健康，国家严控游戏版号，并推出《综合防控儿童青少年近视实施方案》，实施网络游戏总量调控。2021 年 9 月 1 日起施行的《国家新闻出版署关于进一步严格切实防止未成年人沉迷网络游戏的通知》提出了更为严格的要求——“所有网络游戏企业仅可在周五、周六、周日和法定节假日的每日 20 时至 21 时向未成年人提供 1 小时网络游戏服务，其他时间均不得以任何形式向未成年人提供网络游戏服务”。

从内容开发者的角度来讲，针对儿童的游戏 IP 绝不能仅仅以规模和增速为追求目标，更应该注意对儿童群体的健康引导，主动采取多样化的措施，防止儿童对游戏 IP 的过度依赖和沉迷。

（五）儿童绘本

在儿童 IP 内容源头的分野上，绘本（Picture Books）尤其值得关注。绘本是一种主要通过绘画叙述故事的书籍形式,因其文字少、画面生动美观和故事情节简单易懂而深受儿童喜爱。因此,绘本往往是儿童最早接触的文学作品类型,它对儿童的人格、情感及审美的塑造起到了至关重要的作用,特别是对于低幼儿童(0—3 岁)而言,绘本是他们感知世界最初的窗口。而一些更具文学性的高质量绘本,还能够突破年龄限制,收获青少年和成人读者的喜爱。

目前,绘本作品不仅在儿童中产生了巨大影响力,越来越多的年轻父母对绘本也持欢迎和认可态度,这也使之具有孕育顶级 IP 的潜质。近年来,全球内容市场上由绘本改编动画并获得巨大成功的作品不在少数。从票房 1 亿美元以上的动画电影到奥斯卡获奖作品,从短片故事到 TV 系列片,绘本 IP 的可能性非常多,给动画带来了巨大的灵感和贡献。相比于直接通过原创动画创造 IP 的高投入、高风险,从绘本切入少儿市场孵化出具有开发潜质的 IP 之后,再通过动画化、影视化等进行推广,或许是一个值得尝试的办法。另外,绘本也是 IP 衍生品的一个种类,从动画再到绘本的情况也不少,比如迪士尼旗下推出的动画作品或角色形象几乎都有一系列的绘本改编版。

绘本最早出现于欧美国家,诞生于 20 世纪初的英国著名绘本作品《彼得兔》(*The Tale of Peter Rabbit*)被公认为世界上图文结合最出色的绘本之一。但将绘本 IP 化做到极致的当属日本。二战后,日本翻译出版大量欧美及苏联的优秀绘本,推动了日本现代意义上的绘本兴起。在经历了 20 世纪六七十年代的飞速发展期后,日本成为影响力遍布全球的绘本大国,而在这一时期诞生的众多角色,至今仍是发挥着巨大商业价值的 IP 明星。

《面包超人》就是日本绘本 IP 化的典范,它从 1969 年的连载绘本故事活跃至今,是日本最长寿的动画片之一,《面包超人》当仁不让地成为日本儿童第一卡通形象品牌库。如今,《面包超人》的版权在 FROEBEL 馆(出版社)、TMS(动画制作公司)、NTV(电视台)手里,这三家公司于 2008 年分别出资 1 亿日元成立"有限责任事业合作社面包超人数字化 LLP",在网站、网络视频、电子书、电子商务、电子游戏等多方面展开电子化业务。与此同时,"面包超人"的商品化授权由日本电视音乐公司牵头,匹诺曹、世嘉、万代、东邦化工等四家企业组成的"面包超人"品牌委员会。值得关注的是,为了即时做出畅销衍生品,同时保证"面包超人"的 IP 价值长期不变质,日本电视台音乐公司和上述四家企业自 1988 年起就每周召开一次"面包超人会议",共同决定商品化的各种问题。而"面包超人"的衍生品正是其 IP 最能够体现商业价值的地方,其衍生品涵盖玩具、书籍、光盘、食品、杂货、服饰等各类商品。根据维基百科,"面包超人"的关联商品截至 2010 年已达 1 兆 1,000 亿日元,在日本仅次于精灵宝可梦和 Hello Kitty。据三文娱统计,截至 2021 年,"面包超人"的衍生品零售销售额达到了 447.6 亿美元,在 IP 总收入的占比超过了 99%。

与日本和欧美各国相比,我国并没有绘本传统,早期国内绘本市场以编译国外优秀绘本作品为主。目前国内绘本的发展方向主要有三类：一是源自大IP作者，例如将曹文轩、郑渊洁的儿童小说进行绘本化改编；二是发掘中华传统文化，包括成语故事、神话传说、传统绘画等的绘本化；三是纯原创，其中包括故事类、常识教育类等。尽管绘本在少儿图书这一细分市场的比重不断上升，但仍未出现令小朋友们印象深刻且具有长久生命力和国际影响力的明星IP，这也意味着我国原创绘本IP市场仍是一片蓝海。

五、国内外儿童IP产业概况

泛娱乐贯穿着IP产业，以前IP的价值一般体现在版权的授权或是变更带来的收入，现在则是以泛娱乐为中心向多维扩散，包括早期的影游联动、实物化衍生品，到目前新增的IP线下体验店、IP展会等。世界各国在儿童IP产业的发展上起步不均、模式多样、各有利弊。

（一）美国：头部IP主导，先发优势显著

美国儿童IP行业发展相对成熟。现阶段，头部的儿童IP以及它们各自依托的企业，逐步建立起一个个庞大的体系，其内容制作发展成比较统一的"人物＋世界观＋剧情"模式。

美国的文化娱乐行业起步较早，随着报纸、期刊与电影的逐步普及，自20世纪30年代起诞生了最早一批广为人知的人物形象、故事设定与知名企业，例如迪士尼的公主系列、美国漫画公司(Detective Comics)和漫威漫画(Marvel Comics)公司的超级英雄等。相似的创作起点与扩充模式导致IP定位近似或重叠，企业的先发规模优势明显，迪士尼等少数大企业掌握行业主导地位，旗下大型IP占据排行前列。起步越早，则故事越长、人物越多、世界观越大，也有着更多的粉丝群体。迪士尼等企业各自构建出"××宇宙"式的庞大世界观，成为儿童IP行业中的主导力量。

同时，IP周边商品行业的头部企业与IP端头部企业有着十分紧密的合作。孩之宝、美泰等企业占据市场半壁江山，但企业业绩受IP授权变动影响大，授权费用支出高昂，商品销量受传媒娱乐企业出品内容的市场表现影响明显。

就IP全产业链方面，美国迪士尼可谓儿童IP产业的典范。迪士尼善于实现IP价值最大化——将无形的电影创意化为有形的商品，创造深入人心的IP形象，以电影"吸粉"，获得票房收入，再通过优质且形态各异的衍生品(图书、游戏、玩具、服装等)乃至主题公园和度假村的相关项目实现IP变现，同时也实现了对电影的营销推广作用，一举多得。迪士尼的动漫IP从黑白两色的米奇老鼠动画到现在的迪士尼娱乐王国，其IP与衍生产业的孵化路径是手绘动画、真人动画、计算机动画、真人版电影和主题

乐园等;衍生产业包括电影、娱乐节目制作、特效制作、主题乐园、玩具、书籍、电子游戏等,具有极强的衍生能力。

此外,从整个 IP 行业背景来说,美国已经建立了严密的知识产权保障法律体系,在侵权行为处罚上也维持较大力度。加之多数大型企业拥有强大的法务部门,保障了文娱传媒企业对 IP 的控制,助力原创 IP 企业的做大做强。

(二)日本:IP 企业群雄并立,百花齐放

日本的儿童 IP 产业与美国存在较大差异,其儿童 IP 的数量更多,版权也更为分散,主要原因是日本的 IP 产业成长期的环境与美国存在较大不同。日本战后经济快速复苏,对于文化产品的需求迅速上涨。经济快速发展与旺盛需求导致内容创作以征稿签约模式为主,加之行业政策宽松,形成儿童 IP 内容多样、多家企业并立的格局。

同时,日本的儿童 IP 内部版权划分也更为分散,周边商品企业与联动合作企业数量众多,覆盖领域广泛,与儿童 IP 的合作模式也允许周边商品企业深入 IP 内容创作。日本并未出现少数大企业垄断市场的情况,也并未出现头部儿童 IP 的类型定位明显重叠。以《龙珠》为例,其漫画原作版权属于作者鸟山明和出版方集英社,改编动画的版权在东映动画手中,改编游戏的版权则在万代南梦宫旗下。随着传媒渠道的发展以及日本高度细分化下的 IP 产品制作、运营和播出思路,部分 IP 企划还选择了多公司、多领域联合的运营方式,因此很多 IP 版权从开始就处于分散状态。

值得一提的是,日本对儿童 IP 的价值是极为重视的。以日本著名的儿童玩具公司万代南梦宫为例,其玩具事业总营业额超 2,500 亿日元,坐拥龙珠系列、假面骑士系列、超级战队系列等多个知名 IP,即使新冠疫情期间,利润仍增长了 23%。作为儿童 IP 产业的领头企业之一,万代南梦宫很早便开始实施 IP 价值最大化的"IP 轴战略",不断加快对内容投资的步伐,《机动战士高达》、《偶像大师》、*Love Live* 系列等作品均可以被视为"广告动画片",在全球市场都有很大的影响力。随着新冠疫情的加剧,万代南梦宫也随着市场变动适时推动 IP 轴战略的坚固性,在驱动创建新 IP 的同时,继续进行固定 IP 的革新。

(三)中国:需求旺盛,行业仍待发展

与海外儿童 IP 行业相比,国内儿童 IP 行业仍存在较大的发展空间。国内知名 IP 和文娱企业数量少,面对国外成熟产业的竞争压力时较为被动,但由于国内社会经济水平的不断提高,儿童消费者对于文娱产品的需求持续上升,特别是对于具有本国特色的儿童作品的需求上升,这为国内儿童 IP 行业的发展提供了较好的环境。

在儿童数字内容的消费偏好方面,面对海量内容,品牌效应尤为明显。而随着经

济科技的发展、产品同质化趋势的加强，儿童 IP 效应日益成为消费偏好的主要影响因素。因为儿童 IP 的地位一旦在用户心中确立，便难以被竞品模仿和替代。从现阶段的国内儿童 IP 产业发展来看，在儿童产业尤其是儿童出版与儿童教育领域，IP 现象一直存在，但 IP 意识普遍缺失。在当下儿童 IP 热的背后，我们必须清醒地意识到儿童 IP 还远没有走向成熟，有大量的儿童 IP 内容资源尚未得到有效的开发和利用。

不仅从源头上数量、质量缺乏，长远来看，国内 IP 在运营上还广泛存在"后劲不足"的问题，缺乏持续性的新作产出或是后期缺乏新意，载体较单一的问题也限制了打造新内容的方式，导致从单一 IP 变为长线系列作品的成功率不尽如人意，与海外成熟 IP 同台竞争时劣势明显。

尽管我国对文娱产业加以支持，但在版权相关的保护法规和监管机构设置上相对较弱，版权的正常交易也缺少规范与良好平台，版权保护存在漏洞。对 IP 中的非实体（诸如背景设定、故事情节等）侵权行为的认定耗时较长、处罚力度较弱。这些因素同样制约着以儿童 IP 为核心的企业的长远发展。

此外，版权问题也在一定程度上影响了儿童 IP 周边行业的发展。得益于我国发达的轻工业和庞大劳动力群体，目前我国周边商品行业在技术与产能上都达到了世界一流水平，国内进行品牌授权的企业与儿童 IP 数量也在逐步增加。但从儿童 IP 这个小切口看，其主要薄弱板块在于产品的品类较少、开发跟进滞后以及盗版、山寨问题屡禁不止。总体来看，其成本问题、授权模式与思维定式会影响产品线扩张，合作模式与风险回避导致产品上市滞后于 IP 热度。

儿童 IP 产业的起步先于儿童 IP 概念的提出。在儿童产业发展的早期阶段，许多企业都意识到创作出贴合产品定位的动画形象有利于带动产品销量。在这一过程中儿童 IP 的商业价值越来越受到重视，儿童企业也从单纯地围绕产品进行内容创作，发展到主动打造儿童 IP 以构建儿童产业生态王国。而参与儿童 IP 开发的主体范围也从最初的儿童用品生产公司扩展到儿童产业的各个领域。儿童 IP 的来源愈发广泛，文学、绘本、动画、影视、网络游戏等，无论哪一种载体，都有可能诞生世界级的儿童 IP。近年来，得益于发达的轻工业和不断加强的版权意识，中国儿童 IP 行业不断扩大，越来越多的国际知名儿童 IP 授权公司与中国市场建立了信任关系，但缺乏自主创作的世界级 IP 仍是国内儿童行业最大的痛点，如何打造成功的儿童 IP 是目前行业继续发展壮大的关键。

第二节　打造成功的儿童 IP

2021 年 7 月 14 日至 16 日，LEC 全球授权展·上海站在上海国家会展中心举办，会议吸引了小猪佩奇、超级飞侠、猪猪侠、汪汪队、B.DUCK等国内外知名儿童IP参加,充分展示出近年来儿童IP的繁荣景象。随着越来越多的商家进入这一领域,如何打造成功的儿童IP成为大家关心的问题。

一、识别度和记忆点:儿童IP外在形象塑造

有研究表明,人们从外界获取的信息80%以上来自眼睛,因此IP外在形象的设计非常重要。由于儿童在色彩、造型等方面的接受习惯与成人大不相同,所以打造儿童IP的外在形象要充分考虑儿童的接受特点。一个成功的儿童IP需要有鲜明的形象,鲜明的形象既方便IP被识别,也有助于提升IP好感度。

(一)色彩

儿童对于色彩的认知是随着年龄的增长而增长的。有研究表明,婴儿成长到4个月就可以区分基础颜色,比如红、黄、蓝、绿等,而其中大部分婴儿更偏爱红色和蓝色;儿童到3岁左右可以较好地辨认出红、黄、蓝、绿、紫、黑、白7种颜色;成长到5岁以后基本可以识别全部色彩。[①] 从中可以看到儿童对于色彩复杂度的接受是随着年龄而增长的。

随着年龄的增长,人们的色彩喜好逐渐向复色过渡,向黑色靠近。也就是说,年龄愈大,喜爱的色彩愈倾向成熟。与此相对应的是,儿童对色彩的审美也从鲜艳亮丽、视觉刺激强烈的颜色向协调柔和颜色转变。[②]

除此之外,儿童对于色彩的冷暖有一定的感知能力,65%的4岁儿童、74%的5岁儿童和77%的6岁儿童能感受到色彩的冷暖。[③] 调查显示,儿童也能感受到色彩的象征含义,3—9岁的儿童中,多数儿童能从暖色调中感受到温暖和快乐,对冷色调和中间色没有感觉或者联想到难过。[④] 因此在创作儿童IP时应充分考虑他们对色彩的偏好。

以《超级飞侠》为例,这部奥飞娱乐2015年出品的动画片主要受众为3—6岁的学龄前儿童。因此根据该年龄阶段儿童的接受特点,其主要角色都采用了大面积、高饱和度色彩,比如乐迪红色、小爱粉色、多多黄色、酷飞蓝色、小青绿色……这样的设计首先通过符合儿童认知规律的色彩提升角色的视觉吸引力,其次通过外在形象展示性格,帮助儿童识别。如红色的乐迪乐观、勇敢、充满活力;粉色的小爱是个女孩子,天真

① 黄欣欣.具有色彩引导的协作性儿童玩教具设计研究[D].桂林:广西师范大学,2021:11.
② 盖迅达.学龄前儿童色彩心理研究[D].天津:天津工业大学,2009:10.
③ 盖迅达.学龄前儿童色彩心理研究[D].天津:天津工业大学,2009:11.
④ 黄欣欣.具有色彩引导的协作性儿童玩教具设计研究[D].桂林:广西师范大学,2021:12.

无邪；蓝色诠释了酷飞特技表演飞机"酷"的特点等。外在的可识别性和内在的象征属性通过色彩关联在一起，儿童在生理和心理的双重刺激下加深了对角色的记忆和理解。除了《超级飞侠》，在成功儿童IP的创作中都可以看到对这一规律的运用。比如咏声动漫出品的《猪猪侠》，主角猪猪侠也采用了大面积的红色，男二号超人强运用了蓝色，女性角色菲菲采用了粉红色；《小猪佩奇》中的各个角色也在服饰中有大面积的色彩运用。

（二）造型

在儿童IP创作的造型层面上，比起复杂和逼真，高识别性和好感度更为重要。所以在儿童IP中我们看到的往往是更为夸张或者有强烈记忆点的造型。比如小猪佩奇虽然单线条、造型简单，甚至被评价为像吹风机，但是比起写实的"猪"的形象无疑更能打动目标受众。在这一原则下，儿童IP往往有着夸张的头身比。从米老鼠、唐老鸭、B.duck等动物形象到樱桃小丸子、蜡笔小新等人物形象，三头身、四头身的比例虽然与真实世界相距甚远，但突出了其造型的可爱，更易被儿童尤其是低龄儿童接受。

人类的认知能力是随着年龄增长而增长的，对于儿童而言，复杂的形象和繁复的细节不易被接受和理解，所以在儿童IP形象设计中往往采用突出特点的典型化设计手法。这一规律同样在《小猪佩奇》中有明显的体现。虽然其中角色都采用单线条的简约画风，但小猪佩奇一家有夸张的鼻子、老师羚羊夫人有尖尖的长角、小象艾米莉有长长的鼻子、狐狸弗雷德有毛茸茸的尾巴。所以虽然角色的身体形状都比较相似，但是通过面部、尾巴等典型特征的放大，儿童可以实现对角色的精准识别和记忆。

除此之外，如果角色类型一致，儿童IP在创作过程中还会通过符号、装备、穿着等区分角色形象。比如《超级飞侠》除了颜色的差异，不同角色的机翼上也有不同的符号。如小爱身上的心形符号既符合她的性格也帮助儿童区分角色，多多的扳手符号提示了他的工程师身份。《汪汪队立大功》通过颜色、帽子、颈牌、装备和服饰区分了小狗们的角色和身份。身着蓝色制服、戴着警帽、挂着五角星颈牌、背着警务装备的阿奇完美契合了超级特工的角色设定；身着红色衣服、戴着消防头盔、挂着火焰颈牌、背着灭火装备的毛毛体现了其消防犬的身份；工程犬小砾穿着黄色衣服、头戴安全帽、脖子上有扳手颈牌、身背工程装备。这样的设定既能突出角色特点帮助儿童识别，也能丰富玩具开发的种类。

（三）招牌动作和口头禅

在儿童IP创作中，可以观察到创作者在塑造角色时经常会有意设置招牌动作和口头禅。比如《超级飞侠》中的"我是乐迪，每时每刻，准时送达"，《名侦探柯南》的"真相永远只有一个”,踩水坑的小猪佩奇,还有奥特曼中各个角色的招牌动作。

这样设置的作用,首先可以帮助塑造角色性格。小猪佩奇穿着雨鞋踩水坑符合学龄前儿童的行为模式,既拉近了角色和小观众的距离,也凸显了佩奇的天真可爱。乐迪的“每时每刻,准时送达”既突出了他全球速递员的身份,也强调了其是世界上最快的飞行员的角色设定。招牌动作和口头禅的设置需要符合角色性格,与此同时在不断重复中又强化了角色性格,加深了受众对该角色的印象。

其次,招牌动作和口头禅让儿童更容易接受与理解剧情。以儿童尤其是低龄化儿童为对象的剧情片经常会利用程式化的表达以方便儿童接受。比如,《汪汪队立大功》每一集都采用了“从平静的生活到危机发生打破平静,救援任务发布到完成救援任务、恢复平静”的叙事模式,而其中任务发布的方式、音效、口号等都采用了较为固定的模式。所以虽然每一集的任务和情节不同,但是程式化的表达元素给观众带来了熟悉感,方便认知能力不强的儿童理解。而为角色设置口头禅和招牌动作也有同样的作用,把握熟悉感和新奇感的平衡是剧情为儿童接受和喜爱的重要原因。

更为重要的是,招牌动作和口头禅的设置可以增加记忆点。所谓招牌动作、口头禅,就是在剧集中反复出现的动作和台词,高频度的重复,会强化受众的记忆。并且,由于儿童善于模仿,这样的情节设置会引发模仿行为,在日常生活中主动唤醒其记忆。

综合来看,儿童IP外在形象的塑造要通过色彩、造型、招牌动作和口头禅等打造记忆点(如图4-2)。儿童IP要有鲜明的外在形象,方便儿童识别和记忆,因此色彩、造型等设计以强调辨识度、区分度和鲜明度为标准,形象上也不以复杂和写实取胜,往往是夸张的和超现实的。除此之外,创作者还要注意符合目标儿童群体的接受特点。在改编型的IP中,我们也能看到这一特点,比如陕西省历史博物馆的唐妞系列、三星堆的祈福神官盲盒系列等。唐妞的形象以唐侍女俑为原型、盲盒各角色形象也以三星堆出土文物为原型,但是改造时都扩大了头部比例,突出了人物憨态可掬、呆萌的特点(如图4-3)。在《哪吒之魔童降世》中,哪吒的形象较之以往也发生了很大变化:在保留了哪吒标志性发型、项圈等的基础上,增加了黑眼圈、放大了眼睛比例、改变了头身比,突出了其丑萌的特点(如图4-4)。

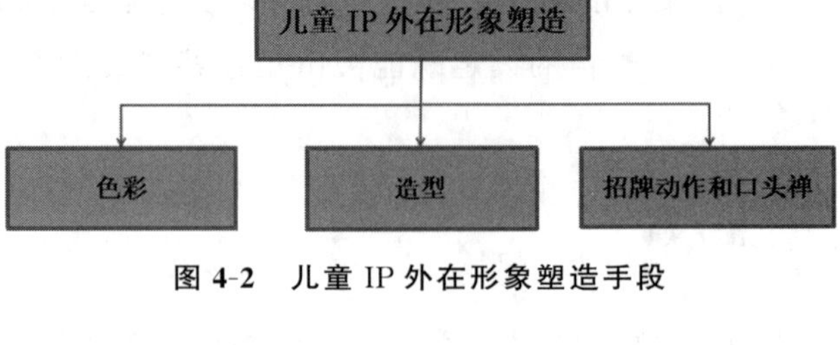

图4-2 儿童IP外在形象塑造手段

图 4-3　陕西省历史博物馆的唐妞

图 4-4　《哪吒之魔童降世》中的哪吒

二、个性、情感、价值观：儿童 IP 内在精神塑造

具备高识别度、拥有强记忆点的外在形象是创作儿童 IP 的第一步，是打造成功儿童 IP 的必要非充分条件。只有鲜明的外在形象，是无法引起受众共鸣的。所以在拥有易于辨认和记忆的外在形象之后，还需要为儿童 IP 注入个性，打造与消费者的情感链接以及构建积极向上的价值观。

(一)个性

创作 IP 需要注意无论其是否为人类都应进行人格化处理，赋予其丰满、立体的性格，以拉近与受众的距离。超级 IP 米老鼠诞生于 1928 年。它是一只拥有两只大耳朵、圆滚滚大脑袋的小老鼠，它穿着红色的短裤、黄色的鞋子、戴着白色手套，和真实的老鼠外貌有一定距离，但是特点鲜明、非常可爱。不过相对于外貌，米老鼠能被人们喜欢的关键是它幽默乐观的性格。它诞生的 20 世纪 20 年代正值西方国家经济大萧条时期，米老鼠乐天派的性格为人们带来了欢乐和信心，为大家阴霾的生活中添加了亮色。而米奇家族中米老鼠的朋友唐老鸭、大狗布鲁托等，都有丰满的性格：唐老鸭嗓音沙哑、脾气暴躁、喜欢争吵，一张嘴就自带喜感；大狗布鲁托有点儿笨，但善良随和。完美的 IP 形象容易让人产生距离感，缺点的加入不会降低 IP 的吸引力，反而增强了其真实感以及与普通受众的接近性，容易让受众找到情感共鸣。

当作品中拥有众多角色时，更需要赋予不同角色以不同性格。前文所述的《超级飞侠》《小猪佩奇》《汪汪队立大功》中出场的多个角色不但有外形层面典型特征、服饰装备等的区分，更是在性格上进行了区分、定位。比如阿奇有强大的领导能力、勇敢豪爽但是容易过敏，小砾可爱善良但是害怕蜘蛛和鬼，毛毛热情搞笑但是毛手毛脚、不够沉稳。优点与缺点兼具使得个体形象丰满立体、更加鲜明，性格差异又使得整体群像搭配互补、交相辉映，便于故事情节的展开。

在三星堆等文创IP中我们同样能看到类似的情况。2021年7月四川广汉三星堆博物馆联合淘宝造物节推出了“三星伴乐”摇滚乐队盲盒，乐队成员六位，包括黄金面具主唱、戴金面罩青铜人头像键盘手、青铜神鸟DJ、纵目面具鼓手、青铜人头像贝斯手和戴金面罩青铜人像吉他手。这款设计既秉承了古蜀文化中以音乐沟通天地的传统又融合了现代摇滚潮酷元素，对六位成员也做了性格和技能设定，比如戴金面罩青铜人头像键盘手：“作为键盘手的它，掌握乐队演唱的节奏，音乐风格大气、处事豪爽，是乐队中的二把手。”戴金面罩青铜人头像吉他手：“和键盘手是兄弟关系，淡定从容的它，对每一场演出都信手拈来。”而同属三星堆出品的川蜀小堆系列盲盒，包括9个基本款和2个隐藏款。11个角色都有自己的专属昵称且每个昵称对应了不同的性格和爱好，也将川蜀地区的民俗融入其中。个性的注入和人格化的处理使得IP超越了视觉符号，同时更加具有温度和内涵，受众也更容易代入，进而在其身上投入感情、产生共鸣。

(二)情感

美国国家精神卫生研究院(National Institute of Mental Health)大脑研究和行为实验室主任麦克·莱恩(Mac Lean)曾在1970年提出了“三合一脑”(Triune Brain)理论：“根据人类性和动物性的整合程度，可以将三脑形象地分成爬虫脑、哺乳脑和理性脑。它们之间的关系不仅是互补的也是对抗的，包含了在冲动、情感和理性之间的熟知的冲突。相应地，三合一的关系不遵从理性→情感→冲动的等级制，而是不稳定的、可对调位置的、转动的关系，即理性→感情→冲动的圆环关系。理性不拥有最高权威，它只是不可分离的三联整体中与其他两项竞争和对抗的一项。”①因此理性并非处于绝对的统治地位，情感在人类认知中发挥着重要作用。具体到儿童群体，因为他们的大脑还在发育过程中，理性脑还未发育完成，因此情感发挥着更为重要的作用，那么儿童IP的创作更要注重打造情感特性。

儿童群体年龄跨度比较大，由于其正处于人生中生长发育的阶段，不同群体的特点不同。而成功的儿童IP能够把握目标儿童群体的特点，建立情感链接。皮亚杰将儿童的认知发展分为四个阶段：0—2岁感知运动阶段；2—7岁前运算阶段；7—12岁具体运算阶段；12—15岁形式运算阶段，不同阶段儿童的特点如表4-1所示：

① 申琳.泛娱乐时代我国儿童IP运营研究[D].长春：吉林大学.2020：181.

表 4-1　皮亚杰的认知发展阶段[①]

大致年龄	阶段	主要图式 或表征经验的方法	主要发展
0—2 岁	感知运动	婴儿运用感觉和动作探索来获取对环境的基本理解。出生时他们仅有对环境的先天条件反射；在本阶段末，他们有了复杂的感知动作协调能力	婴儿获得对“自我”和“他人”的初步理解，建立了客体永存性，并开始把行为图式内化，生成意象和心理图式
2—7 岁	前运算	儿童利用符号系统表征和理解环境信息，他们按照客体和事物外在的表现来反应。思维是自我中心的，认为别人理解事物的方式与自己是一样的	儿童通过活动增强想象力，逐渐认识到别人对事物的反应不是总与自己相同的
7—11 岁	具体运算	儿童获得并运用认知运算（这种心理活动是逻辑思维的成分）	儿童不再被事物的表面所蒙蔽。他们通过认知运算，能够理解客体的基本属性和联系；通过观察他人的行为和情境推断他人动机的能力增强
11 岁以上	形式运算	通过对运算的操作（对思维本身的思考），青少年的认知运算得到了重组，此时的思维是系统的和抽象的	逻辑思维不再局限于具体的和可观察的事物。青少年喜欢作假想推断，因此变得相当理想主义。这种系统的、演绎的思维可以使他们考虑问题的各种解决方案并正确作答

以《小猪佩奇》为例，它的主要受众是学龄前儿童。这一年龄阶段的儿童具有泛灵论思维，也就是他们认为周围一切事物都是有生命的、有意识的，因此小猪、小羊能思考、会说话符合他们对世界的认识。这一阶段的儿童对于细节感知的能力还不够强，但处于形状知觉形成关键期，因此用几何图形绘制角色、夸张角色的特点符合该阶段儿童的认知水平。由于该阶段儿童有以自我为中心的特点并且思维活动有具体性，因此会依靠亲身经历过的情境来理解剧情，这也符合《小猪佩奇》日常化的情境设定。具体到小猪佩奇这一形象，这个粉红色的猪小妹与学龄前儿童每天面对的生活非常相似，并且也有相似的性格与爱好。它喜欢玩游戏、喜欢踩泥坑、爱美、爱家人，但有时也会调皮捣蛋、欺负弟弟乔治。因此这样的角色和剧情设置非常容易让学龄前儿童产生共鸣，他们会将佩奇看作好朋友，在这一虚拟 IP 上投入情感。但是随着儿童的成长，《小猪佩奇》这种类型的动画片就难以再吸引他们的目光了。

---

① SHAFFER D R.发展心理学[M].邹泓，等译.8 版.北京：中国轻工业出版社，2009：51.

(三)价值观

如果说个性的注入让 IP 具备亲和力,情感链接提升目标受众对该 IP 的好感度,那么打造成功 IP 更高的要求是具有契合时代精神的价值观。这一点在儿童 IP 中体现尤其突出。

儿童 IP 具备独特的亲子双向驱动特点,也就是儿童 IP 需要具备家长和儿童的双重认可。只有家长喜爱、儿童不接受,或者只有儿童喜欢、家长不认可,都无法成为成功的儿童 IP。相对于儿童关注 IP 的趣味性,家长更加关注 IP 的教育意义。因此具备积极向上的价值观,具备正向教育意义是打造成功儿童 IP 的必要条件。

《小猪佩奇》除了展示小猪的日常生活,也会利用短小精悍的故事教育儿童遵守秩序等。更为重要的是,目前学龄前儿童的父母是 80 后、90 后。他们对于家庭生活、家庭教育有着自己独特的认识。《小猪佩奇》中猪爸爸、猪妈妈和佩奇、乔治的相处方式提供了一种更为平等的新型家庭关系和家庭教育的范本。在《小猪佩奇》的网友留言中,我们也能观察到其中不乏成年人感慨小猪一家的教育模式。打动儿童、具备亲和力的角色和剧情设置,兼具教育意义和符合父母认知的价值观,成就了超级儿童 IP《小猪佩奇》。

此外还需注意,价值观会随着时代与社会的发展而发生变化,IP 的打造需要捕捉变化、适时调整。迪士尼公主形象的变化体现了这一点。白雪公主、灰姑娘等迪士尼早期公主形象,美丽善良但无力自保,因为来自继母等同性的嫉妒处于危险境地当中,而最终能解救她们的力量来自王子等异性。这体现了当时社会对理想女性形象的认知,即纯洁、柔弱、处于被动地位、等待被强大的男性"赐予"幸福生活。随着女性意识的觉醒,这样的价值观明显不符合新时代,当代父母对女儿的未来有着不同于以往的期待。因此,迪士尼 2013 年、2019 年出品的《冰雪奇缘》《冰雪奇缘 2》中,一改早期电影中同性间的嫉妒关系,安娜公主和艾莎公主的姐妹情展示了女性之间的扶持,而安娜让艾莎正视自己的强大力量、不再逃避,体现了对于女性的拯救也来自同性,男性不再是那个"命中注定"的拯救者。一如最终被艾莎所接受的超能力,女性自身的力量在电影中被接受、被肯定、被鼓励,艾莎由此成为新时代的超级 IP。而从迪士尼公主形象的变化中,我们也能够看到打造成功的儿童 IP 要契合时代精神和主流价值观。

如图 4-5 所示,当儿童 IP 具备了高识别度和强记忆点的外在形象之后,内在精神世界的打造首先要为 IP 注入个性,将其人格化;其次要搭建 IP 与受众的情感链接,而核心层是要体现和顺应时代价值观。除此之外,儿童 IP 的创作整体上要符合儿童不同发展阶段的特点,要重视儿童 IP 独特的亲子双向驱动特点。

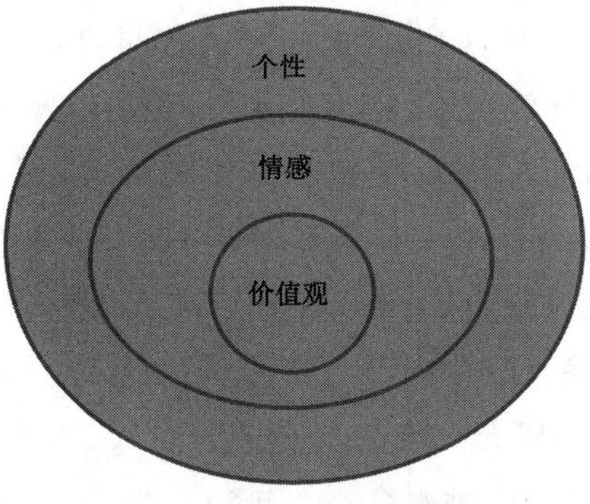

图4-5　儿童IP内在精神塑造

三、借势全媒体传播推广，多渠道联动打造儿童IP

近年来我国儿童消费市场的繁荣引来互联网企业的争相布局。2018年年底娃娃鱼动画拿到B站A+轮融资，2019年百度领投儿童内容教育品牌“凯叔讲故事”C轮融资，同年10月字节跳动投资专注于儿童启蒙的早教品牌“新升力”，2021年腾讯投资少儿动画公司众乐童乐，成为其第二大股东；此外，腾讯视频、优酷和爱奇艺还分别推出面向儿童用户的品牌“小企鹅乐园”“小小优酷”和“奇巴布”。近年来大数据、人工智能等网络技术的进步和应用，也进一步推动了儿童文化产业的快速发展，使得产业IP化成为新的风口，儿童领域掀起一波“IP热”。可以说，新媒介技术的赋能给儿童内容产业带来了新的发展机遇，与此同时也催生了新的IP运营和传播模式，以IP为核心，全方位、跨媒介、多渠道的全产业链正在不断形成与完善。

(一)建立内容传播矩阵，精准触达受众

中国互联网络信息中心(CNNIC)发布的第48次《中国互联网络发展状况统计报告》显示，截至2021年6月，我国网民规模为10.11亿，较2020年12月增长了2,175万，互联网普及率达71.6%。超10亿用户接入互联网，形成了全球最为庞大、生机勃勃的数字社会。新媒体时代，互联网技术及信息技术的发展与应用构建起数字社会的新形态，虚拟现实、云计算、5G以及短视频、直播等逐渐融入人们日常生活的方方面面。在此环境下，媒体传播生态也发生了深刻的变化，传统媒体和新媒体之间的界线日益模糊。以往的信息壁垒被打破，公众不再是被动的信息接收者，而是信息传播的主体。新兴的媒体平台也因其低门槛、交互性强、时效性快、传播渠道多元等特点极大地促进了信息的快速传播，并为IP的孵化与培育提供了全新的土壤，催生了一大批超

级 IP 的出现。

在当下这个多元媒介社会,Z 世代的用户群体早已习惯了通过网络获取海量信息。无论是以图文为主的新浪微博、微信公众号,还是以短视频为主的抖音、快手、微视,抑或是长短视频综合的弹幕视频网站 B 站,他们并不只是局限于单一的传播平台,而是热衷于在不同媒介平台间穿梭游移,主动发表个人看法,分享创作成果,并与他人进行互动交流。在此过程中,受众既是内容的接受者、消费者,又是积极的生产者和传播者,这种多样化的参与行为也为互联网平台带来了巨大的流量。因此,新媒体环境下,IP 的运营与传播需要充分考虑受众的角色转变,从受众行为出发,把握不同平台的用户特点和心理,整合多种媒介平台进行宣传推广,丰富儿童 IP 传播渠道,从而构建全方位、多联动、广维度的新媒体矩阵,实现 IP 内容的全媒体运营,精准触达不同的受众圈层。

近几年来,优酷少儿在打造儿童节目 IP“优酷少儿蕃尼家族”的过程中主动适应全媒体传播规律,借助不同运营平台的传播优势,整合站内外资源,共同组成 IP 传播矩阵(如表 4-2),尽可能地覆盖更多受众群体,成功制造了传播热点,引起受众对蕃尼家族的高关注度和话题热度。比如,蕃尼家族的两位主持人马树和悦儿的抖音账号粉丝数分别为 306.1 万、220.31 万,微博粉丝分别有 11 万、10 万。优酷少儿还在微博、抖音、快手等各社交平台开通官方账号,注重与粉丝的日常互动和内容输出,形成优酷少儿官方传播矩阵,全网粉丝超过 100 万,为 IP 的广泛传播注入强劲动力。

表 4-2　优酷少儿官方矩阵

平台	账号
微博	优酷少儿
微博	优酷亲子
抖音	爱看动画的优酷少儿
微信	优酷少儿
快手	优酷少儿

另外,优酷少儿蕃尼家族还联合新华网、中华儿慈会等平台共同开启“微光梦想计划”公益活动,其“助梦乐学”的积极价值导向吸引了北京卫视、参考消息等多家媒体的主动报道,进一步扩大了影响力。而在此次公益传播中,优酷少儿先后在官方微博发起＃微光梦想计划＃、＃陪你为梦前行＃、＃10 后的梦想能有多朴实＃等多个相关话题,并获得多个权威蓝 V、亲子、情感类 KOL 的共同发声,激发了 90 后、00 后的情感共鸣,短时间内引起诸多网友的热烈讨论和自发传播。优酷少儿通过这种方式打造传播矩阵,借助社交媒体的宣传推广和口碑传递,多维度联动有效拉近了与受众之间的距离,最终取得了不错的传播效果。据统计,蕃尼家族“微光梦想计划”累计曝光人次

达6.4亿，全网话题阅读量超过7,600万，全网视频播放量突破300万，优酷少儿全网涨粉超过3.38万。

值得注意的是，IP的全媒体运营并不意味着单纯地在微博、微信、抖音、快手等社交媒体平台进行内容发布，而是需要精准洞察不同媒介渠道的受众特点和传播规律，有针对性地制定运营策略。首先，利用大数据技术对网络平台的用户信息进行抓取，勾勒出目标用户画像，深入挖掘和分析受众需求；其次，依据各媒介的具体特性来定制内容，充分发挥各个媒介平台的独特优势，采取长图文、短视频、VR云直播、H5、Vlog等多种形式，对IP内容进行差异化创作和分发推送，增强IP对不同受众群体的吸附力；最后，不断探索创新传播手段，提供形式多样的内容体验，建立用户群体与IP产品之间的互动和连接，吸引不同圈层的受众参与传播过程，从而起到裂变式传播的作用，进而增强IP的品牌影响力和持久生命力。

（二）线上线下互联互动，形成营销闭环

"场景"一词本来是影视用语，指在特定时间空间内发生的行动，或者因人物关系形成的具体画面，是通过人物行动来表现剧情的一个个特定过程。媒介环境学派代表人物乔舒亚·梅罗维茨较早地将"场景"引入传媒领域，并将其概括为"情境"。在《即将到来的场景时代》一书中，美国记者罗伯特·斯考伯和专栏作家谢尔·伊斯雷尔断言："未来25年，互联网将进入新的时代——场景时代。"他们认为互联网时代的"场景"是基于移动终端、传感器、社交媒体、大数据、定位系统提供的应用技术以及由此营造的一种"在场感"。

移动互联网时代，随着媒介技术的迭代升级，IP的受众消费需求更加明确，不再是被动消费而是在特定场景下的精准消费。同时主动性大大增强，对信息的需求不仅仅停留在接收层面，更注重信息的交流互动乃至线下的参与体验，IP与受众之间是一种平等的、参与式互动的关系。因此，要想实现IP的可持续性发展，建立受众和IP之间的深度黏合，必须要格外关注受众的需求和体验。在策划线上营销的同时，还要重视线下渠道的拓展，改变以往单一的线性传播模式，开展线上线下双线联动，形成IP营销闭环。

例如，故宫博物院自2010年以来便开始了自身IP打造之路，先后开通了微故宫、故宫淘宝、故宫书店等微信公众号，在官方微博发起诸如"紫禁城的初雪""紫禁城里过大年""故宫博物院上元之夜"等一系列线上活动，并借助视频网站哔哩哔哩（B站）推出纪录片《我在故宫修文物》，全网播放量近亿，B站弹幕超过6万条，豆瓣评分超过9.4，进一步扩大了故宫IP的影响力。此外，故宫博物院还打造了"紫禁城600""每日故宫""故宫展览""皇帝的一天""清代皇帝服饰"等多个线上App应用产品，让用户通过App就能体验古代生活、了解故宫展物历史、掌握最新展览动态。2018年5月，故宫博物院联合腾

讯地图推出“玩转故宫”小程序,小程序内设置了人们常用的 20 项导航,包括建筑、展览、卫生间、出入口、餐饮、医务等,还会根据当时的人流情况推荐前往目的地的最快路线,为游客的参观提供了便利。

除了玩转故宫,故宫博物院还推出了《穿越故宫来看你》《故宫:口袋工匠》《故宫文化创意馆》《故宫微店》《来自故宫的礼物》等小程序和 H5,拉近了年轻受众与故宫的距离,让 600 年的故宫变得更加亲近且更具话题性,焕发出新的活力与生机。新冠疫情闭馆期间,故宫博物院还联合新华社、新华网、人民日报、人民网、百度 App、腾讯网、抖音等多个媒体平台,首次对闭馆的故宫博物院进行云直播。直播共分三场,为期两天,带领网络观众游览故宫内的各个场馆、宫殿。这场云直播吸引了众多观众参与,在 2020 年 4 月 5 日上午首场直播中,仅央视新闻的抖音号在线观看人数就超过 1 亿。

在线下,故宫博物院不仅开设了文化创意体验馆,向游客展示和销售故宫创意文创产品,还开设了针对儿童的“故宫文创儿童体验店”,店内展示了近百余件专门为儿童设计的各类故宫文创产品,适合 3 到 12 岁不同年龄阶段的儿童进行体验。2017 年故宫儿童体验中心共接待三千余人次,举办活动近百场;2018 年开展的“小皇帝的一天”“汉字小时候”“我是故宫小讲解员”等主题活动都受到了儿童及家长的喜爱。这种主题化、互动性的传播方式大大提升了受众的体验感,增进了受众对故宫历史文化的了解,满足了不同受众的需求。场景化的打造不仅增加了仪式感和专属感,也有利于加强产品与受众之间的关联度,产生更多的情感联结,从而更容易建立牢固黏性,为后续延长 IP 价值链奠定良好的粉丝基础(如图 4-6)。

图 4-6　故宫博物院部分线上 App 应用产品

(三)开展跨媒介叙事,丰富儿童 IP 内涵

“跨媒介叙事”(transmedia storytelling)的概念最早由美国学者亨利·詹金斯提出,指“一个跨媒体的故事在不同的媒介平台展开叙事,每一个平台都有新的内容为整个故事做出有差异的、有价值的贡献”。在他看来,跨媒介叙事并不是简单的跨媒介“重复”,其理想的形式是“每一种媒体出色地各司其职、各尽其责,以其独特的优势为故事的叙述做出贡献,创造完整的叙事体验和更大的叙事体系”。可以理解为,跨媒介叙事实际上就是通过多种媒介形式扩散传播文本内容,它们之间相对独立而又相互关联,共同构筑起完整宏大的故事世界,引发受众共鸣,给受众带来更为丰富多元的叙事体验。

传统的叙事模式注重在同一种媒介平台上展开叙事,强调故事情节发展的整体性和连续性,而跨媒介叙事则打破了单一的线性结构,更加注重通过不同类型的媒介承载故事内容,并发挥各种媒介的独特优势进行宣传,具有媒介多样化、呈现立体化、传播沉浸式等特点。正因为如此,随着媒介融合不断深入,受众需求更加多样,内容资源的持续发展和多元协同成为不可避免的趋势,跨媒介叙事逐渐受到文化市场的关注,并为当下的 IP 运营提供了新思路。

事实上,早在 20 世纪末,好莱坞对于影视 IP 的开发就开始了跨媒介叙事营销的探索。乔治·卢卡斯在 1992 到 1996 年间所制作的《少年夺宝奇兵》便是根据著名系列电影《夺宝奇兵》改编的,该套电视系列剧讲述了少年印第安纳·琼斯从 10 岁起和他父亲一起环游世界的神奇冒险经历。科幻电影系列《回到未来》也制作了类似于剧集形式的影视 IP 电子小游戏,主要用来讲述电影中没有出现的故事。2000 年之后,跨媒介叙事营销迈入了新的发展阶段,不再局限于对原本故事主线的拓展,而是开始尝试从多个视角来展现世界观,同时尝试带给观众或用户沉浸式的体验。例如漫威公司旗下的超级英雄系列 IP 不仅仅存在于原有的漫画作品中,还以游戏、电影、小说等多种形式呈现。IP 内容虽然分散于各个媒介,但在逻辑上又高度关联,其内涵也更加复杂丰富,这种协同作业的方式使得各个 IP 作品结合成一个整体,实现传播效益的最大化,进而让漫威超级英雄形象更加深入人心。

近年来,随着媒介技术的迭代升级和新媒体的强势崛起,网络文学、动漫、影视剧、游戏、视频、音乐等娱乐形式不再孤立发展,而是彼此相互渗透、相互融合,泛娱乐化时代随之到来。与此同时,国内 IP 市场进入井喷式发展的黄金时期,腾讯、阿里、百度、奥飞娱乐、光线传媒等资本大量涌入,纷纷深耕 IP 产业布局,积极进行 IP 的培育与跨媒介运营的尝试,试图打造以 IP 为核心、融合多元产业的泛娱乐产业生态圈。

例如,猪猪侠作为咏声动漫的人气 IP 之一,是咏声动漫 2005 年开发的一款儿童动画产品,历经 16 年的培育,展现出持久的 IP 生命力。在泛娱乐的产业背景下,咏声

动漫巧妙地运用跨媒介叙事的传播策略，在电影、电视、舞台剧、主题乐园、品牌授权等领域积极开展跨界合作，先后将其做成绘本、玩具产品进行销售，并通过短视频、游戏、IP 表情包、音频故事等不同的产品形式赋予 IP 更多衍生内容；之后又陆续推出《猪猪侠之竞球小英雄 1—4》《猪猪侠之深海小英雄 1—4》《猪猪侠 · 不可思议的世界》《猪猪侠 · 猪年吉祥》《猪猪侠大电影：恐龙日记》《猪猪侠之终极决战》《猪猪侠之英雄猪少年》《猪猪侠之超星五灵侠》《猪猪侠之恐龙日记 1—4》《猪猪侠之南海日记》等系列动画大电影和电视动画作品；而以其为主题的舞台剧及主题景区、户外乐园、盲盒潮玩等周边产品亦成功运营，创造出更加丰富的内容生态和产品价值。在打造《猪猪侠》IP 系列的过程中，咏声动漫以一个共同的故事内核为中心，借助不同类型的媒介平台，多维度地铺陈故事文本，并增加角色、事件、情节等进行延续，故事网络不断扩张，最终构成一个宏大的内容系统，成功迎合了多元化的受众需求，也进一步深化了受众对于 IP 的认知。

四、跨界授权多点开花，儿童 IP 商业化能量巨大

儿童经济的迅速崛起，让越来越多的企业加入儿童赛道，而依托 IP 打造产业链也成为儿童行业的共同认知。以 IP 为驱动力，开放性地打造、衍生和拓展 IP 价值，形成融合发展矩阵，才能提升品牌影响力和竞争力。

当前的儿童 IP 产业链包含上、中、下三个层面。上游为内容创作层，以动漫、影视、卡通形象等内容为主，重在挖掘和孵化 IP；中游为运营拓展层，对上游的内容创作依赖性较强，借助全媒体、跨媒体等方式形成渠道矩阵，结合儿童用户需求完成传播和推广；下游为价值变现层，是对上游和中游的进一步开发，通过授权、联名等多元玩法实现 IP 营销转化和价值延伸，持续开发和拓展 IP 商业潜力。成熟的 IP 产业链，每个环节都不是独立和渐进的，而是同时运转的，一边赋值一边变现，从而实现 IP 价值的多轮转化。

近年来，随着国际大 IP 的引入和国内对 IP 的自主探索，儿童 IP 的商业模式和变现手段呈现出多元化、系列化和创新性的特点。授权、联名、跨界合作等多点开花，玩法不断出新，在为 IP 注入内涵价值的同时，释放出巨大的商业价值。目前，儿童 IP 的商业发展正在从短线开发向长线运营转变，探索更多元化的变现方式，实现价值的最大化。

(一)儿童经济大热，头部企业加紧投资布局

“儿童经济”是指围绕儿童的生活、教育、消闲、娱乐等方面的经济活动。第七次全国人口普查数据显示，我国 0—14 岁人口为 25,338 万人，占总人口的 17.95%。儿童

群体规模庞大，加上“全面二孩”政策的刺激，儿童数量呈现增长态势，酝酿了一个潜力巨大的儿童市场。

当下儿童的父母以 80 后、90 后为主，他们当中很多是独生子女，普遍受教育程度高、收入水平高。与上一代父母相比，他们更加追求生活品质。随着新一代父母站上消费舞台，儿童经济市场格局也发生了重构。新生代父母越来越舍得为孩子投入，特别是在孩子教育成长方面。作为移动互联网的主力人群，这代父母的消费观念也较为前沿和潮流，在可承受范围之内，他们会选择品牌口碑好、有质量保证、性价比高的产品。而且，儿童经济的家长“代位消费”特征明显，一个孩子往往能带动两个甚至更多大人一起消费，促使儿童消费群体不断壮大。根据中国儿童产业中心公布的数据，我国 80％的家庭中儿童支出占家庭支出的 30％—50％，家庭儿童年平均消费为 1.7 万—2.55 万元。儿童消费需求和结构的改变，使儿童经济成为带动消费增长的新蓝海。

广阔的市场空间促使资本强势入局。一方面是国内经济结构和消费需求的变化，另一方面是风靡全球的迪士尼、哆啦 A 梦等经典儿童 IP 拥有巨大的吸引力，我国的儿童 IP 终于迎来投资大潮，品牌头部纷纷涌入儿童产业，开发和支持儿童板块。

这些企业主要包括两类：第一类是始终专注于儿童 IP 创作的企业，依靠自身发展和行业前景获得多轮投资，如多罗罗、子非鱼、B.Duck 小黄鸭等儿童原创 IP 开发运营商。2021 年 7 月，国资委下属的华侨城（亚洲）控股有限公司战略性入股 B.Duck 小黄鸭母公司德盈控股，双方牵手合作标志着国家及文旅行业对 B.Duck 小黄鸭作为原创儿童 IP 的认可。第二类是新增儿童板块的头部企业，进行自主 IP 的布局或加紧对其他相关企业进行投资。如爱奇艺布局少儿内容的垂直品类，陆续推出《无敌鹿战队》《快乐奇巴布》等多部原创优质动画；腾讯陆续投资了皮皮鲁总动员、上游动漫、猫猫家、众乐童乐等公司，不断在少儿内容上加码。越来越多的企业加入儿童 IP 这个赛道，利用品牌、资金、渠道为 IP 产业发展助力，多方联动势必会促进儿童 IP 的商业发展和变现效率的提升。

（二）授权开发模式多样，衍生产品层出不穷

衍生品授权属于 IP 产业链的下游，是 IP 的核心变现方式。根据《2021 中国品牌授权行业发展白皮书》，2020 年我国年度被授权商品零售额达 1,106 亿元，同比增长 11.5％。几乎每个行业都想和 IP 挂钩，通过“IP＋”拓展商业模式。

结合目前儿童 IP 商业化和产业化的发展情况，其授权领域正不断拓宽，衍生品类也愈加丰富，授权衍生业务大致可以分成商品开发、内容衍生、教育服务和空间场景四种模式。其中，商品开发指文创、服饰等实用性产品；内容衍生指以影视、综艺为代表的虚拟性产品；教育服务指 IP 源向儿童教育成长方向产品的转化；空间场景是 IP 源

向体验式和游玩式产品的转化,包括快闪店、主题展、主题游乐园等。

1.商品开发:电商渠道加速发展,潮流类产品成为引领

商品开发是儿童 IP 变现的最基础模式,一般包括文创、玩具、服饰、母婴、食品等常用物品。某个儿童 IP 一旦确定要开发周边或衍生品,就会串联起这些品类,打通儿童日用品消费市场。这些产品在生活中触手可及,无论是价钱还是实用性都容易被家长接受。B.Duck 小黄鸭目前在服饰、家居、数码、婴童、文具等品类全线开花,2017 年至今,其授权的衍生产品的零售总额超过 100 亿港元。

图 4-7 B.Duck 小黄鸭周边衍生品

伴随着技术与渠道的不断变革,儿童 IP 衍生品加速发展,开通天猫、淘宝、京东、唯品会等电商渠道,通过抖音、快手等直播间进行快速销售。B.Duck 小黄鸭在中国电商渠道的人气非常高,《2020 天猫"双 11"IP 电商指数报告》显示,它在"2020 天猫 IP 电商 90 后偏好指数"中排名第一位。而线下实体店则成了用户逛街打卡的热门地,通过用户对 IP 的直接体验和感知,强化用户的情感连接,完成线下引流,实现线上消费与线下体验的融通。有些线下店为吸引用户还推出定制化产品,如泡泡玛特会基于城市特质推出限量款产品,曾在成都店内设置大熊猫主题的造型产品,贴合本地文化。

文创与儿童的学习生活息息相关,因此儿童 IP 将赋予文创产品的开发巨大潜力:除了把 IP 形象和 logo 印在各类文创产品上,现在更加注重对 IP 文创赋予价值。近年来,随着国潮文化的火爆,国潮文创受到 Z 时代的追捧。越来越多的 IP 授权商布局国潮文创,全力孵化 IP 的核心文创力。作为国内授权业极具影响力的 IP 跨界整合营销机构,物喜堂与三星堆达成战略合作,挖掘国潮文创的商业潜力,重磅推出《国家宝藏——你好历史》系列三星堆文创产品,极具创意和中国风,让国宝文化走入日常生活当中。

潮流文化带动了国潮文创，也让潮流玩具受到大众追捧。潮流玩具，简称“潮玩”，是根据 IP 形象的创造和设计而进行的立体呈现，是 IP 商业化的一种新业态，特别是盲盒经济的火爆出圈，让更多的品类纳入潮玩阵营。艾媒咨询发布的数据显示，2020 年我国潮玩经济的市场规模达到 294.8 亿元，2023 年有望达到 600 亿元。潮玩是个性和审美的彰显，受惊喜经济和情感需求的影响，被 90 后和 00 后群体喜爱。

儿童 IP 企业纷纷赶“潮”，设计手办、模型、盲盒等潮玩。儿童 IP 面向儿童用户群，但潮玩实现了儿童 IP 向年轻群体的拓展。物喜堂顺应潮流，精美的古老宝藏与神秘的“盲盒”玩法巧妙结合，推出三星堆祈福神官系列盲盒（如图 4-8），将文物与盲盒跨次元碰撞，让消费者在打开盲盒的瞬间感受到古蜀文明遥远与神秘的意味。IP 与潮玩的牵手联姻，既能带来销量，又让原 IP 真正鲜活起来。

图 4-8　三星堆祈福神官系列盲盒

2.内容衍生：打造多元内容矩阵，既要创收又要重视引导

内容衍生，指围绕 IP 源头进行不同载体、语言、形式的有机转化。儿童 IP 的内容衍生有动漫、影视、综艺、话剧、舞台剧等，尤其是低成本、快创收、高回报的电影备受开发者认可。近年来，猪猪侠、熊出没、喜羊羊等国产动画 IP 在这方面非常努力。喜羊羊系列动画片从荧幕走向大银幕，目前推出 7 部生肖系列大电影。猪猪侠已累计制作推出 7 部动画大电影，2021 年上映的《猪猪侠大电影·恐龙日记》首映以接近 8,000 万元的票房收官，成为同档期影片的赢家。

不同类型的改编助力IP形成内容矩阵，不仅能创造收入，还能扩充IP内容和内涵。《熊出没》自2012年首播到现在，系列动画稳居电视台收视率前三名，7部系列大电影总票房超过31亿，其在2019年开始布局短视频内容，仅在抖音的粉丝数就破千万，采用短视频内容先行方针，基于平台热点进行全新内容的企划和制作，形成内容衍生和渠道联通，增加IP关注量和粉丝基础。

在IP商业发展中，市场上出现流水线、工业化、模式化制作方式，加上内容监管不力，低俗、浮夸、暴力、超脱少儿年龄的内容输出，给儿童带来了不好的价值引导。大众传播媒介会潜移默化地影响受众的世界观，尤其儿童的心智尚未成熟，对外界事物的认知还不健全，错误的引导很容易影响到他们的三观。因此，IP改编需要谙熟不同内容的话语特点与创作逻辑，了解儿童心理发展结构和诉求。既要对原IP进行大胆创新设计，为作品注入新鲜感，又要保持主题内涵和风格调性上的原汁原味，更要关注内容传递的精神价值和审美趋向。《熊出没》为服务不同年龄段的儿童，专门针对0—3岁、3—6岁和6—12岁用户群分别打造产品，融入适合不同群体的元素，紧跟时代审美和儿童需求不断创新，让IP影响力上升到新高度。

3.教育服务：依靠功能实现价值转化，拥有多种变现方式

当下社会的父母深知教育的重要性，对于教育支出，既有消费动力又有消费实力。教育产品或服务具有高频次、多维度、深体验、高信任度等特征，既能满足用户的教育文化需求，又便于与消费者建立价值交换关系。因此，在儿童IP商业化过程中，教育服务是不可忽视的，图书出版、早教、亲子互动、在线课程等都是热门衍生产品。

越来越多的儿童IP进入教育行业，通过直销和经销、线上和线下结合、体验营销、社交营销等多种销售模式完成效能变现。线上主推数字化内容，包括教育类App、线上课堂、动画课程等多种形式，如熊出没和熊熊乐园、阿卡索推出少儿英语动画课程，依靠家长和儿童对IP的好感度和信赖度获取授权和付费收益；线下以图书出版物、智能硬件产品作为周边产品，如《爱探险的朵拉》推出后的10年时间里，销售图书超过5,000万本，吸金能力超强。线下还有围绕IP打造的相关课程、亲子活动及教育中心等，完成相关服务和产品的营收。

传递文化知识、促进心智成长、培养正确价值观是优质儿童IP的价值内核，教育相关商品和服务最直接地实现了这些功能。结合儿童身心发展需求，教育产品包罗万象，具有很强的延展性和融合性，涉及语言、历史、自然、逻辑思维、生物科学等多个学科。如何兼顾功能性和趣味性，让家长和孩子双向驱动，是教育产品需要考虑的问题。

有些儿童IP基于教育理念和教育内容而生，专注教育相关的产品或服务，并以此完成产业链上各个环节的转化，如巧虎、碰碰狐、朵拉等已经成为孩子生活中的超级符号。碰碰狐是一只头戴皇冠的可爱小狐狸，IP源头是动画，但富有创意地融入了教育元素，有中英文儿歌、故事、音乐、舞蹈和各类知识。随着数字化和移动化技术的发展，

“碰碰狐”衍生出了170余个互动性幼教软件，包括ABC英语自然拼读、123数字游戏、拼图游戏、开心学英语单词等，突破传统育儿方式，以寓教于乐的方式培养孩子主动学习能力。据了解，“碰碰狐”将推出订阅式双语早教产品“碰碰狐家庭课堂”，以中英文音视频课程、教材和玩具等方式激发宝宝学习和探索，助力学龄前儿童的启蒙教育。从IP源头内容到运营，儿童IP凭借着内容版权、付费内容、平台订阅收费和商品授权获得商业收益，具有非常广阔的发展前景。

4.空间场景：IP＋文旅深度融合，实现儿童IP增值与变现

空间场景化已经成为儿童行业发展的一大趋势，包括以体验式营销推广为目的的主题展、快闪店、博物馆和以游玩娱乐为目的的主题游乐园、主题小镇等大型实景空间，整体呈现出形式多样、主题突出、互动体验等特征。

儿童主题展能给消费者带来个性化的视觉冲击和无与伦比的体验感。这些主题展大多以孩子和家庭为主要目标对象，但在IP效应的影响下，也受到年轻群体的追捧。“小马宝莉”近两年分别在北京、杭州、佛山、上海、深圳等城市举办大型主题展览，其中不少城市是首次展出，不仅拉近了IP与粉丝之间的距离，也能提升IP流量和关注度。

随着文旅产业的迅速发展，越来越多的IP与文旅进行深度融合，实现IP价值的最大转化。迪士尼乐园的成功打造，吸引儿童IP不断向“体验型”产品延伸，将IP形象与旅游业结合，吸引众多用户前去打卡，不仅完成了IP的线下推广，还扩大了IP知名度和影响力。B.Duck小黄鸭为扩大商业版图，将目光投向了文旅产业。华侨城的入股极大推动B.Duck“IP＋文旅”的发展，增加粉丝对IP的互动和忠诚度，也极大提高了IP流量和收益。其实早在2018年双方就携手打造了南京欢乐谷B.Duck“奇想海洋”主题区，主题区内的饮食、餐具、服装及其他衍生品都是小黄鸭主题，为热衷打卡和娱乐的城市青年们打造了深层次、沉浸式的IP体验。

空间场景的打造不仅为IP消费品带来市场，更能增强用户对IP的认知和情感联系。方特以《熊出没》IP打造的主题乐园，除了还原《熊出没》的生活场景、开设舞台剧等特色活动，还秉承游客体验优先原则，在娱乐项目中与用户交流和互动，利用高科技手段和文化创意形成IP业态，完成IP与主题乐园的有机嫁接，实现本地文旅产业与原创IP的有机联动和商业增值。

（三）跨界合作整合营销，品牌之间双向赋能

IP产业充满活力，从创造、运营到变现，各类型的企业和服务都可以进行IP授权和开发，这就意味着会有更多的参与者加入IP发展环节。儿童IP辐射范围广、功能属性强、开发空间大、价值变现快，不仅能在影视综艺领域开展合作，还能在全产业链中与衍

生品、主题公园等行业进行跨界合作和联动。

品牌跨界运营、授权联名、双 IP 合作、整合营销等玩法，能把 IP 形象更广泛地推向公众视野，实现品牌之间的双向赋能。物喜堂与《国家宝藏》节目 IP 的深度合作，助力其成为打造文化 IP 的典范；之后与三星堆这个大文化 IP 的合作，更彰显了物喜堂专业的 IP 运营能力。三星堆代表了中国青铜时代的超高成就，物喜堂具有强大的 IP 整体把控能力，两大强 IP 的联手合作，全面释放出三星堆 IP 的文化潜质和商业潜力。

在儿童 IP 产品方面，物喜堂将推出画猫系列绘本，带领孩子畅游博物馆，同时也在打磨适合儿童的桌游产品，并在线下举办 IP 主题文化市集、光影互动活动等，让孩子切实参与到具体场景中，体验文化的魅力。物喜堂在三星堆博物馆天猫旗舰店，打造了一件件极具三星堆风格的文创和潮玩产品。2021 年淘宝造物节上，物喜堂策划了“古蜀摇滚”三星堆文化潮玩展，兼具趣味性和文化性，吸引了一大波粉丝。

越来越多的品牌与儿童 IP 合作，不仅提升了 IP 的破圈能力，还能通过品牌之间的互动与分享，提升粉丝转化率和复购率。B.Duck 小黄鸭积极跳出原有渠道局限，尝试了很多跨界突破。自 2005 年诞生并发展至今，它与国内外 250 余家授权商达成深度合作，成为最能带货的国产优质儿童 IP 之一。而且，它倾向于与各行业的头部企业进行合作授权，如文具品类的 LAMY、数码品类的 FUJIFILM、家居品类的罗莱家纺等，大大提升了 IP 的品牌传播力。2020 年 2 月 B.Duck 小黄鸭首次联合故宫推出“宫里有只小‘皇’鸭”IP 合作项目（如图 4-9），在俏皮有趣的形象中实现传统文化与新潮力量的结合，并联合 11 家优质授权商开发了超过 50 款“IP＋文化”联名产品，其中，联名服装单品的单月销售量突破 4 万件，整体销售额破千万。

图 4-9 “宫里有只小‘皇’鸭”IP 合作项目

B.Duck 小黄鸭品牌具有较强的可塑性，其不局限单一模式，积极寻求多元合作和突破。2020 年与国货之光“东北大板”推出联名雪糕、联名小挎包、雪糕快闪店等。小黄鸭换上了潮酷的绿色军大衣，打破次元壁的跨界合作，展现出支持民族企业发展的决心与力量。2020 年 5 月，它又与国民手游《和平精英》达成双 IP 合作，相关话题在数小时内迅速冲进微博热搜榜前十。之后，它还将与网易旗下的非对抗性竞技游戏《第五人格》合作，创造更多有趣的游戏玩法和周边产品。强强联合，依靠品牌联动保持营销活力，将帮助 B.Duck 小黄鸭快速打开市场格局。

当前，儿童 IP 产业链通过授权、衍生、跨界合作等方式，完成价值的转化、变现和延伸，从商品开发、内容衍生到教育服务、空间场景，生产出覆盖儿童生活方方面面的产品，释放出巨大的商业化能量。未来，儿童 IP 要做大做强，需要围绕 IP 调性和核心，紧跟时代潮流，扩大 IP 长线运营和垂直深耕能力，进行多品类、全方位、跨行业覆盖的衍生开发，持续打造大 IP 的生态价值。

第三节　个案研究之一
爱奇艺："内容＋技术"撬动儿童视频市场

近几年来，随着视频行业增速放缓，各大视频平台都在寻找新的市场增量，其中，儿童内容领域凭借其用户观看特点和产业衍生价值，当之无愧地成为备受平台关注的蓝海。在国外，奈飞（Netflix）加大了对动画内容生产的投资，与梦工厂动画、孩之宝、尼克、华纳及日本一线动画公司开展合作。在国内，以爱奇艺、优酷、腾讯为代表的视频平台也在加速布局儿童 IP 新生态。

在儿童内容的布局中，各视频平台都有清晰的认识——锁定优质内容才是寻找最优变现的方式。动画作品作为最直接、受众最全面的儿童视频内容，成为各大平台发力的重点。2014 年爱奇艺上线了专为学龄前儿童开设的视频 App“爱奇艺动画屋”，后升级为“爱奇艺奇巴布”，2016 年优酷与腾讯紧随其后，也分别推出了面向儿童的视频 App“小小优酷”与“小企鹅乐园”。相比较而言，优酷主打国际视野的内容和安全观看，腾讯儿童更为注重数字教育且经常与腾讯游戏、动画等合作，而“爱奇艺儿童”作为最早的布局者，不仅在头部版权内容上已经形成强大的用户聚合力，在 IP 开发模式上也积累了较为丰富的国际合作经验。云合数据显示，自 2020 年 6 月以来，“爱奇艺儿童”整体有效播放份额持续领先，在行业内市场占有率接近 47%，稳居行业第一，全面领跑。

一、先声夺人:领跑国内儿童视频领域

从率先尝试布局儿童业务到成为国内领先的儿童视频内容分发平台,在将近十年的时间里,“爱奇艺儿童”的发展共经历了三个阶段。

(一)启动平台搭建

从引进热门内容到自制网络剧、网络综艺,爱奇艺在产业布局上向来敢做“第一个吃螃蟹的人”,在儿童视频领域亦如此。在“用户细分、垂直发展”这一发展理念的指导下,2012年爱奇艺在聚焦18—35岁的青年市场基础上,增加更年轻的群体,即开拓儿童市场。2013年7月,爱奇艺将少儿频道从动漫频道剥离,上线了独立的少儿频道,目的是更有针对性地服务需要不同娱乐内容的青少年用户。这一时期爱奇艺的儿童业务,在内容上以版权采购为主,自制内容较少;在分发上以人工运营为主,缺乏个性化推送。

(二)丰富产品矩阵,发力自制IP

这一时期,以儿童频道为核心,爱奇艺的儿童内容趋向精细运营,生态版图也越发清晰。如2014年,爱奇艺上线儿童专属视频App“爱奇艺动画屋”;2018年5月,“爱奇艺动画屋”全新品牌升级并更名为“爱奇艺奇巴布”;2018年6月,其联合银河重磅推出奇异果儿童版等。随着儿童产品的不断丰富,爱奇艺逐步搭建完善儿童视频分发矩阵,并进一步明确提出了以IP为核心的开放合作模式。与此同时,爱奇艺还致力于为儿童提供高质量的动画内容,一方面与尼克儿童、BBC、迪士尼、巧虎、央视少儿等国内外知名动画频道和品牌达成合作,积极采购优质版权内容;另一方面则是不断加快产出自制内容。2015年,爱奇艺儿童业务正式着眼于筹备自制内容;2017年2月,首部由爱奇艺自制、出品的3D动画片《无敌小鹿》上线,而无敌小鹿正是爱奇艺重点打造的IP之一。

(三)打造儿童IP产业生态

经过5年时间的积累,爱奇艺奇巴布(以下简称“奇巴布”)在儿童动画、青少年动画的内容覆盖上具有明显的领先优势。2018年,奇巴布已经拥有超过8万小时的视频内容,其中包含5万集付费片库的儿童精品内容矩阵;2019年,爱奇艺正式成立儿童事业部,组建了一支集运营、技术、产品、市场、商业化为一体、涵盖产业链全流程的专业团队,从这个时期开始,爱奇艺前期搭建的儿童内容分发平台正式升级为儿童媒

体平台。升级后的儿童媒体平台有了更强的孵化能力，强孵化能力保证了自制原创 IP 的成功，其巨大的 IP 价值才得以实现。在 IP 开发上，爱奇艺通过“一鱼多吃”的模式开拓儿童产业的生态链整体布局，由近到远，从授权到内容衍生再到乐园，不断扩大 IP 合作的外延，构建以 IP 为核心的产业生态。

二、精品内容＋技术驱动：加速布局儿童 IP 产业链

众所周知，会员的增长与优质的内容是分不开的。近年来，爱奇艺在内容布局上已形成成熟体系，优质内容源源不断地产出，成为拉动会员增长的核心驱动力，但仅靠自制和版权所带来的收益维持收支平衡存在一定的风险。因此，爱奇艺采取了以 IP 为核心的发展战略，即积累大量优质内容 IP 并尽量将 IP 的价值最大化。

针对不同的领域，爱奇艺制定了四大 IP 策略，分别是打造真人 IP、潮流 IP、明星 IP 和非真人 IP。其中，非真人 IP 主要是指动漫、儿童动画 IP，此类 IP 整体价值高、商业寿命长、破圈能力强。毫无疑问，“爱奇艺儿童”未来的衍生空间是巨大的，爱奇艺方面也表示，“将提升儿童 IP 打造增速，未来三年原创儿童 IP 增幅超过 200％，继续扩大市场占有率，提升平台品牌的影响力，深耕 IP 内容”。

（一）内容服务端全面覆盖

目前，爱奇艺在儿童业务上的布局极为清晰，建立起了以爱奇艺儿童频道、奇巴布 App、奇异果儿童版为依托的产品矩阵。这三个平台各有侧重，儿童频道主打全端覆盖，用户基数最大，具有强分发能力，基于 IP 做内容聚合和个性化的精准推荐；奇巴布 App 主打移动端，基于 IP 进行多维度的运营，特点是儿童专属、绿色安全，孩子们可以在这个平台上享受一站式服务——看动画片、学知识、智趣成长、快乐社交；奇异果儿童版是在“以智能电视为代表的大屏生态正在成为新一代的家庭流量入口”的背景下推出的，主打电视端，内容运营以合家欢类型为主，既能够满足孩子对趣味性的需求，又能打消家长对网络安全性的担忧。

至此，爱奇艺已经实现了儿童内容服务的全端覆盖，尤其是通过电视大屏，能够令爱奇艺借助“大屏＋独家内容”打造客厅生态，进一步完成自身业务从移动端到电视端的闭环。

（二）购买优质版权，扩大合作版图

与同类竞品相比较，爱奇艺在少儿频道时期就体现了极强的儿童用户使用偏好。比如独家引进万童互动的《迷你忍者》《少年佐罗》，迪士尼出品的《小公主苏菲亚》《公

主闯天关》《神秘小镇大冒险》,尼克儿童的《亮亮与晶晶》《旋风战车队》等多部优质动画剧集;再如与国际知名教育品牌"巧虎"展开独家定制化的节目合作,专门为爱奇艺小用户定制 100 集内容,进一步向行业印证了爱奇艺在深耕儿童市场的过程中,持续扩张国际合作版图,成功抢占了儿童泛娱乐领域的高地。爱奇艺正式推出奇巴布后,又上线了包括迪士尼《米奇妙妙车队》、孩之宝《恐龙救援队》、尼克《汪汪队立大功第 4 季》、咏声《核晶少年》在内的百部国内外优质动画。目前,"爱奇艺儿童"已经实现了头部版权的全覆盖。

(三)自制动画 IP,接轨国际市场

"爱奇艺儿童"成功孵化了包括《无敌鹿战队》《快乐奇巴布》《嘟当曼》《冰雪守护者》《音乐公主爱美莉》等精品力作。其中,《无敌鹿战队》在创作之初就定位全球市场,在剧本创意、角色设定、动画制作等多方面对标国际水平,美术设计、动画表演、灯光和毛发渲染等品质细节力求精益求精。该动画片自首播以来,长期稳居爱奇艺儿童热播榜 TOP3,在国内斩获好评后,《无敌鹿战队》迅速挺进国际市场,登上尼克国际儿童频道后,又陆续覆盖东南亚、英国、澳大利亚、德国、意大利、法国、俄罗斯、拉丁美洲等国家和地区。根据尼克儿童频道收视率的数据,《无敌鹿战队》播出成绩优秀,在英国及澳大利亚首播当日,收视率均排名频道第一,超过《小猪佩奇》等热播片。

值得关注的是,爱奇艺首创了"预购+监制"的合作模式,即让主创开发团队能够与海外发行方或播出机构提前接洽,在原有创作流程基础上,在前期阶段就邀请尼克儿童频道团队提供意见反馈,以便在制作过程中发现问题并及时调整,严格把控正确行为示范和安全引导等细节,有效避免成片后修改空间受限的困境,有助于自制 IP 在国际市场上走得更稳更远。

(四)科技赋能,打造差异化优势

随着在线视频市场进入优质内容竞争的红海,科技赋能开始成为撬动市场创新的关键。奇巴布是全网领先为儿童用户提供创新科技服务的平台,强调"以科技赋能儿童生活,构建 IP+开放合作模式"的经营理念。

作为一站式的智趣成长视频平台,奇巴布拥有"家长锁"功能,用于"定时护眼提醒""宝贝播单设置""禁看动画片单""聊天功能验证"等模块,注重家长控制与安全管理,打造更绿色健康的娱乐体验;上线"分龄智能推荐"功能,为小朋友更精准地推荐符合兴趣的内容;设置"中英双语自由切换"和"英语启蒙乐园"功能模块,让儿童在沉浸式的视频体验中轻松获取英语知识,同时养成自主学习的习惯,真正实现寓教于乐;全网抢先推出"AI 语音助手"功能,让小朋友可以通过语音互动的方式,实现自主搜索,学习有益的知识;

使用 AR 增强现实技术，还原各类真实场景，将知识立体化、互动化、趣味性地呈现给小朋友们。

奇巴布还在产品功能上不断进行科技创新，打造更佳的使用体验。2020 年，奇巴布新增专为小朋友打造的儿童弹幕功能；2021 年，新增社交聊天功能，让小朋友们在收看优质内容的同时与小伙伴们分享自己的喜悦，守护孩子们快乐健康成长。

三、"一鱼多吃"：打造儿童消费生态圈

加快对内容的布局是视频平台进军儿童市场的第一步，接下来的一步则是打通线上线下产业链。爱奇艺高级副总裁耿聃皓曾表示，"儿童产业非常大，线上只是一个入口，而有很多产业是在线下布局"。

如何将 IP 价值最大化？爱奇艺所采取的措施就是"一鱼多吃"，即通过 IP 的联动效应，将一个优质 IP 拓展到更多领域，从小说到电影、电视剧，再到游戏、动漫等，创作高质量原创内容。"一鱼多吃"意味着从原来只关注做"广"变为做"深"，将其价值最大化，从而优化以 IP 为中心的生态链。

"爱奇艺儿童"目前正是基于这一开发模式，围绕优质 IP 采取以授权为核心的多维度商业化形式，如开发衍生商品、儿童戏剧、主题乐园等。未来，"爱奇艺儿童"还将围绕 IP 动画大电影、儿童绘本等形式，进入 IP 的内容升级阶段，充分挖掘 IP 价值，实现商业变现。

四、打造绿色放心平台，陪伴孩子健康成长

儿童 IP 有着特殊的亲子双向驱动特点，成功的儿童 IP 需要在家长端和儿童端均产生驱动力。儿童消费的背后，实际上是家长在为其买单。而从家长的角度出发，娱乐并不是第一位的，内容安全才是他们更为关注的重点。

首先，在审核环节，"爱奇艺儿童"设置了较高的内容入驻门槛：采取先审后发、"机器＋人工"双重审核的机制，同时严格遵守青少年模式，保证平台内容安全健康。其次，在内容制作环节，既要做到情节有趣能吸引孩子，又要巧妙融入常识认知、美学熏陶、情商培养等教育元素，在教育孩子们时，不是呆板地说教，而是通过巧妙的情节传达给观众。比如《无敌鹿战队》中有一集，由于错误操作，铁老板不小心将塑料垃圾倒进了水晶湖里，引起一场虚惊，鹿战队及时出动解决了危机。在故事最后，为了加强对孩子环保意识的培养，增加了大家一起清理塑料垃圾，并废物利用，在湖边建起一条超级滑水梯的情节。这既让铁老板意识到了自己的错误行为，又给出了具有创意性的解决方案，让孩子了解到犯错并不可怕，发现错误并及时改正才是正确的处理方式。由

此可见,“爱奇艺儿童”一直致力于为孩子们提供绿色、健康、高品质的儿童内容,并在内容制作中努力践行这一信条。

新冠疫情期间,爱奇艺进行了为期 2 个月的付费内容转免活动,为孩子们提供充足的免费内容。2021 年 6 月,基于护苗计划,爱奇艺社会责任部门联合爱奇艺奇巴布面向广大儿童内容制作方、儿童家长发布倡议书,建议大家为儿童生产真正绿色健康的内容。

自 2012 年布局儿童业务领域,爱奇艺经过近十年深耕,构建了以 IP 为核心的产业生态,市场占有率在行业内领先。IP 是打通全产业链的重要环节,在未来,“爱奇艺儿童”将继续扩大市场占有率,提升平台品牌的影响力,将 IP 变现列入未来 5 年内的规划,深耕 IP 内容。

第四节　个案研究之二
《遇见九公主》:以传统文化赋能儿童 IP

2021 年 6 月,文化和旅游部发布了《“十四五”公共文化服务体系建设规划》,提出“坚持把社会效益放在首位,推动有条件的公共文化机构盘活文化资源,开发文创产品。鼓励公共文化机构与社会力量围绕文化授权、创意设计、生产加工、营销管理等产业链深度合作”。可见,唤醒沉睡的文化资源,盘活公共文化空间,释放文化使用价值,形成有自身特色的 IP,进而促进文化产业发展是国家倡导和鼓励的。

如果提起近些年最火的“网红 IP”,已有 600 余年历史的故宫当仁不让。作为最具代表性的中国传统文化符号和最有价值的公共文化资源,故宫在历史延续中承载着深厚的文化内涵和底蕴。可贵的是,如今除了庄严肃穆的形象,它还焕发出新的生命力。从《国家宝藏》到《我在故宫修文物》,再到《如果国宝会说话》,从故宫文创再到频频卖爆的故宫联名彩妆,它的每一次出圈在备受瞩目的同时,也刷新着人们的认知,与时代同频,与年轻人共舞,掀起了一场又一场国潮风,成为当之无愧的文化 IP 代表,真正做到了习近平总书记强调的“要让文物说话,让历史说话,让文化说话”。

一、故宫宫廷文化:多部 IP 赋能故宫文化传播

对于故宫这样一个历史悠久、文化内涵丰富、国民知名度高的公共文化 IP 来说,其在内容挖掘上具有不可比拟的独特性和可持续性。这就意味着除了让成年人感知传统文化、引领国潮,包括儿童在内的青少年也是不得忽视的一个群体。他们生长在多元文化激烈碰撞的互联网时代,能打造动画等符合时代特性的媒介内容,让他们从

小就接触传统文化，培养对传统文化的认知，既可以激发传统文化的生命力，又是加强传统文化教育、增强民族自信和文化自信的一条有效途径。

帮助故宫文化走近儿童，走近青少年，在这方面走在前列的就是“故宫宫廷文化”了。成立于 2005 年的北京故宫宫廷文化发展有限公司(以下简称“故宫宫廷文化”)，是故宫博物院下设的故宫文化服务中心与中国大陆以外的企业合作设立的首批公司之一。它高度整合了故宫文化资源，公司业务板块已经形成一个从基本授权合作到参与运营的完整闭环。2018 年推出的《宫里的世界》IP 以国风为宣传点，将传统文化与现代生活方式相结合，在收获社会效益的基础上也实现了商业效益。

目前，围绕故宫这一 IP，故宫宫廷文化旗下已在运营的子 IP 还有《遇见九公主》《喵堂之上》等针对儿童群体的动画作品(如图 4-10)，通过内容打磨、产品开发、IP 运营等方式来展现公共历史文化底蕴。其中《遇见九公主》以高质量的精品内容和寓教于乐的形式，成为赋能故宫文化传播的儿童 IP 代表作。

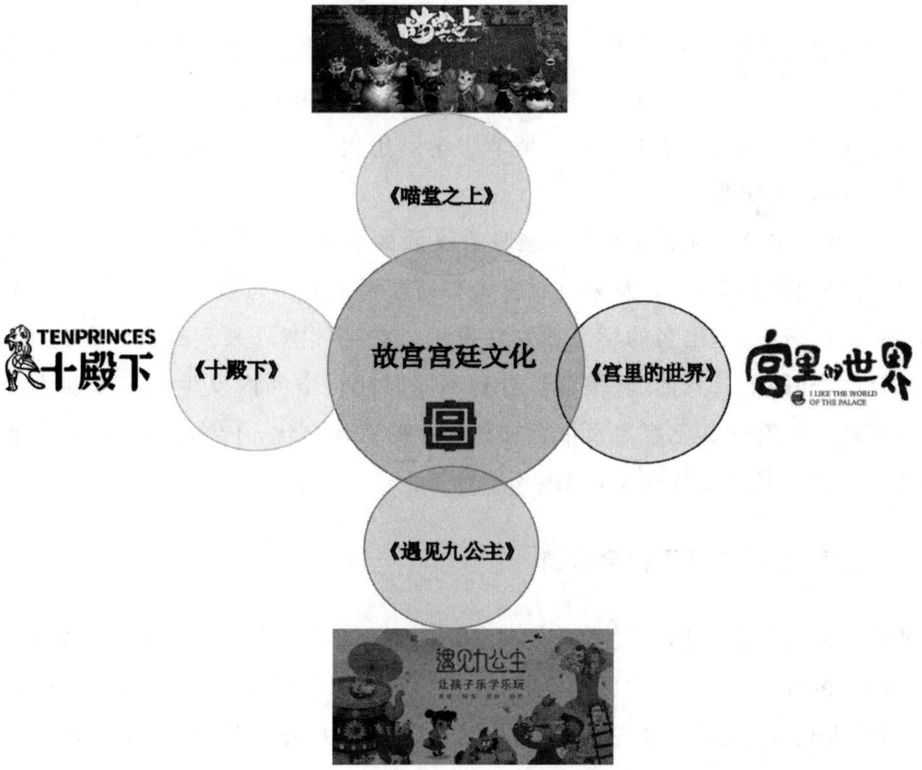

图 4-10　故宫宫廷文化旗下运营的部分 IP

二、《遇见九公主》:打造以中国传统文化为内核的儿童 IP

《遇见九公主》这个名字十分具有故事性和趣味性,让人一下子就联想到宫廷文化。它是故宫宫廷文化于 2020 年 10 月着手打造的一个面向 5—12 岁年龄段的文化类儿童 IP。《遇见九公主》以中国传统文化为精神内核,关注当下儿童教育需求,致力于传递优质通识科普知识,打造双向驱动亲子和知识 IP。它能得到孩子和父母的认可,离不开团队在内容挖掘、价值表达和商业化运营每个环节上的用心。

(一)内容上充分挖掘公共资源

故宫博物院是一座有 600 年历史的皇家宫殿,它储藏着 180 万件馆藏文物等资源,保留了诸多明清时代的宫廷文化特色,所以故宫可挖掘的历史文化底蕴是十分丰厚的。

《遇见九公主》IP 把故宫内所有文物分为了 52 个大类,制定了建筑、瓷器、绘画、服饰等不同主题,以此作为 IP 内容创作核心,从馆藏文物典故、宫廷生活方式、历史文化故事等角度出发,让孩子们在故事情节中学到历史文化和知识技能,从而实现博物馆文化 IP 的教化功能。

《遇见九公主》IP 的创意包含一位身着汉服的人类小女孩、宫殿宝座前的神兽甪端(古代守护明君的瑞兽)以及来自故宫太和殿屋脊上的十只瑞兽。甪端也叫"大甪",以博闻强识而著称,是出名的学究和好好先生。它带领意外来到故宫的九公主(也叫小九)借助太和殿上高悬的"轩辕镜",看到不同时间与空间内发生的有趣事情。正是基于这些故宫独有的文化意象及带有神秘色彩的宫廷文化,才创造出了这样一个富含文化底蕴又符合儿童心智的文化 IP。

(二)立意上不忘彰显社会价值

故宫可以说是《遇见九公主》灵感迸发和内容创作的"富矿"。《遇见九公主》能够拥有"故宫"的开发权,是荣幸更是责任,这意味着在深耕传统文化 IP 时不能忘记承担社会责任、提高社会效益,这一点在《遇见九公主》中"九公主"形象设计和立意表达上得到充分彰显。

设立"九公主"角色的初衷是打造符合时代价值的、我国自己的"公主"形象。一提起动画中的女孩或公主形象,80 后、90 后群体最熟知的莫过于迪士尼动画里的白雪公主和灰姑娘辛德瑞拉,那时候的公主大多数都在等待王子的拯救。随着社会发展和价值观的变化,00 后接触更多的仍然是迪士尼动画中的公主,例如《冰雪奇缘》中的安娜公主和《无敌破坏王》里的云妮洛普。只不过“公主”经过这几十年的更迭已经从一个需要被拯救的角色慢慢转变为一个勇敢、有好奇心、有求知欲的，甚至能去拯救自己国家和子民的角色。《遇见九公主》想要做的，其实就是创造出属于我们国家的公主角色。

故宫宫廷文化在设计九公主形象时，摒弃普通 IP 角色打造的模式，没有首先考虑九公主外形该如何设计、用什么样的视觉去指导，而是把视觉设计放在了最后一步。“首先，我们要考虑受众群体的诉求是什么；其次，我们要考虑受众群体的父母偏好；最后，我们再综合考虑如何将 IP 与传统文化相结合，提取出其中关键的文化和文物元素，再去具象每个人物的性格特征、架构故事背景，这些都是我们考虑的前提。”故宫宫廷文化 IP 孵化中心总监张慧表示。

(三)授权上不做加法做减法

任何一个 IP 都面临授权等商业化运营，目的是实现 IP 的增值，儿童 IP 也不例外。成功的 IP 运营能让儿童 IP 在内容之外，延伸到孩子生活的方方面面，体现出 IP 的强生命周期和价值，甚至成为经典。不恰当的运营则可能伤害 IP 本身，使其成为 IP 市场中的普通一员。

在商业化运作上，《遇见九公主》IP 不同于故宫宫廷文化偏重产品向的其他 IP。产品向 IP 可以直接做 IP 授权、品牌联名及文创周边，《遇见九公主》IP 更偏内容向，而做减法是内容 IP 的重中之重。故宫宫廷文化 IP 孵化中心总监张慧表示：“现在的‘九公主’有完整的产品图库，已经注册了所有的视觉系统，也基本能见到成品，但是我们没有进行最后一步的授权。我们现在要深耕内容，子 IP 的运营是基于内容做的延伸，我们不希望内容没有做到最好的时候就开始商业化的运营。在九公主的 IP 授权上也会很谨慎，我们会基于九公主的人设与性格去做产品，不会去讲另外一套故事，或者去搭另外一套完全不符合人设的产品。”

对于《遇见九公主》IP 的后续展开，故宫宫廷文化将会立足于纯阅读体验式的绘本产品，以绘本产品为基础内容，与相关素质教育公司合作开发九公主系列教玩具；在影视动画方面，故宫宫廷文化正在打造《遇见九公主》IP 系列 3D 动画，预计播放时长 1,300 分钟，以实现线下体验的广泛互动和绘本产品的可视化操作的有效结合。

张慧表示，“我们会基于所有内容向的产品进行，在相应的维度开发后，再考虑到其他纯商业的授权。后续的商业化授权，也会更倾向于与志同道合、注重开发内容向的产品公司合作，而不仅仅只是简单拿这个 IP 去做服装品牌的授权或者玩具品牌的授权”。图 4-11 较为直观地展示了《遇见九公主》IP 的运营思路。

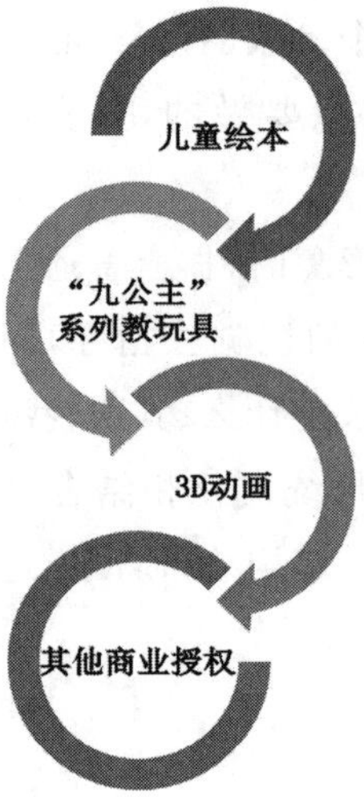

图 4-11 《遇见九公主》IP 运营思路图

三、传统文化类儿童 IP 要点:深耕内容、传达价值、品牌运营

文化类的儿童 IP 蕴藏着巨大发展空间。一方面是基于当下国家提倡保护传统文化、增强文化自信的大环境;另一方面随着 80 后、90 后成为父母主力,注重全方位素质发展的教育理念都会激发起儿童市场的庞大商业效益。所以我们有理由相信,儿童向的传统文化 IP 会越来越多,并成为不可或缺的一类。但是这并不意味着文化类儿童 IP 可以被轻易打造成功,《遇见九公主》IP 的成功或许能为我们提供一种破解思路。

在深耕内容上下足功夫是首要的。文化类儿童 IP 最难的点在于创作者要对传统文化和历史故事有足够的了解。儿童 IP 的故事主人公不仅仅是简单的形象塑造,它要么扮演着引导者角色,要么本身就是某种精神价值的承载者。IP 讲述的故事情节也需要区别于普通儿童启蒙类 IP,承担起价值立意表达的教化功能。这就要求必须像《遇见九公主》一样,打造 IP 时有专业的内容团队做底层支撑,反复打磨和把控,让每个朝代对应的历史文化知识,包括服饰等都经得起推敲和考究,让价值立得住,而不是简单搭上“故宫”的名称或印上“文物”元素,就急于商业化运作变现。这种短视作为只会消耗 IP 的品牌力。

通过降维确保内容和价值被孩子接受是必要的。从小孩的角度来考虑,有了好内容并不代表能受到他们的欢迎。因为很多成年人对于文物的理解都是有限的,更何况直接受众群体是心智还不够成熟的儿童,所以内容上得保证让儿童看得懂,而且愿意看。这就需要将以往我们觉得晦涩难懂的传统文化概念进行降维，用浅显易懂的语言表达出来，实现高语境向低语境的转变；方式上，则需要充分尊重孩童爱玩的天性，寓教于乐，在快乐中学习，在学习中感受快乐。例如《遇见九公主》中的甪端和十只小瑞兽，这些文物都被拟人化处理，甪端扮演的是一个已经活了 600 年的长者身份，他会用自己的方式去讲述这些文物之间的故事，而不是简单说教。其实无论内容还是方式，与全年龄化的 IP 相比，儿童 IP 始终需要准确把握一个“度”。过度会略显沉重，不及则难以释放文化魅力，正确把握这个“度”，才能使文化类 IP 中的抽象文化价值在传达过程中“折扣”降到最低。

以品牌思维进行儿童 IP 的授权选择和商业化运营势在必行。虽然儿童 IP 的目标群体是儿童，直接消费群体却是家长，优质的品牌口碑是家长选择消费的重要因素之一。当前的儿童 IP 市场，不仅种类繁多，更新迭代速度也很快，能真正做到经典的却少之又少。像《遇见九公主》这样的文化类儿童 IP，因其本身有故宫或其他传统文化品牌背书，在品牌影响力上具备一定的权威性，这是一种优势同时也是一种限制，它要求在衍生品授权或其他商业化合作中慎之又慎。目前其推出已有一段时间，但相关授权少之又少，并不是 IP 本身不具有吸引力；相反，故宫宫廷文化专门为内容向的子 IP 搭建了近 20 人的品牌运营团队，主要负责子 IP 的商业化运营工作，而眼下不急于授权实则是一种考虑长远发展的结果，因为只有深度契合儿童 IP 本身调性，双方在价值观达成共识的基础上，才能更好维护 IP 品牌，使其生命力长久不衰。

综上所述，传统文化类儿童 IP 在当下有茁壮成长的沃土，但它本身既存在内容和价值优势，又存在艰涩难懂的壁垒。这意味着“浇灌者们”要根植于 IP 内容，明确 IP 属性和方向，以创新性的方式发挥优势，拉近传统文化与儿童群体的距离，并在商业化过程中懂得保护 IP 品牌，努力静待传统文化类儿童 IP 市场的“繁盛”。

第五节　个案研究之三
蒲蒲兰与宫西达也：海外 IP 的本土化运营

宫西达也是亚洲超人气绘本画家，拥有超 1,000 万的粉丝，创作了上百本绘本，因其创作的温馨恐龙绘本系列最受追捧，被戏称为“恐龙爸爸”。宫西达也系列 IP 主要包括宫西达也自身的人格魅力以及他笔下创造出的温馨恐龙系列绘本作品。

《你看起来好像很好吃》是温馨恐龙系列绘本的第一册，2003 年在日本出版，2004 年被引进中国。截止到目前，此系列已经在日本出版 15 册，中国引进出版了 7 册。恐龙系列故事描绘了亲情、友情等各种形式的爱，“因为当时很多人羡慕有钱人，觉得他们住大房子，开着豪车，一定很幸福，但我觉得未必”，宫西达也创作的初衷是希望通过绘本故事把爱和善良传递给孩子们,“这个世界最强大的力量,不是你的力量能毁灭世界,而是你的善良和爱”。

一、内容至上:宫西达也联手剧院打造舞台剧

《你看起来好像很好吃》绘本在豆瓣的评分高达 9.1。作为日本著名绘本大师宫西达也最受欢迎的绘本系列之一,《你看起来好像很好吃》多次被推荐为必读的优秀儿童作品。北京儿童艺术剧院携手宫西达也推出的《你看起来好像很好吃》舞台剧,在 2012 年登上了中央电视台少儿春晚的舞台,为千万个中国家庭展现了这部“感动的巨篇”。

它讲述了发生在白垩纪恐龙时代的一只霸王龙和一只小甲龙之间感人至深的父子亲情。这是一个刚出生的小甲龙将霸王龙从孤独、冷漠甚至残忍的恐龙,变成温暖好爸爸的故事。在遇到小甲龙之前,霸王龙凶猛的外表下其实包裹着一颗孤独的心,他从未被人信任过,从未被人关爱过,也从没有谁为他骄傲过。是小甲龙对霸王龙“爸爸”的无限信任和真诚关爱,让霸王龙深埋在坚硬土壤里的爱的种子生根发芽,霸王龙尝到了被爱的滋味,因为有人爱着,他便不再孤独。而小甲龙也因为他的真诚融化了霸王龙冰冷坚硬的内心,霸王龙愿意教给小甲龙各种本领,为他挡住敌人的袭击,小甲龙从此也不再孤单。

成长的道路不会一帆风顺,有时不免会遇到霸道顽劣的霸王龙式的孩子,但每个人心里都有一颗爱的种子,小观众由此体验到爱与被爱的快乐以及人与人之间交往的真谛——信任、关爱和鼓励。

此外,旋律唯美动人的音乐也是《你看起来好像很好吃》的王牌之一。剧组经过深入探讨,集中强大的创作班底为该剧量身创作了大量优秀的音乐,并且与国际上闻名遐迩的音乐大师久石让进行交流切磋,采用其经典音乐作品作为舞台剧的关键旋律。可以说久石让的音乐在剧中起到了画龙点睛的作用,烘托出故事发展的氛围。作为主旋律的钢琴曲,也将霸王龙与小甲龙的父子深情渲染得格外动人。

二、“从零到一”:宫西达也恐龙 IP 的运营模式

蒲蒲兰作为宫西达也的国内唯一代理,“从零到一”运营宫西达也恐龙 IP。在蒲蒲兰看来,打造 IP 的基础是过硬的文本传播,包括作家本身的人格魅力、作品传达的精神内涵和多元化的传播方式。IP 所包含的内容,不仅仅是一本书、一套书,而是作者本身,是一个可以链接更多人、更多场景的形象。近些年,随着公众对绘本的熟知,绘本养育风尚渐起,蒲蒲兰也一直在思考优质绘本形象 IP 化的可能性。在 21 世纪互

联网时代浪潮下，蒲蒲兰与时俱进，在新的环境下对传统出版内容进行新的探索，“可以说，宫西达也恐龙 IP 的运营史也是蒲蒲兰十几年的成长史，我们同时也按照这样的思路去运营宫西达也的恐龙 IP”，蒲蒲兰方面表示。

（一）横向维度：营销策略，流量打造，流量变现

蒲蒲兰将宫西达也 IP 打造分为制定营销策略、流量打造以及流量变现三个维度。

维度一是通过大数据用户分析制定营销策略。在新的互联网环境下，大数据是至关重要的呈现。IP 策划之初，蒲蒲兰对宫西达也绘本受众做了大量数据调研，了解购买宫西达也作品的精准用户画像，并从全平台购买宫西达也恐龙绘本的几十万用户评论中提取关键词，如“感动”“哭了”“温馨”“恐龙”等。在此基础上，紧扣“爱与梦想”“温暖如初”“温馨恐龙的治愈之旅”“绘本的力量”等关键词特征进行针对性的活动推广。

维度二是流量打造。宣传上，蒲蒲兰把作者与作品紧密绑定在一起，协同考虑宣传与销售渠道，通过多模块 IP 运营的思路打造流量，包括巡回地推、授权第三方公司运营画展以及周边研发、电影推广、游学研修、全国恐龙大赛等，从多角度、多模块，进行立体的 IP 运营，打造宫西达也 IP 流量，吸引更多用户的关注，实现多角度的流量曝光。

维度三是流量变现。蒲蒲兰在营销和推广上，将销售统一布局，用全渠道的协同方式实现变现。以 2019 年蒲蒲兰 4 月世界阅读日策划为例，蒲蒲兰在武汉步行街布置了全球第一家宫西达也恐龙快闪店，与杭州公司合作举办了恐龙 IP 画展，在苏州诚品书店举办了亲子展览活动等。其中在苏州诚品书店的亲子展览活动延续到 2020 年 1 月，活动还吸引了一些流量明星到场助力。

（二）纵向延伸：打通线上线下一体化进程

IP 运营以 IP 形象为核心。蒲蒲兰对线下场景化活动的选择，有利于向观众和读者固化产品形象以及相关 IP 形象。蒲蒲兰在各渠道实现销售承接，丰富从绘本到衍生产品再到游学、电影、画展、培训活动等相关产业链，以更好地承接流量点转化、服务客户消费。

以 2019 年蒲蒲兰的营销节点为例。传播节奏上，渠道联动促进流量转化。第一阶段，3—4 月前期全网限价，大力支持地面客户，实现现场销售；5—6 月结合“531”“618”等线上电商大促节点，加购促单实现线上转化；9—10 月，蒲蒲兰进行第二轮地推，优先满足线下社群机构、全国 30 多个城市爱绘恐龙巡展以及地面店客户的订单需求；11—12 月，由电商平台承接流量，参加促销活动、实现冲榜，用溢出效应带动更加持久的流量从而达到销售的自然增长。蒲蒲兰通过打通线上线下的运营模式，实现立

体化穿透,打造从流量聚集、引流、加购,到打折季直接变现的一体化进程。

(三)全平台多渠道的运营模式

长期积累流量和用户之后,如何实现品效合一?2019 年 4 月蒲蒲兰利用阅读月的营销契机,点线面式穿透营销场景,将一个单点的宫西达也演讲秀变成整个月的营销活动,拉动了宫西达也恐龙系列作品的整体走高。

在传播路径上,分为两个层级:一方面是强控的 UID(用户 ID)内容生成,蒲蒲兰自建媒体矩阵,包括微信公众号 25 万+粉丝,自营抖音 300 万+点击量,微博话题区大 V 互动 120 万+流量等,按节奏分发宫西达也地推前后的传播内容。另一方面,通过可控的 UID,即 KOL(关键意见领袖)和 KOC(终端消费者)去传播内容。蒲蒲兰宫西达也 IP 故事经由新华社报道,单篇文章达近百万阅读量;联合武汉当地媒体《长江日报》,以 3 分钟视频的形式讲述了宫西达也在武汉的一日故事,并与淘宝公关团队携手传播宫西达也恐龙 IP 故事,视频播放量一度达 200 多万;同时,蒲蒲兰宫西达也携手东方 IC 图片公司,跟拍他的 24 小时,通过照片形式展现 10 个最精彩瞬间,IC 图片故事获得 120 多万次播放量;此外,蒲蒲兰通过几十个社群,让其中的活跃用户成为优质的内容分发中转站。

据了解,蒲蒲兰宫西达也演讲秀整个项目运作持续 2—3 个月,包括渠道排期、视觉方案、传播路径、内容物料分发计划等。在演讲秀落地的整个 4 月,蒲蒲兰做了大量的前期营销和后期升温工作,通过营销,最大化实现流量的聚集,最终产生宫西达也 2,000 人演讲会的单点爆发。

三、延续 IP 生命力:蒲蒲兰与宫西达也 IP 的跨界“出圈”

随着互联网的快速发展,话题与流量已经成为扩大影响力的重要一环。跨界融合最大的优势就是赋予 IP 新的话题与价值主张,新的联名跨界产品能为宫西达也 IP 带来更多好感和共鸣,从而产生新的流量和粉丝群体。

为了使宫西达也恐龙 IP 得到更广泛的传播,实现真正的出圈,蒲蒲兰宫西达也 IP 开发也从自产自销到授权给更专业的公司合作。在周边文创和品牌联名方面,联合弥鹿公司、CC 文创、百思童年,授权爱牙科技、博洋家纺跨界联合,打造了玩偶、丝网版画、文具盒、万花筒、餐具套装、炫彩刮画、儿童雨伞、帆布袋、儿童牙刷、儿童水杯、加热桌垫等多种多样的周边产品。

除了授权费的营收,蒲蒲兰自有渠道的周边产品零售规模也已超过 300 万元。例如联合策展公司做展览,在宁波文化中心落地的“亲子的恐龙治愈之旅”沉浸式恐龙画展,在苏州诚品落地的“遇见你真好”主题展,都是由沉浸式装置和独一无二的珍贵手稿还原出宫西达也恐龙绘本世界，把阅读体验转化成亲子互动体验。在 2020 年，蒲蒲兰从宫西达也的温暖内核出发，携手全国 58 家绘本馆图书馆和教育机构，打造“绘本的力量”绘本展生态圈，不到 3 个月，观展人次超 10 万。同时，蒲蒲兰举办了全国“爱绘恐龙”绘画大赛。赛事从 2016 年举办第一届以来就备受欢迎，2019 年第二届仅两周就征集到北上广等全国 30 多个城市、500 多名孩子报名参与，最后赛事共甄选出 100 幅画作在各省级博物馆、小学、幼儿园、绘本馆、商场中庭等进行展览，参观人数达上万人次。2019 年，由宫西达也作品改编、《柯南》导演静野孔文担任总监制、林珍钊导演、坂本龙一配乐的火热动画电影《你好霸王龙》上映，上映期间全国仅包场观影人数就高达上千人。

另外，蒲蒲兰将小型、个性化、有温度的宫西达也研学项目作为 IP 整体打造的一部分，定期组织孩子去日本拜访宫西达也。2020 年 1 月，宫西达也天猫专属店开业，这也是儿童书届唯一一家跨品类的天猫专属店。宫西达也同时入驻了抖音平台，亲自讲授的线上艺术课程拥有一众 90 后的年轻粉丝。“针对这部分粉丝，我们依托蒲蒲兰官方抖音渠道，策划发起一系列宫西达也抖音小视频，在朋友圈和社群传播。本次活动策划让蒲蒲兰官方抖音粉丝一周内激增 4 万人，共计获得 300 万人次的浏览量，”蒲蒲兰方面表示，“除了微博话题区运营、抖音短视频策划，我们也策划有不同的媒体宣传案。比如与淘宝品牌故事合作，联合《长江日报》拍摄宫西达也品牌故事短视频。短视频发布一周内有近 10 家大 V、媒体转发，浏览量突破 200 万人次”。

2021 年，蒲蒲兰宫西达也 IP 和服装潮牌合作，跨界推出了针对 00 后和 95 后年轻群体的潮牌恐龙卫衣。这些跨界融合不仅为宫西达也 IP 吸引了新的粉丝群体，延续了宫西达也 IP 的生命力和价值，也成功奠定了宫西达也的本土化发展的基石。

四、落地扎根：海外 IP 的引进发展

IP 消费群体越丰富，各维度之间的联动关系就越紧密，曝光才会越频繁，IP 营销推广需要全方位全产业链的联动。围绕这些，蒲蒲兰推出宫西达也 IP 温馨恐龙绘本系列、同名儿童剧、动画电影、美陈展览、玩具、文具、家纺用品等母婴商品联名款，打造出属于蒲蒲兰宫西达也恐龙 IP 发展的独特路径。

可以说，宫西达也 IP 化是蒲蒲兰在中国一步一个脚印慢慢累积的。从成立之初，蒲蒲兰就不止步于出版，而是深度围绕绘本，打造绘本产业链。影视化传播、搭建线下主题乐园、社交媒体联动、电商合作、周边研发等跨媒介运营都是蒲蒲兰计划尝试的方向，旨在实现 IP 营销变现最大化的同时，为更广大家庭提供优质绘本文化。

在 IP 越来越被重视的当下，海外 IP 进驻中国日益增多。针对“外来客”如何才能在中国落地扎根，避免水土不服的问题，蒲蒲兰宫西达也用实例告诉我们，IP 的引进

不能只是“照搬故事”,而应包括全产业链的各个环节。在海外 IP 本土化的过程中,要构建符合本土口味的世界观和价值观。从产业角度,IP 不仅仅是一个“故事核”,还应包括其涉及的所有环节,如研发环节和团队的打造等。也就是说,只有当 IP 具有专业的制作团队、完整的制作流程,能从内容到营销上提供全方位的顾问服务时,才是一个好的 IP 模式,这也是其在各个国家能够流通起来的根本。

引进一个好 IP 即引进一个好的结构和创意,只有把握住内容的核心点,才能更好地做出适应中国化的故事。而关于海外 IP 的引进,最终是要“以进带出”,使本土团队更多地参与 IP 全产业链的各个流程、学习国外的先进经验。把我们自己的、带有国际基因的“中国好故事”讲给世界听,才是我们引进海外 IP 的核心和根本目的。

(摘自星螺传播委托项目《国际视野下中国儿童 IP 发展白皮书》
撰稿:陈康琦 王爽 陈曦 喻俊梅 吴鹏娟 李欣桐;
专家联络、采访支持:星螺传播 文玲、李琨)

附 录

IP 政策发展大事记

2019 年 2 月 1 日 《关于推动北京影视业繁荣发展的实施意见》

为配合全国文化中心和中国特色社会主义先进文化之都的建设，北京市委、市政府印发《关于推动北京影视业繁荣发展的实施意见》(简称“京十条”)。意见分四方面十项重点工作：一是坚持正确导向，二是坚持深化改革，三是坚持提升效能，四是坚持转型发展。围绕影视业发展痛点、难点问题，精准发力、多措并举，推动影视业和文化产业高质量发展，力争到 2020 年，推动北京成为具有国际影响力的影视之都。

2019 年 2 月 28 日 《超高清视频产业发展行动计划(2019—2022 年)》

工业和信息化部、国家广播电视总局、中央广播电视总台联合发布了《超高清视频产业发展行动计划(2019—2022 年)》，指出到 2020 年国内 4K 产业生态体系基本完善，8K 关键技术产品研发和产业化取得突破，4K 电视终端要到 2022 年才能实现全面普及，8K 电视占比要达到 5%。工信部给国内的超高清视频产业规划了方向及要求，按照“4K 先行、兼顾 8K”的总体技术路线，大力推进超高清视频产业发展和相关领域应用。在内容方面也要跟上，极大程度地丰富超高清视频内容资源，网络承载能力也将得到显著提升，相应的监管部门的有关规定也要协同推进，形成技术、产品、服务和应用协调发展的良好格局。

2019 年 7 月 24 日 中央全面深化改革委员会第九次会议

会议强调，要着眼于统筹推进知识产权保护，从审查授权、行政执法、司法保护、仲裁调解、行业自律等环节，改革完善保护工作体系，综合运用法律、行政、经济、技术、社会治理手段强化保护，促进保护能力和水平整体提升。

2019 年 7 月 25 日 国家统计局:文化事业繁荣兴盛 文化产业快速发展

国家统计局发布了《文化事业繁荣兴盛 文化产业快速发展——新中国成立 70 周年经济社会发展成就系列报告之八》。报告公布了我国各项文化事业发展的相关数据，并指出：新中国成立 70 年来，我国始终坚持“为人民服务，为社会主义服务”的方向和“百花齐放，百家争鸣”的方针，大力传承中华民族优秀传统文化，积极吸收世界优秀文化成果,与时代同步,与人民同心,不断守正创新,文化事业全面繁荣,文化产业快速发展,正在不断向社会主义文化强国的目标阔步前进。

2019 年 8 月 13 日 《关于促进文化和科技深度融合的指导意见》(以下简称《意见》)

《意见》明确面向文化建设重大需求,把握文化科技发展趋势,瞄准国际科技前沿,选准主攻方向和突破口,打通文化和科技融合的"最后一公里",激发各类主体创新活力,创造更多文化和科技融合创新性成果,为高质量文化供给提供强有力的支撑。到 2025 年,基本形成覆盖重点领域和关键环节的文化和科技融合创新体系,实现文化和科技深度融合。《意见》提出了加强文化共性关键技术研发、完善文化科技创新体系建设、加快文化科技成果产业化推广、加强文化大数据体系建设、推动媒体融合向纵深发展、促进内容生产和传播手段现代化、提升文化装备技术水平、强化文化技术标准研制与推广 8 项重点任务。

2019 年 8 月 19 日 《关于推动广播电视和网络视听产业高质量发展的意见》

2019 年 8 月 19 日,国家广播电视总局官网下发《关于推动广播电视和网络视听产业高质量发展的意见》(以下简称《意见》),共有 16 条新举措。《意见》中提到,要以实施"新时代精品工程"为抓手,加大专项资金扶持力度;要加快建设广电 5G 网络;要扩大广播电视对外贸易和文化交流;要建立产业与金融市场对接机制。《意见》指出,要加快推进融合新媒体资源整合,打造拥有较强实力和竞争力的新型媒体融合集团。总局将建立广播电视和网络视听产业发展项目库,对符合条件的优秀入库项目推荐参评"中国版权金奖""中国专利奖",推荐涉及国家重大利益或公共利益的专利项目优先审查。

2019 年 11 月 24 日 《关于强化知识产权保护的意见》

中共中央办公厅、国务院办公厅印发了《关于强化知识产权保护的意见》,从强化制度约束、加强社会监督共治、优化协作衔接机制、健全涉外沟通机制、加强基础条件建设、加大组织实施力度等 6 大方面提出 23 项具体措施,明确牢固树立保护知识产权就是保护创新的理念,坚持严格保护、统筹协调、重点突破、同等保护,不断改革完善知识产权保护体系,综合运用法律、行政、经济、技术、社会治理手段强化保护,促进保护能力和水平整体提升。到 2025 年,知识产权保护社会满意度达到并保持较高水平,保护能力有效提升,保护体系更加完善,尊重知识价值的营商环境更加优化,知识产权制度激励创新的基本保障作用得到更加有效发挥。

2020 年 4 月 20 日 2020—2021 年贯彻落实《关于强化知识产权保护的意见》推进计划(以下简称《计划》)

国家知识产权局发布 2020—2021 年贯彻落实《关于强化知识产权保护的意见》推进计划(以下简称《计划》),提出将制定修订专利法、著作权法等知识产权法律法规和规范性文件，加大侵权惩罚性赔偿。强化知识产权行政执法和司法保护，制定出台商标侵权等判断标准，从重打击侵犯知识产权行为。根据《计划》，一系列知识产权法律法规和规范性文件将加速落地。其中，将推进专利法修订审议工作，引入侵权惩罚性赔偿制度，推动延长专利有效期，做好专利审查指南配套修改工作；推进著作权法修订审议工作，增加侵权惩罚性赔偿条款，大幅提高侵权法定赔偿额上限，加大损害赔偿力度；视情推进商标法修改，加强商标保护和执法；视情推进行政许可法、反不正当竞争法修改，加强商业秘密和保密商务信息保护。同时，《计划》提出，将加大知识产权行政执法和司法保护力度，加强知识产权保护资源保障。

2020年4月26日 《中国知识产权保护与营商环境新进展报告(2019)》

国务院新闻办公室举行新闻发布会，正式发布《中国知识产权保护与营商环境新进展报告(2019)》，从统筹协调、法治建设、行政执法、司法保护、社会共治、舆论宣传等多个方面，介绍我国加大知识产权保护力度的相关举措。越来越多的事实表明，知识产权保护已成为优化营商环境“助推剂”。

2020年5月13日 《2020年深入实施国家知识产权战略加快建设知识产权强国推进计划》

国务院知识产权战略实施工作部际联席会议办公室关发布《2020年深入实施国家知识产权战略加快建设知识产权强国推进计划》，共部署100项工作任务，内容涵盖深化知识产权领域改革、加大知识产权保护力度、促进知识产权创造运用、深化知识产权国际交流合作、加强顶层设计和组织实施等五大领域，具体由中央和国家机关38个部门单独承担或分工合作实施。

2020年6月15日 《关于进一步加强网络文学出版管理的通知》

国家新闻出版署印发《关于进一步加强网络文学出版管理的通知》，要求规范网络文学行业秩序，加强网络文学出版管理，引导网络文学出版单位始终坚持正确出版导向，坚持把社会效益放在首位，坚持高质量发展，努力以精品奉献人民，推动网络文学繁荣健康发展。《通知》要求，网络文学出版单位要严格落实平台主体责任，建立健全网络文学内容审核机制，强化内容把关职责，支持优质创新内容，控制总量、优化结构、提高质量，确保内容导向正确、格调健康向上，坚决抵制模式化、同质化倾向。要严格规范登载发布行为，实行网络文学创作者实名注册制度，在平台上明示登载规则和服务约定，对创作者登载发布行为提出明确要求。

2020年9月16日 《2019年中国网络版权保护年度报告》

中国信息通信研究院在2020中国网络版权保护与发展大会上发布了《2019年中国网络版权保护年度报告》。报告指出，2019年是中华人民共和国成立七十周年，也是“两个一百年”奋斗目标的历史交汇点。版权制度已成为新时代激发内容创新、促进文化繁荣的基础规则和重要保障。2019年，我国网络版权发展态势总体向好，亮点频出:政策制度持续完善,体制机制不断创新,技术与文化深度融合,产业转型与治理升级并驾齐驱,行政保护和司法保护力度不断加强,网络版权综合治理体系初见雏形,网络版权保护体系更加完善。

2020 年 11 月 9 日 《电子商务平台知识产权保护管理》国家标准

由市场监督管理总局、国家知识产权局共同牵头制定的《电子商务平台知识产权保护管理》国家标准于 2021 年 6 月 1 日起实施。该标准是在《电子商务法》框架下研究形成的国家推荐性标准,结合我国电子商务领域发展实际,充分借鉴电子商务平台知识产权保护已有经验,对推动加强电子商务平台知识产权保护工作具有积极意义。标准对范围、规范性文件、术语和定义、电子商务平台管理、电子商务网络信息平台要求、组织知识产权管理、一致性测试等 7 方面内容提出明确要求。标准的制定,有利于引导电子商务平台相关各方加强知识产权保护管理,增强知识产权保护意识,优化电子商务领域营商环境,展现我国加强知识产权保护的决心和能力。

2020 年 11 月 11 日 《中华人民共和国著作权法》

十三届全国人大常委会第二十三次会议通过《全国人民代表大会常务委员会关于修改〈中华人民共和国著作权法〉的决定》。这是著作权法自 1990 年通过以来迎来的第三次修改。新法完善了作品的定义和类型,规定作品是指文学、艺术和科学领域内具有独创性并能以一定形式表现的智力成果。此次修法还对作品类型作了开放性规定,将“法律、行政法规规定的其他作品”修改为“符合作品特征的其他智力成果”。为解决侵权惩治力度不够的问题,新法引入惩罚性赔偿,规定故意实施侵权行为情节严重的,可以按照侵权赔偿数额的一倍以上五倍以下给予赔偿。对于权利人的实际损失、侵权人的违法所得、权利使用费难以计算的,由人民法院根据侵权行为的情节,判决给予五百元以上五百万元以下的赔偿。此外,新法还完善了著作权集体管理制度,增加规定了作品登记制度、职务表演制度,明确了视听作品的著作权归属制度等。

2020 年 11 月 16 日 《关于知识产权民事诉讼证据的若干规定》

最高人民法院发布《关于知识产权民事诉讼证据的若干规定》(以下简称《规定》),该司法解释于 2020 年 11 月 18 日施行。出台《规定》,是最高人民法院贯彻落实党中央决策部署,贯彻新发展理念,服务高质量发展,加强知识产权司法保护的重要举措。《规定》坚持问题导向,遵循民事诉讼证据一般规则,立足知识产权诉 讼特点和实际,对知识产权民事诉讼中问题较为突出的证据提交、证据保全、司法鉴定以及诉讼中的商业秘密保护等做出规定,适当减轻权利人举证负担,加强知识产权诉讼诚信体系建设。《规定》的颁布实施,对于解决知识产权民事诉讼中的“举证难”问题,降低维权成本,提升知识产权司法保护质效,推动营造市场化、法治化、国际化的营商环境,具有重要作用。

2020年11月18日　文化和旅游部《关于推动数字文化产业高质量发展的意见》

2020年11月，文化和旅游部发布的《关于推动数字文化产业高质量发展的意见》中引入IP概念，提出"培育和塑造一批具有鲜明中国文化特色的原创IP，加强IP开发和转化，充分运用动漫游戏、网络文学、网络音乐、网络表演、网络视频、数字艺术、创意设计等产业形态，推动中华优秀传统文化创造性转化、创新性发展"。

2020年12月1日　全面加强知识产权保护工作 激发创新活力推动构建新发展格局

习近平在中央政治局第二十五次集体学习时强调，知识产权保护工作关系国家治理体系和治理能力现代化，关系高质量发展，关系人民生活幸福，关系国家对外开放大局，关系国家安全。全面建设社会主义现代化国家，必须从国家战略高度和进入新发展阶段要求出发，全面加强知识产权保护工作，促进建设现代化经济体系，激发全社会创新活力，推动构建新发展格局。

2021年2月1日　《全面加强知识产权保护工作激发创新活力推动构建新发展格局》

《求是》杂志发表中共中央总书记、国家主席、中央军委主席习近平的重要文章《全面加强知识产权保护工作激发创新活力推动构建新发展格局》。文章强调，创新是引领发展的第一动力，保护知识产权就是保护创新。全面建设社会主义现代化国家，必须更好地推进知识产权保护工作。知识产权保护工作关系国家治理体系和治理能力现代化，关系高质量发展，关系人民生活幸福，关系国家对外开放大局，关系国家安全。

2021年3月6日　《2021年全国知识产权行政保护工作方案》

国家知识产权局印发《2021年全国知识产权行政保护工作方案》(以下简称《方案》)，《方案》要求，坚持以习近平新时代中国特色社会主义思想为指导，按照《关于强化知识产权保护的意见》要求，强化问题意识、坚持问题导向，对群众反映强烈、社会舆论关注、侵权假冒多发的重点领域和区域，要重拳出击、整治到底、震慑到位。持续营造良好创新环境和营商环境，为贯彻新发展理念、构建新发展格局、推动高质量发展提供有力保障。《方案》从加强行政裁决工作，严格专利保护；综合施策，强化商标保护和管理；严格监管，加强地理标志和奥林匹克标志、官方标志、特殊标志保护；聚焦重点领域、关键环节和重要时段，加强全链条保护；完善工作体系和服务网络，加强海外知识产权纠纷应对指导等五个方面，部署26项具体工作。《方案》要求，各地要加强组织领导、业务指导、与市场监管等执法部门的协同联动和培训宣传。各省级知识产权局要结合本地实际，制定实施方案或工作计划。国家知识产权局将强化督促指导，将各地贯彻落实情况和工作成效纳入知识产权行政保护绩效考核范围，以推动各项工作有效落实，进一步提升全系统知识产权行政保护的质量、效率和水平，以优异成绩迎接建党100周年。2021年3月16日，国家广播电视总局关于公开征求《中华人民共和国广播电视法(征求意见稿)》意见的通知。

《广播电视法(征求意见稿)》正式向社会公开征求意见,把通过固定、移动等终端,以单向、交互等形式向社会公众传播视频、音频等视听节目及其相关活动纳入广播电视活动,明确网络视听节目的广播电视属性,并将劣迹艺人管理、备案管理、片酬管理等网络视听与广播电视同一标准、一体管理的监管实践上升为法律条文,网络视听统筹安全与发展的法律框架体系渐趋完备。

2021 年 4 月 22 日 《人民法院知识产权司法保护规划(2021—2025 年)》

最高人民法院发布《人民法院知识产权司法保护规划(2021—2025 年)》(以下简称《规划》)。《规划》提出,到 2025 年,知识产权审判体系和审判能力现代化建设取得实质性进展,知识产权司法保护状况明显改善,司法公信力、影响力和权威性明显提升,知识产权审判激励保护创新、促进科技进步和社会发展的职能作用进一步凸显,服务党和国家工作大局的司法能力进一步增强。《规划》明确,要加大对关键核心技术、新兴产业、重点领域及种源等知识产权司法保护力度,严格落实集成电路布图设计和计算机软件保护制度,推进创新服务体系建设,促进自主创新能力提升,带动技术产业升级;妥善处理互联网领域垄断纠纷,完善平台经济反垄断裁判规则,防止资本无序扩张,推动平台经济规范健康持续发展;深化国家层面知识产权案件上诉审理机制建设,推动完善知识产权专门化审判机构布局;强化行政执法和司法衔接,深化知识产权国际合作竞争机制。

2021 年 4 月 25 日 《二〇二〇年中国知识产权保护状况》白皮书

中国国家知识产权局发布了《二〇二〇年中国知识产权保护状况》白皮书,从保护成效、制度建设、审批登记、文化建设和国际合作等多个方面,总结了 2020 年中国知识产权保护实践做法和进展情况。保护成效方面,2020 年中国知识产权保护成效得到各国创新主体和国际社会广泛认可。知识产权保护社会满意度创新高,达到 80.05 分(百分制)。世界知识产权组织发布的 2020 年全球创新指数报告显示,中国排名第 14 位。制度建设方面,我国修改出台知识产权相关法律法规 4 部;发布知识产权保护相关司法解释 6 个;出台实施知识产权保护相关政策文件 20 余个;发布知识产权保护相关国家标准 2 个。在审批登记方面,白皮书指出,各类知识产权审批登记数量持续增长,审查质量与效率显著提高;文化建设方面,各地各部门深入贯彻落实习近平总书记对新时代宣传思想工作的重要讲话精神,把握新形势新任务。办好知识产权宣传周等重要活动,通过召开新闻发布会、发布典型案例、开展主题宣传等形式,多角度讲好中国知识产权故事,展示文明大国、负责任大国形象;国际合作方面,2020 年中国继续深化与世界知识产权组织等国际组织以及各国各地区知识产权机构的交流合作,为积极应对新冠疫情对知识产权保护带来的不利影响,贡献中国方案。视听表演北京条约生效,区域全面经济伙伴关系协定、中欧地理标志保护与合作协定正式签署,推动全球知识产权治理体制向着更加公正合理的方向发展。

2021 年 5 月 20 日　《关于加强协作配合强化知识产权保护的意见》

国家知识产权局、公安部制定《关于加强协作配合强化知识产权保护的意见》(以下简称《意见》),机构改革前,国家知识产权局、国家工商行政管理总局分别会同公安部制定了《关于建立协作配合机制共同加强知识产权保护工作的通知》《关于在打击侵犯商标专用权违法犯罪工作中加强衔接配合的暂行规定》等规范性文件,在打击假冒专利、假冒注册商标等违法犯罪行为,维护市场经济秩序等方面取得良好效果。《意见》对有益经验做法进行了充分吸收,确保知识产权管理部门与公安机关协作配合工作的连续性、稳定性、有效性。《意见》积极回应地方执法保护需求,从会商机制、线索通报、信息共享、专业支撑、法律研究、业务培训、宣传教育、国际交流、奖惩机制等九方面就深化知识产权管理部门与公安机关协作配合作出具体规定,加快构建知识产权行政保护与刑事司法有机衔接、优势互补的运行机制,服务科技创新、科技自立自强。

2021 年 6 月 27 日　国家互联网信息办公室发布《互联网用户账号信息管理规定》(以下简称《规定》)

国家互联网信息办公室有关负责人表示,出台《规定》旨在加强对互联网用户账号信息的管理,弘扬社会主义核心价值观,维护国家安全和社会公共利益,保护公民、法人和其他组织的合法权益,促进互联网信息服务健康发展。近年来,各类互联网信息服务迅速发展,互联网用户账号信息体现用户个性特征,方便在线交流,成为亿万网民展示自我的重要载体。但同时,通过注册、使用账号信息,编造传播虚假信息、实施网络暴力等行为时有发生,危害国家安全和社会公共利益,侵犯公民、法人和其他组织的合法权益。制定《规定》是规范互联网用户注册、使用和互联网信息服务提供者管理账号信息行为的需要,是维护意识形态安全、社会公平公正和网民合法权益的需要,也是防范化解国家安全风险、维护网络空间良好生态的需要。

2021 年 7 月 12 日　中共中央、国务院印发《关于新时代加强和改进思想政治工作的意见》(以下简称《意见》)

《意见》指出,要推动新时代思想政治工作守正创新发展。巩固壮大主流思想舆论,坚持正确政治方向、舆论导向、价值取向,把思想政治工作融入主题宣传、形势宣传、政策宣传、成就宣传、典型宣传中,落实到党报党刊、电台电视台、都市类报刊和新媒体等各级各类媒体,不断提高新闻舆论传播力、引导力、影响力、公信力。深化拓展群众性主题实践,充分利用重要传统节日、重大节庆日纪念日,发挥礼仪制度的教化作用,丰富道德实践活动,推动形成适应新时代要求的思想观念、精神面貌、文明风尚、行为规范。更加注重以文化人以文育人,深入实施文艺作品质量提升工程,深入实施中华优秀传统文化传承发展工程,推进城乡公共文化服务体系一体建设,更好满足人民精神文化生活新期待。充分发挥先进典型示范引领作用,深化时代楷模、道德模范、最美人物、身边好人等学习宣传,持续讲好不同时期英雄模范的感人故事,探索完善先进模范发挥作用的长效机制,把榜样力量转化为亿万群众的生动实践。切实加强人文关怀和心理疏导,健全党员领导干部联系基层、党员联系群众的工作制度,健全社会心理服务体系和疏导机制、危机干预机制,建立社会思想动态调查与分析研判机制,培育自尊自信、理性平和、积极向上的社会心态。

2021年8月30日　中央全面深化改革委员会第二十一次会议

习近平主持召开中央全面深化改革委员会第二十一次会议强调,要坚持"两个毫不动摇",推动形成大中小企业良性互动、协同发展良好格局。要坚定不移推进高水平对外开放,保护产权和知识产权,增强政策透明度和可预期性。要加强竞争法律制度和政策宣传培训,强化企业公平竞争意识,引导全社会形成崇尚、保护和促进公平竞争的市场环境。要加快建立全方位、多层次、立体化监管体系,实现事前事中事后全链条全领域监管,堵塞监管漏洞,提高监管效能。要加大监管执法力度,加强平台经济、科技创新、信息安全、民生保障等重点领域执法司法。要完善反垄断体制机制,充实反垄断监管力量。

2021年9月22日　《知识产权强国建设纲要(2021—2035年)》(以下简称《纲要》)

中共中央、国务院印发《知识产权强国建设纲要(2021—2035年)》,《纲要》提出,到2025年,知识产权强国建设取得明显成效,知识产权保护更加严格,社会满意度达到并保持较高水平,知识产权市场价值进一步凸显,品牌竞争力大幅提升。到2035年,我国知识产权综合竞争力跻身世界前列,中国特色、世界水平的知识产权强国基本建成。《纲要》指出,将建设面向社会主义现代化的知识产权制度。在构建门类齐全、结构严密、内外协调的法律体系的同时,也将构建职责统一、科学规范、服务优良的管理体制。并且,也会构建公正合理、评估科学的政策体系,例如:建立知识产权公共政策评估机制。此外,还将建立健全新技术、新产业、新业态、新模式知识产权保护规则。

2021年10月9日　国务院印发《"十四五"国家知识产权保护和运用规划》

当前,知识产权对激励创新、打造品牌、规范市场秩序、扩大对外开放正发挥越来越重要的作用,但我国知识产权工作还面临不少问题和短板,主要表现为:关键核心技术领域高质量知识产权创造不足,行政执法和司法衔接机制不够完善,知识产权侵权易发多发和侵权易、维权难的现象仍然存在,知识产权转移转化成效有待提高,知识产权服务供给不够充分,海外知识产权纠纷应对能力不足,知识产权制度促进经济社会高质量发展的作用需要进一步发挥等。"十四五"时期,做好知识产权工作要统筹国内国际两个大局,增强机遇意识和风险意识,在危机中育先机、于变局中开新局,充分发挥知识产权制度在推动构建新发展格局中的重要作用,为全面建设社会主义现代化国家提供有力支撑。

2021 年 10 月 22 日　《关于加强知识产权纠纷调解工作的意见》

国家知识产权局、司法部联合印发《关于加强知识产权纠纷调解工作的意见》(以下简称《意见》),《意见》包括三大部分共 13 条措施,在充分借鉴已有经验的基础上,进一步明确了主要目标以及如何统筹推进知识产权纠纷调解工作。一是明确知识产权纠纷调解工作的主要目标;二是统筹推进知识产权纠纷调解工作;三是强化知识产权纠纷调解工作体系建设。

2021 年 10 月 28 日　《"十四五"国家知识产权保护和运用规划》

国务院印发《"十四五"国家知识产权保护和运用规划》(以下简称《规划》),明确了"十四五"时期开展知识产权工作的指导思想、基本原则、主要目标、重点任务和保障措施,对未来五年的知识产权工作进行了全面部署。《规划》围绕五个方面部署了重点任务:一是全面加强知识产权保护激发全社会创新活力,完善知识产权法律政策体系,加强知识产权司法保护、行政保护、协同保护和源头保护。二是提高知识产权转移转化成效支撑实体经济创新发展,完善知识产权转移转化体制机制,提升知识产权转移转化效益。三是构建便民利民知识产权服务体系促进创新成果更好惠及人民,提高知识产权公共服务能力,促进知识产权服务业健康发展。四是推进知识产权国际合作服务开放型经济发展,主动参与知识产权全球治理,提升知识产权国际合作水平,加强知识产权保护国际合作。五是推进知识产权人才和文化建设夯实事业发展基础。围绕这些任务,《规划》还设立了商业秘密保护工程等 15 个专项工程。

2021 年 11 月 11 日　中国共产党第十九届中央委员会第六次全体会议通过《中共中央关于党的百年奋斗重大成就和历史经验的决议》

新时代新征程是网络视听新的方位坐标,以习近平同志为核心的党中央高度重视互联网内容建设与管理,出台一系列重大方针政策,为网络视听高质量发展把舵指航。党的十九届六中全会把"过不了互联网这一关就过不了长期执政这一关""健全互联网领导和管理体制,坚持依法管网治网,营造清朗的网络空间"等重大论断写进决议,从战略高度重视互联网内容建设和网络空间治理。

2021 年 11 月 30 日　《关于进一步加强海外知识产权纠纷应对机制建设的指导意见》

国家知识产权局、中国国际贸易促进委员会出台《关于进一步加强海外知识产权纠纷应对机制建设的指导意见》,提出力争到 2025 年,横向互联、纵向互通、央地协同、合作共享的海外知识产权纠纷应对机制基本建立,便捷高效的国际知识产权风险预警和应急机制初步形成,知识产权涉外风险防控体系更加健全,海外知识产权纠纷应对指导服务网络更为完善,我国企业海外知识产权保护意识显著增强,海外知识产权纠纷应对能力明显提升,海外知识产权纠纷应对指导工作社会满意度达到并保持较高水平,知识产权保护对国际贸易的促进作用更加突出。

2021 年 12 月 15 日　中国网络视听节目服务协会发布《网络短视频内容审核标准细则》(2021)

为提升短视频内容质量,遏制错误虚假有害内容传播蔓延,营造清朗网络空间,根据国家相关法律法规、《互联网视听节目服务管理规定》和《网络视听节目内容审核通则》,制定了《网络短视频内容审核标准细则(2021)》,对流量至上、畸形审美、"饭圈"乱象、追星炒星、无底线审丑和违法失德艺人、影视版权保护等新老问题提出更精准细化的审核要求。

2021 年 12 月 21 日　2021 年全国知识产权保护工作会议

会议指出,一年来,全国知识产权系统立足知识产权事业"两个转变"历史方位,深刻领会"五大关系",全力推进"六项重点",知识产权保护各项工作取得了新的成绩。2021 年,全国知识产权系统以党史学习教育为契机,着力解决人民群众在知识产权保护方面"急难愁盼"的问题;聚焦建党百年重要时刻和北京 2022 年冬奥会冬残奥会等重大活动,加强知识产权立体化保护;敢为人先、勇于创新,在知识产权保护多领域取得重点突破。会议强调,要认真落实《知识产权强国建设纲要(2021—2035 年)》《"十四五"国家知识产权保护和运用规划》《关于强化知识产权保护的意见》部署要求,推动知识产权保护工作取得更好成效。会议要求,全国知识产权系统要以严格知识产权保护为主线,支撑知识产权强国建设;以高水平保护制度创新为引领,助推经济高质量发展;以强化知识产权全链条保护为目标,构建知识产权大保护工作格局;以加强执法业务指导为重点,更好发挥行政保护作用;以深化保护机制改革为动力,加快构建市场化法治化国际化营商环境;以增强知识产权安全风险防控能力与海外维权能力为基础,有效维护我国企业海外知识产权利益。

2022 年 1 月 7 日　《知识产权强国建设纲要和"十四五"规划实施年度推进计划》

经国务院知识产权战略实施工作部际联席会议同意,联席会议办公室印发《知识产权强国建设纲要和"十四五"规划实施年度推进计划》,明确 2021 年至 2022 年度贯彻落实《知识产权强国建设纲要(2021—2035 年)》和《"十四五"国家知识产权保护和运用规划》,推进知识产权强国建设的七方面 115 项重点任务和工作措施。

2022 年 1 月 24 日　《国家知识产权局知识产权信用管理规定》

国家知识产权局制定出台《国家知识产权局知识产权信用管理规定》(以下简称《规定》),《规定》立足建立健全国家知识产权局信用管理工作机制,规范失信行为认定、归集、共享、公开、惩戒和信用修复等工作,通过对失信主体实施限制评优评先、纳入重点监管等不减损权益、不增加义务的行政管理措施,加大监管工作力度,发挥信用监管工作效能,在法治轨道上推进信用体系建设工作。《规定》共 6 章 26 条,明确将不以保护创新为目的的非正常专利申请行为,恶意商标注册申请行为,违反法律、行政法规从事专利、商标代理并受到国家知识产权局行政处罚的行为,提交虚假材料或隐瞒重要事实申请行政确认的行为，适用信用承诺被认定承诺不实或未履行承诺的行为，对作出的行政处罚、行政裁决等有履行能力但拒不履行、逃避执行的行为六种行为列为失信行为，并明确了认定失信行为所依据的法律文书、失信行为的认定程序、管理期限、管理措施解除、失信主体的公示、救济方式以及信用修复的条件和程序等。

2022年1月25日 《2022年全国知识产权行政保护工作方案》

国家知识产权局印发《2022年全国知识产权行政保护工作方案》（以下简称《方案》），就全年知识产权行政保护工作做出部署安排。从四个方面部署14项主要任务。一是夯实行政保护工作基础，强化检查考核评估和满意度调查，完善知识产权保护标准政策体系，持续打击非正常专利申请和恶意商标注册行为，深化知识产权大保护工作机制建设；二是突出行政保护主责主业，加强专利侵权行政裁决，强化商标保护业务指导，加强地理标志保护监管；三是聚焦行政保护重要环节和时间节点，护航北京2022年冬奥会和冬残奥会等重大活动，突出关系公共利益和人民群众切身利益的食品药品、种业、公共卫生等重点领域，聚焦知识产权保护规范化市场、电子商务平台等关键环节，紧盯春节、五一、中秋、国庆等重要时间节点强化保护；四是创新行政保护工作机制，优化快速协同保护机制，积极推动智能化保护监管，深入推进试点示范。《方案》要求，各地要加强组织领导，加强业务指导，加强协同联动，加强宣传培训。

2022年2月10日《"十四五"中国电视剧发展规划》

国家广播电视总局近日印发《"十四五"中国电视剧发展规划》（以下简称《规划》）。《规划》提出，强化电视剧领域知识产权全链条保护，增强全行业尊重和保护知识产权的意识。加强电视剧市场信用体系建设，依法依规健全跨行业、跨部门的信用联合惩戒机制。引导电视剧制作机构科学合理安排制作成本结构，加强成本管理和收入核算。规范包括演员片酬在内的收入分配秩序，推广使用标准化、制度化、制式统一的片酬等劳务合同。

2022年4月25日 《关于强化知识产权协同保护的意见》

最高人民检察院与国家知识产权局共商强化知识产权协同保护，会签《关于强化知识产权协同保护的意见》（以下简称《意见》），推动构建"严保护、大保护、快保护、同保护"工作格局。《意见》共九部分17条，主要从建立常态化联络机制、建立健全信息共享机制、加强业务支撑、加大办案协作力度、加强人才交流培训、深化研究合作、加强宣传配合和国际合作、建立奖惩机制等方面，就整合知识产权行政保护和司法保护资源，强化协同保护力度，优化协作配合机制等提出具体措施。

2022年4月25日 《二〇二一年中国知识产权保护状况》白皮书

国务院新闻办公室举办2021年中国知识产权发展状况发布会，《二〇二一年中国知识产权保护状况》正式发布。白皮书显示，2021年，我国知识产权保护制度建设、审批登记、文化建设、国际合作等方面均取得积极进展。保护成效方面，世界知识产权组织发布的 2021 年全球创新指数报告显示，中国排名第 12 位，较上年上升 2 位，连续 9 年保持创新引领积极态势。制度建设方面，2021 年，我国修改出台知识产权相关法律法规 2 部；发布知识产权保护相关司法解释 4 个；出台实施知识产权保护相关政策文件 20 余个。审批登记方面，各类知识产权审批登记数量持续增长，审查质量与效率显著提高。文化建设方面，2021 年，针对知识产权保护重大专题宣传报道总量超 10 万篇次，新媒体平台相关话题参与人次近 40 亿。国际合作方面，继续深化与世界知识产权组织等国际组织以及各国各地区知识产权机构的交流合作，主动参与国际规则制定，推动全球知识产权治理体制向着更加公正合理方向发展。正式提出申请加入《区域全面经济伙伴关系协定》《全面与进步跨太平洋伙伴关系协定》等。

2022 年 5 月 30 日　国家知识产权局关于“知识产权政策实施提速增效 促进经济平稳健康发展”的通知

该通知中提到，各地要加强知识产权保护规范化市场建设，开展知识产权保护规范化市场认定，充分发挥商贸流通领域知识产权保护引领示范作用。加大对侵犯各类市场主体专利权的行政裁决工作力度，增强市场主体创新发展的恒心和信心。开展知识产权纠纷快速处理试点，依托知识产权保护中心和快速维权中心，促进知识产权纠纷高效、快速解决，助力市场主体降低知识产权保护成本。加强海外知识产权纠纷应对和维权援助，为“走出去”企业提供高水平专业化公益性指导服务，帮助企业降低海外知识产权维权成本。

2022 年 6 月 21 日　《关于进一步加快推进高清超高清电视发展的意见》

国家广电总局发布《关于进一步加快推进高清超高清电视发展的意见》(以下简称《意见》)。《意见》指出，到 2025 年底，全国地级及以上电视台和有条件的县级电视台全面完成从标清到高清转化，标清频道基本关停，高清电视成为电视基本播出模式，超高清电视频道和节目供给形成规模。广播电视传输覆盖网络对高清超高清电视承载能力显著增强，高清超高清电视接收终端基本普及。

2022 年 7 月 25 日　《知识产权纠纷调解工作手册》

为深入贯彻落实国家知识产权局、司法部《关于加强知识产权纠纷调解工作的意见》，更好地指导地方知识产权管理部门和知识产权纠纷调解组织开展工作，国家知识产权局知识产权保护司组织编写了《知识产权纠纷调解工作手册》(以下简称《手册》)。《手册》立足于指导和规范知识产权纠纷调解工作，在系统梳理党中央、国务院及有关部委关于知识产权纠纷调解政策法规的基础上，总结吸纳部分省(区、市)现有知识产权纠纷调解工作经验，从调解理论、调解实务、文书档案等方面提供详细的操作指南和典型案例，供相关政府部门和调解组织在工作中借鉴和参考。

图书在版编目(CIP)数据

IP 行业发展观察报告. 2019 年—2021 年/郎劲松，王晓晖主编.--北京：中国传媒大学出版社，2023.9

ISBN 978-7-5657-3489-2

Ⅰ.①I… Ⅱ.①郎… ②王… Ⅲ.①知识产权—服务业—研究报告—中国—2019－2021 Ⅳ. ①D923.404 ②F726.9

中国国家版本馆 CIP 数据核字(2023)第 179412 号

IP 行业发展观察报告(2019 年—2021 年)

IP HANGYE FAZHAN GUANCHA BAOGAO (2019 NIAN—2021 NIAN)

主　　编　郎劲松　王晓晖
副 主 编　尹香今　樊　攀　陈　曦
策划编辑　曾婧娴
责任编辑　曾婧娴　沈刘红
封面设计　拓美设计
责任印制　李志鹏

出版发行　中国传媒大学出版社
社　　址　北京市朝阳区定福庄东街 1 号　　邮　　编　100024
电　　话　86-10-65450528　65450532　　传　　真　65779405
网　　址　http://cucp.cuc.edu.cn
经　　销　全国新华书店

印　　刷　唐山玺诚印务有限公司
开　　本　787mm×1092mm　1/16
印　　张　13.5
字　　数　279 千字
版　　次　2023 年 9 月第 1 版
印　　次　2023 年 9 月第 1 次印刷

书　　号　ISBN 978-7-5657-3489-2/D·3489　　定　　价　68.00 元

本社法律顾问：北京嘉润律师事务所　郭建平